란포와 도쿄

1920년 도시의 얼굴

저자

마쓰야마 이와오(松山巖, Matuyama Iwao)

1945년 도쿄 태생, 도쿄예술대학(東京芸術大学) 건축학과 졸업. 건축 설계 사무소 설립, 건축 잡지에 번역과 기사 집필. 1984년 저서 『란포와 도쿄(乱歩と東京)』로 일본 추리작가협회상 수상. 건축이론, 도시론 등으로 이름이 알려지지만 이후 소설 창작. 1993년 『소문의 원근법(うわさの遠近法)』으로 산토리 학예상(サントリー学芸賞), 1996년 소설 『어둠 속의 돌(闇の中の石)』로 이토세이(伊藤整) 문학상, 1997년 『군중-기계 속의 난민(群衆―機械のなかの難民)』으로 요미우리(読売)문학상 수상. 2000년 소설 『일광(日光)』으로 미시마 유키오상(三島由紀夫賞) 후보에 오름. 도쿄이과대학 이공학부(東京理科大学理工学部), 호세이 대학 교양학부(法政大学教養学部), 도쿄예술대학 건축학과 등 다수의 대학에서 강의.

역자

김지선(金志宣, Kim Jisun) 한양대학교 인문과학대학 교수

한태준(韓泰俊, Han Taejoon) 번역가, 일본영화 연구자, 웹툰 PD

김은실(金恩實, Kim Eunsil) 한국과 일본의 문화, 예술 관련 저술, 번역종사자

김경옥(金京玉, Kim Kyungok) 국어국문학, 일본학 전공

란포와 도쿄 1920년 도시의 얼굴

초판인쇄 2019년 1월 20일 **초판발행** 2019년 1월 30일

지은이 마쓰야마 이와오 **옮긴이** 김지선 · 한태준 · 김은실 · 김경옥

펴낸이 공홍 **펴낸곳** 케포이북스 **출판등록** 제22-3210호

주소 서울시 서초구 반포대로14길 71, 303호

전화 02-521-7840 **팩스** 02-6442-7840

전자우편 kephoibooks@naver.com

값 18,000원

ISBN 979-11-88708-05-5 03830

란포와 도쿄

RANPO AND TOKYO
:THE APPEARANCE OF
THE METROPOLIS IN 1920

1920년 도시의 얼굴

마쓰야마 이와오 지음
김지선 한태준 김은실 김경옥 옮김

케포이북스
KEPHOIBOOKS

초판 서문

1920년대의 도쿄에 대하여 생각해 보았다. 바로 떠오른 것이 에도가와 란포江戸川 乱歩(1894~1965)의 작품이다. 란포의 처녀작 「2전짜리 동전二錢銅貨」이 발표된 것은 다이쇼大正 11년(1922)이다. 그뿐 아니라 그의 대표작 대부분이 1920년대에 쓰인 것으로 알고 있다. 「D언덕의 살인사건D坂の殺人事件」, 「심리시험心理試験」, 「지붕 밑의 산책자屋根裏の散歩者」, 「인간의자人間椅子」와 같은 걸작은 모두 다이쇼 14년의 작품이다. 단편뿐만이 아니라 「파노라마섬 기담パノラマ都奇談」, 「음울한 짐승陰獣」과 같은 장편도 20년대에 집필되었다. 더욱이 후에 경시청으로부터 검열을 받고, 전편 삭제를 지시받아, 란포의 자가 생명까지 위협하게 한 「악몽悪夢」(쇼와昭和 4년(1929) 「애벌레芋蟲」로 게재)도 20년대 말에 발표되었다.

이렇게 란포 작품을 나열해 보니 그의 작품을 통해서 1920년대 도쿄의 모습, 조금 더 확장시키면, 20년대에 꽃을 피웠던 도시문화에까지 도달할 수 있겠다는 생각이 들었다. 역으로 란포 작품을 20년대의 현실적인 도시문화 속에 대입해보면 그의 작품에 또 다른 빛을 비출 수 있을 것 같았다. 현재 다양한 분야에서 1920년대가 회고되는 것은 이 시대를 통하여 오늘날의 도시사회 또한 여지없이 껴안고 있는 문제의 원형을 볼 수 있기 때문일 것이다. 또한 반세기 이상의 시간이 지났지만 란포 작품이 높은 인기를 얻고 있는 것은 거기에서 우리들이 현대를 관통하는 리얼리티를 여전히 느끼기 때문이다. 이렇게 나는 란포의 작품을 더듬어 가면서 '20년대와 현재, 두 개의 도시문화를 현상하는 것'을 이 책의 주제로 정했다.

란포는 속임수에 대한 아이디어, 문장력, 구성력 할 것 없이 모든 방면으로 독창적이다. 뿐만 아니라 오늘날에도 많은 독자를 지닌 보편성을 지닌 작가이다. 때문에 나는 20년대를 고려하는 데에 굳이 란포 이외의 다른 작가의 작품을 대상으로 할 필요가 없었다. 덧붙여서 나에게는 또 다른 의도가 있다. 그것은 나 자신의 란포와 관련된 체험에서 비롯된 부분이 크다. 1950년대에 초등학교, 중학교를 나온 세대의 사람들에게 있어 란포라는 이름은 앞서 열거한 대표작들 이외의 다른 작품군의 작가로 익숙하다.

에도가와 란포는 우리들 세대에게 어린 시절, 그 무엇보다도 친숙한 「소년탐정단少年探偵団」의 작가였다. 아케치 고고로明智小五郎, 고바야시 단장, 괴인 20면상과 같은 이름을 들으면, 나는 30년 전의 나 자신의 모습과 만날 수 있다. 그 때는 텔레비전이 없었던 탓이었는지, 해가 질 때까지 어린이들은 빈터나 골목에서 자주 놀았다. 이후 시계가 6시를 가리키게 되면 우리들은 깜짝 놀라 놀이를 멈추고, "내일 또 보자"라고 서로 인사를 나누고 집으로 돌아왔다. 집으로 급히 돌아오면, 장롱 위에 놓인 라디오에 귀를 기울였다. 이윽고, "우, 우, 우리들은 소년탐정단, 용감하고 늠름한 유리의 색……"이라는 라디오 연속극의 테마송이 흘러나왔다.

우리들은 라디오뿐만 아니라, 소년 잡지에 연재되는 「소년탐정단」을 빠뜨리지 않고 읽었으며, 영화로 상영되기라도 하면 친구들을 이끌고 영화관에 갔다. 이는 우리 세대에 공통된 란포 체험이 아닐까? 어째서 우리들은 그렇게까지 가슴 설레며 「소년탐정단」을 듣고 읽었던 것일까? 발표 당시부터 지금까지 란포의 초기 단편이 누리는 인기의 비결을 독자가 느끼는 리얼리티에서 찾을 수 있다면, 어린 시절 우리의 마음을 깊숙이 흔든 「소년탐정단」의 마력 또한 그에서 찾을 수 있는 것은 아닐까? 이런 것을 나름대로 생각하는 것이 이 책의 또 다른 테마가 되었다.

나는 란포 작품을 이정표로 도쿄의 거리를 걷기 시작했다. 시간은 아이들이 뛰어 놀던 저녁 즈음이 어울린다. 걷기 시작한지 얼마 되지 않아 어떤 언덕에 이르렀다. 언덕의 윗부분에서 어깨를 흔들면서 남자가 다가왔다. 석양빛에 눈이 부셔 잘 보이지 않지만 낯설지 않다. 그 때 매일 빈터에서 놀았던 소꿉친구일까? 혹은 저 남자는…….

역자 서문 _ 거대 도시 속 타자화된 인간의 탐구

우리의 도시는 아름답다. 그러나 이 아름다움은 깔끔하게 다듬어진 외관과 삶의 편리를 유지하려는 이기심에서 나온 것이다. 티끌 하나도 허용하지 않을 수 있다는 환상을 위하여, 더러운 오물을 콘크리트로 덮어버리고, 가난과 질병에 찌든 아웃사이더들을 바깥으로 물리쳐버린 뒤 얻은 것이다. 도시의 삶은 나의 바깥만을 물리치는 게 아니라 우리 자신 또한 타자화시킨다. 메트로폴리탄의 중심부 고층 아파트에 거처를 마련하고, 세련되고 우아한 차림으로 최고품을 소비하기 위하여, 우리는 거의 모든 에너지와 시간을 쏟아 붓는다. 하지만 대부분 최고는커녕 평균에도 미치지 못하는 빈곤한 삶을 살고 있다.

이러한 라이프스타일은 권력에 의한 기만이 아니라 우리 스스로의 내면화로 인해 나타난다. 중상위층으로의 계층 상승이 불가능하다는 사실을 감지하고 있지만 사람들은 삶의 방향을 바꾸거나, 사회 구조를 혁신하는 대신 소비를 통해 불만을 잊으려 한다. 최근 젊은이들 사이에 유행하는 '탕진잼'과 '욜로yolo'와 같은 말은 순간적 소비로 계층상승의 환상을 대신하려는 삶의 방식을 여실히 보여준다. 우리의 삶은 이미지들의 축적물이다. 기 드보르가 말하듯이 직접적으로 삶에 속했던 것들은 표상으로 물러나고 삶은 스펙타클들의 거대한 축적물로 나타난다.[1] 이미지와 기호로 변형된 세계 속에서 '나'는 표준화된 스타일과 욕망을 가진 타자일 따름이다. 이러한 세계 속에서 주체적으로 꿈꾸는 개성적 존재가 되기는 어렵다. 우리는 자본이 점령한 거대 도시가 만들어내는 증상을 앓고 있는 병자들인지도 모른다.

마쓰야마 이와오松山巖(1945년 도쿄 출생, 일본의 소설가, 평론가)의 『란포와 도쿄』(1984)는 이러한 병증을 앓고 있는 도시의 기원을 파헤친다. 1920년대 도쿄는 대도시로부터 코스모폴리탄적인 외형을 갖춘 근대의 거대도시로 변모해 가고 있었다. 도시의 중심부에 대로가 형성되고, 철도와 같은 산업 인프라가 구축되었으며, 아파트와 공원이 계획적으로 설계되었다. 사람들은 변모되어 가는 제도와 구축된 기반에 따라 삶의 방식을 변화시키고 서구적인 도시의 삶에 젖어들었다. 일을 끝낸 뒤 어둠이 깔릴 무렵 환락에 넘치는 도시를 산책하는 문화도 이 당시 자연스럽게 발생한 것이다. 장자 승계의 호주제도는 경제적 터전을 찾기 어려웠던 차남들이 일거리를 찾아 도시로 몰려드는 데 큰 역할을 했으며, 전쟁의 특수를 통해 벼락부자가 된 사람들의 모습은 자본주의의 신화를 가속화시켰다. 건축학 전공자답게 마쓰야마 이와오는 실증적으로 1920년대 도쿄를 들여다본다. 그러나 그의 탐구는 도쿄의 지리위상학에 머물지 않는다. 흥미로운 점은 도시의 외형적 변모와 함께 1920년대 도시를 살아가는 사람들의 내면을 포착하고 있는 것이다. 이를 위하여 마쓰야마가 선택한 자료가 바로 란포의 소설들이다.

란포는 에드가 앨런 포우를 동경하여 필명을 에도가와 란포라 지을

1 기 드보르, 유재홍 역, 『스펙타클의 사회』, 울력, 2014.

만큼 인간의 어두운 내면에 대한 장르적 관심이 지대한 소설가였다. 그는 1923년 「2전짜리 동전」을 필두로 일본 추리소설의 시작을 이끌었으며, 아케치 고고로라는 독보적인 탐정 캐릭터를 창출하였다. 하지만 무엇보다 주목할 점은 마쓰야마의 지적처럼 란포의 소설에 나타나는 인간 유형과 독특한 서사가 1920년대 도쿄의 도시공간이 없었다면 나올 수 없었다는 것이다. 가령 「지붕 밑의 산책자」라는 소설은 다이쇼大正(1921~1926) 시대 유행했던 주택의 구조를 기반으로 한다. 일본의 전통적 다다미방의 오픈된 형태를 벗어나 벽으로 사방이 가로막힌 1인실 방을 지닌 공동의 하숙집 형태는 개인에게 사생활을 갖게 해주는 동시에 관음증적 욕망에 빠진 인간의 모습을 관찰하게 한다. 소설의 서사는 막혀 있는 방과는 달리 뻥 뚫린 지붕 밑을 산책하며, 그 아래에 사는 하숙인들을 엿보다 끝내 살인을 저지르게 되는 인간의 이상 행동을 그리고 있다. 그러나 과연 이것을 망상에 사로잡힌 한 개인의 엽기행각으로 치부할 수 있을까? 마쓰야마의 분석은 란포가 그린 독특한 인간의 이야기를 통하여 대도시에 살고 있는 사람들의 보편적인 심리에 도달하고 있다. 시각, 청각의 끊임없는 세례 속에서 받는 스트레스, 화려한 도시의 외관과 대조적으로 직업조차 없는 실업자의 불안, 대도시의 희박한 인간관계, 도시가 발달할수록 외곽으로 밀려나는 빈민들, 일상의 굴레 속에서 예藝를 익힐 시간을 박탈당하고 허접한 오락에 만족해야만 하는 서민들의 모습이 란포의 소설에 투영되어 있다. 이 모습은 1920년대 일본이라는 장소에 국한되지 않는다. 시공을 떠나 2000년대 현재를 살고 있는 우리의 본모습이기도 하다. 『란포와 도쿄』가 출간된 것은 1984년이다. 현재 이 책이 번역되고 있는 2018년과는 무려 34년이라는 시간차가 있지만 우리가 처한 도시적 상황은 그다지 다를 것이 없다. 1920년대와 1980년대가, 일본의 도쿄와 우리의 서울이 근대(후기 근대)의 자본주의적 상황 속에서 유사한 악순환의 고리를 이어가고 있다.

인문학은 늘 우리의 삶에 대한 해답을 직접적으로 전해주지는 않는다. 이 책 역시 '대도시를 살아가는 존재들의 공간심리학'에 대한 탐구이며, 병리학적 증상에 대한 대안 없는 진단에 불과하다. 하지만 이러한 진단을 통해 우리는 사후적事後的으로 질문을 던질 수 있다. '도시 공간을 살아가야만 하는 숙명을 지닌 자로서 이 공간의 악조건을 끊기 위해 우리는 어떻게 행동해야 하는가?' 아직은 요원하지만 이에 대한 해답 찾기의 모색은 진행 중에 있다. 문제에 대한 부단한 인식 이후 우리는 지금까지와는 다른 방식으로의 도시적 연대를 꿈꾸기도 하고, 얼마 되지는 않더라도 소유를 공유하려는 시도를 통하여 이러한 악순환의 고리를 끊기 위하여 노력하고 있다. 조금 거창하게 말하자면 여기에서 『란포와 도쿄』 같은 인문학적 탐구가 지닌 의미를 찾을 수 있을 것 같다. 문학은 실제의 삶을 살아가는 존재들의 흔적이다. 문학 속에 나타나는 망탈리테를 들여다보는 인문학적 작업을 통해 우리는 우리의 삶과 문제를 돌아보고, 앞으로의 삶의 방식을 탐구해야 한다. 이것이 부족한 실력에도 불구하고, 인문학의 번역이라는 지난한 작업에 뛰어들고 얻게 된 개인적 의미라 생각한다. 앞으로 『란포와 도쿄』를 읽게 될 분들 또한 이 책을 통하여 각자 나름의 작은 인문학적 의미를 발견할 수 있기를 바란다.

2019년 1월

김지선

차례

제1장

감각의 분화와 변질

탐정의 눈

예를 들어, 소꿉친구인 두 사람이 십여 년 만에 우연히 만났을 때, 서로 어떠한 태도를 취할 것인가. 과연 솔직하게 반갑다고 생각할 것인가. 소꿉친구는 정겹고 소중한 것이라 생각하는 사람이 많다. 확실히 머릿속에 그려보면 소꿉친구는 정겹다. 머릿속에서는 소꿉친구 누구라도 순수한 모습으로 얼굴을 붉히며 나타난다. 하지만 현실 생활을 되돌아보면 그리운 친구의 얼굴도 뚜렷하지 않고 그 얼굴 윤곽도 흐릿하다. 십 년, 이십 년이란 세월이 지나면 순수했던 소년도 거짓말을 할 수 있게 되고, 뺨을 붉히던 소녀도 아이 교육에 극성인 엄마로 변해있을지 모른다. 누구든 생활의 앙금이 조금씩 스며들어 물들고 있는 것이다. 이처럼 서로 다른 삶을 살던 두 사람이 우연히 만났다 해도 그리움보단 망설임이 먼저 일어나는 것은 아닐까. 어쩌면 이러한 감정조차도 서로 드러내지 않을지도 모른다.

아케치 고고로明智小五郎가 처음 등장하는 「D언덕의 살인사건D坂の殺人事件」(『신청년新青年』, 다이쇼 14년(1925) 1월)은 소꿉친구가 살인사건을 통해서 만나는 이야기이다. 그렇다고 해도, 처음부터 「D언덕의 살인사건」에서 란포[2]가 쓰고자 했던 것은 소꿉친구가 서로 만나는 이야기가 아니었다. 화자인 '나'와 아케치 고고로가 우연히 고서점 여주인이 살해당한 사건과 조우하고 그 범인에 대한 추리대결을 하는 것이 이 단편의 주안점이다.

란포는 이 단편에서 벽이 얇고 문도 없는 일본 가옥에서의 밀실 살인 속임수와 오사카 장지[3]의 격자와 유카타의 세로 줄무늬가 겹쳐서 생기는 시각의 속임수를 이용하고 있다. 고서점 앞에서 범인 같은 남자를 본 두 학생이 그 남자의 옷 색깔을 한 명은 하얀 옷으로 보고 다른 한 명은 검은 옷으로 봤다고 한다. 그 증언에서 '나'는 범인이 아케치가 아닐까 의심한다. 아케치가 화려한 세로 줄무늬 유카타를 입고 있었기 때문에 장지 격자와 유카타의 무늬가 겹쳤을 때는 하얀 색으로, 무늬가 보였을 때는 검은 색으로 보였다고 추리한 결과이다. 그 밖에도 아케치를 범인으로 보는 또 다른 근거가 있다.

나는 혹시 그 연립주택 주인집에 굵은 세로 줄무늬의 유타카를 가지고 있

---

2 에도가와 란포江戸川乱歩(본명 히라이 다로平井太郎)는 메이지 27년(1894) 10월 21일, 미에현 나바리쵸三重県名張町에 태어났다. 18세 때, 아버지가 파산했기 때문에 학비를 벌어 공부할 생각으로 상경하고 와세다 대학 예비과로 중도에 입학, 다이쇼 5년(1916) 8월 정치경제학부를 졸업한다. 무역회사를 1년 만에 퇴사한 후엔 다이쇼 14년(1925)까지 각종 직업을 전전하게 된다.

3 장지 상반부는 가는 격자 구조, 하반부는 유리를 끼워 넣은 창호. 간사이 지방에서 많이 사용되기 때문에 오사카 장지로 불린다.

는 사람이 없을까 생각해서 꽤나 공을 들여 조사해봤지만 한 사람도 없었습니다. 그도 당연할 것이 같은 세로 줄무늬 유카타라도 그 격자와 일치하는 화려한 것을 입은 사람은 드물기 때문입니다. 그리고 제일 이상한 것은 당신은 그 죽은 유부녀와 소꿉친구라 하면서 그날 밤 유부녀의 주변인 조사를 곁에서 듣고 있을 때 조금도 그것에 대해 말을 하지 않은 점입니다.

'내'가 아케치를 범인으로 드는 근거는 '격자와 세로 줄무늬의 속임수'와 '아케치가 피해자인 고서점 여주인과 소꿉친구였다'고 하는 두 가지 점이다. 확실히 '내'가 말하는 것처럼 소꿉친구라면 어떤 관계가 있다고 해도 이상하지 않을 텐데 하물며 사체발견자가 사체와 소꿉친구라는 증언을 전혀 하지 않은 점은 아주 이상하다. 이런 '나'의 지적에 대해서 아케치는 다음과 같이 대답한다.

당신은 우리들이 어떤 식으로 소꿉친구였는지를 내면적으로 심리적으로 알아봤습니까? 내가 이전에 그 여자와 연애관계에 있었는지 어땠는지. 또한 지금 그녀를 미워하고 있는지. 당신은 그 정도의 일도 짐작할 수 없었습니까? 그날 밤, 왜 그녀를 알고 있었다는 것을 말하지 않았는지 그 이유는 간단합니다. 난 참고가 될 수 있는 것에 대해서 아무것도 몰랐던 것입니다……. 나는 아직 초등학교에 들어가지도 않았을 때 그녀와 헤어졌기 때문입니다.

아케치의 소꿉친구에 대한 감상은 이것뿐이다. 그에게서 소꿉친구를 잃어버린 슬픔을 전혀 느낄 수 없었다. 「D언덕의 살인사건」은 소꿉친구가 살인사건을 통해서 재회하는 이야기로 읽을 수 있다. 하지만 이 단편에 나오는 두 소꿉친구의 관계는 매우 얕다. 결국 이 단편은 살인사건이라는 쇼킹한 상황으로 재회하면서, 소꿉친구끼리 어떤 드라마도 일어나지 않는 이야기이다. 그리고 십여 년 만에 만난 소꿉친구 간의 관계가 지극히 서먹하기 때문에 현실감을 얻고 있는 것이다.

사실 「D언덕의 살인사건」은 피해자와 탐정 간의 관계뿐만 아니라, 등장하는 인물 상호 간의 관계가 전부 얄팍함을 전제로 구성되고 있다. '나'와 아케치의 경우도 때때로 찻집에서 만날 뿐인 관계이다. 헌책방 부부의 경우에도 마지막에 부인이 바람을 피운 것으로 판명되지만, 헌책방 주인은 아내의 행동을 조금도 마음에 두고 있지 않다. 헌책방의 주인은 피해자의 남편이라는 중요한 입장에 있으면서 글 속에서 어떤 인상도 남기지 않은 남자로 묘사되고 있다.

이런 등장인물 상호 간의 얕은 관계는 어디에서 생겨나고 있는 것일까? 아마 그것은 아케치와 헌책방의 아내와 '나'라는 주요 등장인물 모두가 어딘가에서 도쿄로 유입해온 고향상실자이기 때문이라 생각된다.

> 그것은 9월 초순 어느 후덥지근한 밤의 일이었다. 나는 D언덕의 큰길 한가운데쯤에 있었다. 단골가게인 하쿠바이켄白梅軒이라는 찻집에서 냉커피를 홀짝거리고 있었다. 당시 나는 학교를 막 졸업한 때라 아직 이렇다한 직업도 없이 하숙방에서 뒹굴거리며 책이나 읽고 있었다. 그것에 질릴 때쯤에는 정처 없이 산보를 나가, 그다지 비용이 들지 않는 찻집들을 순회하는 정도가 평소의 일과였다. 이 하쿠바이켄이라는 곳은 하숙집에서 가까운 곳에 있고, 어느 곳에서 산보해도 반드시 그 앞을 지나게 되는 위치에 있었기

때문에 가장 자주 출입하게 되었지만, 나라는 남자는 나쁜 습관이 있어 찻집에 있으면 왠지 오래 있게 된다.

「D언덕의 살인사건」의 서두 부분, 화자인 '내'가 하쿠바이켄에서 멍하니 창밖을 바라보고 있을 때 낯이 익은 아케치 고고로가 지나간다. 그는 '나'에게 가볍게 인사하고 하쿠바이켄에 들어와서, 나와 똑같이 냉커피를 주문한다. 둘은 서로가 흥미를 갖고 있는 탐정소설 이야기를 하면서 길 건너의 헌책방을 이따금 바라보고 있다. 이 둘이 헌책방을 신경 쓰는 것은, 서로 이야기를 나눈 지 불과 30분도 안 되는 사이에 네 명의 책 도둑이 다녀간 일이 신경 쓰였기 때문이다. 그 책방에는 아케치의 소꿉친구인, 헌책방의 여주인이 있었을 터였지만, 안쪽 방에서 나온 흔적은 없었다. 의아하게 여긴 아케치와 '나'는 헌책방에 뛰어 들어가 책장에 있는 토방을 통해 안쪽 방으로 들어갔다. 그곳에서 시체가 되어 있는 헌책방의 여주인을 발견했다. 사건이 일어났다. 여기서 아케치는 명明과 지智가 들어간 자신의 이름처럼 명석한 지능을 이용한다.

여기서 주목하고 싶은 것은 이 소설 서두의 설정이다. '나'와 아케치 모두, 할 일 없이 찻집에서 시간을 보내는 20대 중반의 젊은이라는 점이다. 소설 후반에 이르러 '내'가 아케치가 기거하고 있는 담배 가게 이층방을 방문하면서부터, '나'도 아케치도 하숙생활을 하고 있다는 사실이 드러난다. 하숙 생활하는 사람 모두 고향을 떠나 도쿄에 온 자라고는 단정할 수 없지만, 「D언덕의 살인사건」 이후의 작품 속에서도 잇따라 주거지를 바꾸며, 도쿄에서 자신의 내력을 알 수 있는 인물(헌책방 주인의 아내 제외)을 만날 수 없는 것으로 미루어 볼 때 아케치는 고향을 떠나 온 타지 사람이라 생각할 수 있다. 그 이유는 아케치도, 이 소설의 화자인 '나'도, 란포의 다른 단편에 등장하는 청년 군상들도 중학교를 졸업하고 18세에 아이치愛知에서 홀로 상경한 작가 자신의 모습에 겹쳐지기 때문이다.

란포는 다이쇼 원년(1912)에 홀로 상경하여, 와세다早稲田 대학을 졸업한 후, 오사카大坂에 있는 무역회사에 입사한다. 그 후 조선소 등에서 직업을 얻지만, 정착하지 못하고 다이쇼 8년(1919)에 다시 도쿄로 상경하여, 그 해 2월에 두 명의 남동생들과 함께 혼고 고마코메本郷 駒込에서 헌책방 '삼인 책방三人書房'을 개점한다.

「D언덕의 살인사건」의 D언덕이란 혼고의 단고 언덕団子坂을 뜻하며, 다이쇼 8, 9년의 혼고를 아는 작가가 당시 단고 언덕의 풍경을 이 단편의 시대배경으로 정했다고 생각된다. 'D언덕이란 것은 이전 기쿠닌교菊人形[4]의 명소였던 곳으로, 좁은 거리가 시구개정市区改正 사업으로 넓혀져서 여러 칸의 대로로 바뀐 지 얼마 되지 않았기 때문에 아직 대로大通り 양측에는 여기저기 공터가 있어, 당시의 기록에 의하면 지금보다는 훨씬 쓸쓸했다'고 기술되어 있다. 메이지 21년(1888)부터 시작된 시구개정

---

4 단고 언덕団子坂의 기쿠닌교菊人形(국화인형)은 메이지 8년, 처음 관람료를 받고 선보인다. 메이지 15년(1882)쯤부터 단고 언덕의 기쿠닌교가 인기를 독점하고, 이후 도쿄명물이 되었다. 그 당시 단고 언덕은 '대략 109미터 정도, 폭은 약1.3미터'라 할 정도로 좁고 가파른 언덕이었다. 메이지 42년(1909)에 료고쿠 국기관이 기쿠닌교를 전시하고 아사쿠사 파노라마관이 국화 화단을 개원하자 단고 언덕 기쿠닌교는 큰 타격을 입게된다. 다음해, 기쿠닌교는 등장하지 못하고 큰 화단만을 무료로 공개한 것이 마지막이었다. (가와조에 노보루, 『도쿄의 원경』, 일본방송출판협회회간 1979, 참조 川添登著, 『東京の原風景』日本放送出版協會刊 昭和五十四年, 參照) 메이지 21년(1888)부터 시작한 시구 개정市区改正사업은, 도로, 공원, 상하수도, 시장, 항구등 대규모적인 도쿄개조를 계획했지만 청일, 러일전쟁으로 예산이 깎이고 실질적으로는 도로정비사업만으로 끝난다.

사업이 어떻게든 일단락된 것이 다이쇼 3년(1914)이고, 다이쇼 8년(1919)에 시구개정 사업은 도시계획법으로 이어진다. 또한 단고 언덕의 명물이었던 기쿠닌교는 메이지 말기에 쇠퇴하였다.

「D언덕의 살인사건」이 상정하고 있는 다이쇼 8, 9년은 도쿄가 그 역사 속에서 도시에서 대도시로 변모하는, 이른바 하나의 매듭을 막 마친 시기였다. 도시가 대도시로 변모하려면 도시 주변 사람들을 흡수하는 힘을 가져야만 한다. 도쿄의 인구 변화[5]를 보면 다이쇼 6년(1917)에 급격히 증가 한 사실을 알 수 있다. 전년도까지 증가율이 0.9%, 1.0%였던 것이 그 해에는 전년도에 비해서 40.5%라는 높은 인구 증가율을 나타내고, 그 후에도 3.5% (다이쇼 7년-1918), 7.0%(다이쇼 8년-1919), 3.7%(다이쇼 9년-1920), 4.0%(다이쇼 10년-1921)로 높은 인구증가율을 볼 수 있다. 전국적인 인구증가율은 다이쇼 6년(1917)은 마이너스 0.7%, 다이쇼 7년(1918) 1.1%로 다이쇼, 쇼와를 지나 전전戰前 시기엔 대체로 1%대였다.

다이쇼 9년(1920) 일본은 처음으로 국세조사를 행했다. 조사에 의하면 도쿄시 인구 217만 명 중에서 시내에서 태어난 사람은 92만 명 정도로 42.5%, 외곽에 태어난 자가 4%로 9만 명이 안 되었고, 그 외 53.5%를 차지하는 126만 명은 바깥에서 도쿄로 이사해 온 사람들이다. 절반 이상이 도쿄 출생이 아니다.

5 도쿄백년사 편집위원회 편, 「도쿄의 인구와 전국 인구 추이」, 『도쿄백년사東京百年史』 제4권, 도쿄도 간행, 쇼와 47년(1972.3). 16쪽에 도표 번역 첨부.

도쿄의 인구와 전국 인구 추이

연차	도쿄도			전국		
	인구	증가수	증가율(%)	인구	증가수	증가율(%)
다이쇼 원년 (1912)	2,778,300	26,200	0.9	51,643,000	738,000	1.4
2	2,804,500	26,500	0.9	52,381,000	749,000	1.4
3	2,831,000	26,900	1.0	53,130,000	772,000	1.5
4	2,857,900	26,900	0.9	53,902,000	780,000	1.4
5	2,884,800	27,900	1.0	54,682,000	792,000	1.4
6	2,912,700	421,900	14.5	55,474,000	384,000	0.7
7	3,334,600	117,400	3.5	55,090,000	582,000	1.1
8	3,452,000	242,003	7.0	55,672,000	291,000	0.5
9	3,694,003	136,697	3.7	55,963,100	702,000	1.3
10	3,830,700	153,500	4.0	56,665,900	724,200	1.3
11	3,984,200	124,800	3.1	57,390,100	729,100	1.3
12	3,859,400	326,100	8.4	59,119,200	756,400	1.3
13	4,185,500	293,864	7.0	59,875,600	861,200	1.5
14	4,479,364	515,036	4.8	59,736,800	1,004,100	1.7
연차	도쿄도			전국		
	인구	증가수	증가율%	인구	증가수	증가율%
쇼와 원년 (1926)	4,694,400	203,000	4.3	60,740,900	918,400	1.5
2	4,897,400	204,000	4.2	61,659,300	936,000	1.5
3	5,101,400	198,600	3.9	62,595,300	865,300	1.4
4	5,300,000	102,936	1.9	63,460,600	989,400	1.6
5	5,402,936	118,164	2.2	64,450,000	1,007500	1.6
6	5,521,100	234,500	4.2	65,457,500	976,300	1.5
7	5,755,600	219,500	3.8	66,433,800	997,800	1.5
8	5,975,100	201,800	3.4	67,431,600	877,300	1.3

『도쿄백년사(東京百年史)』 제4권, 도쿄백년사편집위원회 편, 도쿄도 간행, 쇼와 47년(1972.3). 도(都) 총리부(總理府) 자료.

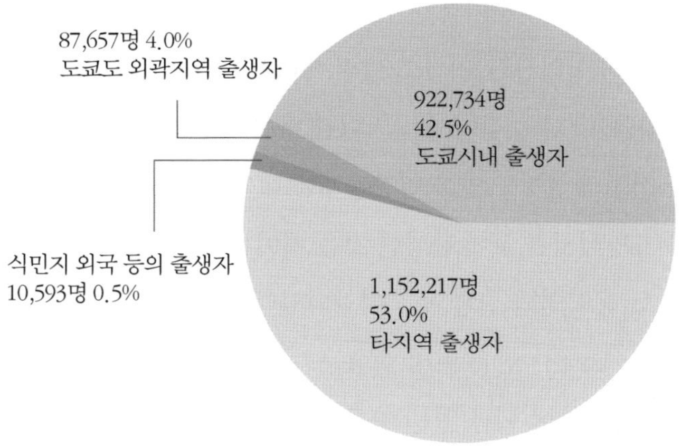

출생지역별 인구(다이쇼 9년(1920) 국세조사)

도쿄가 이러한 흡인력을 지니게 된 큰 요인은 다이쇼 3년(1914)에 시작한 제1차세계대전에 의한 군수경기다. 결국 「D언덕의 살인사건」에 등장하는 '나'도 헌책방의 여주인도 그리고 아케치 고고로도 다이쇼 6년(1917) 전후로 도쿄의 흡인력에 이끌려 고향을 떠나온 사람들이 아니었을까? '나'라는 인물을 생각하면 다이쇼 8, 9년에 대학은 나왔지만 취직도 못하고 빈둥대고 있는 것으로 미루어볼 때, 그는 아마 다이쇼 4년(1915)즈음에 대학에 들어가기 위해 상경했을 것이라 예상할 수 있다. 이 인물 설정에서 보면 「D언덕의 살인사건」은 세 명의 객지인이 살인사건을 매개로 만나는 이야기가 된다.

이 작품을 읽으면 각각의 등장인물에 부여된 입장이 명확하고 강하다는 인상을 받는다. 하지만 왜 그들이 살인사건을 통해서 만났을까 생각해보면, 우연에 의해서라고 설명할 수밖에 없다. 각 등장인물 간의 관계는 얕고, 이야기에 드러나는 이러한 얄팍함은 란포가 그들을 타향살이라고 설정했기 때문이라고 생각된다. 그리고 이 얕은 관계성이야말로 「D언덕의 살인사건」이란 소설의 뼈대를 구성하고 있다.

아케치와 '내'가 찻집에서 냉커피를 마시며 탐정소설에 관해서 얘기한다는 서두의 설정도 얕은 인간관계에 대응하고 있다. 찻집이 유럽의 카페를 모방해서 도쿄에 탄생한 것은 메이지 말기로, 작가, 화가, 연극 관계자 등 문화인의 살롱으로 시작되었다.[6] 그러나 아케치 고고로가 등장한 다이쇼 8, 9년은 이미 살롱문화는 힘을 잃어버리고 찻집은 아케치나 '나'와 같이 이름 없는 자들이 단골로 있을 정도로 대중화되어 있었다. 당시 도쿄 직업 전화 명부(다이쇼 6년－1917년판)에서 커피를 마실 수 있는 가게 수를 추정해보았다. 휴게소 및 찻집 12가게, 서양 요리집은 282가게, 바&카페가 24가게, 합계 300여 가게이다. 아케치의 단골인 하쿠바이켄은 전화 명부 분류에서는 서양요리점에 들어간다. 현실의 전화명부에도 혼고 일대에서는 유지마 구락부湯島倶楽部, 킹 정キング亭, 후지미정富士見亭, 후소집扶桑軒 등 17개의 서양요리점 이름이 보인다. 메이지 말기에 아직 몇 개 밖에 없던 커피를 마실 수 있던 가게가 1년도 지나지 않은 동안 300집을 넘은 것은 급격한 증가라 할 수 있다.

메이지 말기의 카페는 문화인이 모이는 것으로 성립하고, 힘을 얻었

6 메이지 44년(1911)에 마쓰야마 쇼조松山省三는 긴자銀座에 카페 프랭탕을 개업했다. 당시 누구도 카페를 몰랐고 경영곤란을 예상한 마쓰야마는 유지회원을 모았다. 회비는 50전으로 매 주말에는 특별 메뉴를 제공하는 등 특전을 마련했다. 회원에 구로타 세이키黒田清輝, 오카다 사부로스케岡田三朗助, 모리 오가이森鷗外, 나가이 가후永井荷風, 오사나이 가오루小山内薫, 시마무라 호게츠島村抱月, 기노시타 모쿠타로木下杢太郎, 다카무라 고타로高村光太郎, 기타하라 하쿠슈北原白秋, 이치가와 사단지市川左団次, 이이 요호伊井蓉峰, 여성으로는 모리 마코토森真如, 하세가와 시구레長谷川時雨, 오카다 야치요岡田八千代 등의 이름이 있었다. 이후, 카페 라이온, 카페 타이거 등이 개점했다.

다. 그러나 다이쇼 중기의 찻집은 살롱적인 유대가 없다. 하쿠바이켄에 들르던 아케치도, '나'도 살인사건이 아니었다면 서로 가볍게 인사하고 무난한 이야기를 하는 정도의 교제를 했을 것이다. 이런 얕은 관계 그 자체가 찻집을 증가시켰다. 확실히 사람들은 모여들었지만, 서로 전혀 모르는 사람들이라는 관계성이 도쿄를 지금까지 없던 새로운 도시 형태로 만들어낸 것이다.

얕은 인간관계는 고향을 떠난 사람들이 상경하기 전에 둘러싸고 있던 지연사회에서는 얻을 수 없었던 해방감을 만들어 낸다. 사람들은 이런 해방감을 얻을 수 있는 장소로서 찻집을 선택한 것이다. 그리고 이 해방감이 평범한 사고나 상식에 구애받지 않던 아케치 고고로라는 탐정을 만들어냈다.

에도가와 란포가 「2전짜리 동전二銭銅貨」 이후의 단편에서 나타냈던 것은 탐정소설사라는 협소한 틀 속에서 파악하기에는 너무나도 큰 의미를 담고 있다. 이는 일본문학사에 있어서도 획기적인 사건이었다. 이러한 란포의 출현, 다시 말해 탐정소설의 탄생에 관해서, 당시 문예평론가인 히라바야시 하쓰노스케平林初之輔[7]는 「일본의 근대적 탐정소설—특히 에도가와 란포 씨에 관해서」(『신청년』, 다이쇼 14년(1925) 4월) 속

---

7 히라바야시 하쓰노스케平林初之輔(메이지 25년(1892)~쇼와 6년(1931)는 프롤레타리아 진영의 대표적 문예평론가. 『민중예술의 이론과 실제民衆芸術の理論と実際』, 『유물사관과 문학唯物史観と文学』으로 주목을 받고, 신분야인 탐정소설에도 이해를 나타냈다. 란포는 히라바야시에 관해서 "이 사람만큼 초기의 나를 지도 편달하고, 또는 기쁘게 하고 또는 두려워하게 한 비평가는 아무도 없었다"라고 하고 "히라바야시의 입장은 이른바 외부자이고, 어떤 의례나 공리를 포함하지 않고 순문학으로 대하는 것과 같은 태도구조로 비평했기 때문에 그 칭찬은 실로 칭찬으로서 받아들일 수 있고 또 그 비난은 바로 작가의 마음 깊숙한 곳을 찔렀다"라고도 회술하고 있다. 쇼와 6년 히라바야시는 파리에서 열린 제1회 국제문예가협회 대회에 출석했을 때, 그 자리에서 출혈성장염으로 급사했다.

에서 다음과 같이 평가하고 있다.

> 탐정소설이 발달하기 위해서는, 일정한 사회적 조건이 필요한 것이 당연하다. 일정한 사회적 환경이 이루어지지 않는 한 탐정소설은 태어날 수 없다. 그런 사회적 조건, 또는 환경은 넓은 의미에서 말하자면, 과학문명의 발달이자, 이성과 지혜의 발달이고, 분석적 정신의 발달이고, 방법적 정신의 발달이다. 그리고 이것을 좁은 의미로 말하자면, 범죄와 그 수사방식 등이 과학적이 되는 것이며, 검거 또는 재판이 확실한 물적 증거를 기초로 이루어지고, 완성된 성문 법률이 국가의 질서를 유지하는 것이다.[8]

히라바야시가 말하는 "범죄와 그 수색방식이 과학적이 되는 것"이란 예를 들면 아케치와 고서점의 여주인이 소꿉친구였다 해도 어떤 증거가 되지 않는다는 것이다. 좁은 지역사회 속에서라면 피해자와 범인과의 관계는 자연히 명백해진다. 그러나 대도시 안에서는 불투명한 채로 그 불투명한 관계를 풀어내는 식의 사고와 같은 '분석적 정신'을 요구하고 있다는 것이다.

히라바야시가 지적하는 '분석적 정신'은 도시에서 생활하는 사람들의 보편적인 생활태도로서 나타났다. 그것이 탐정소설을 탄생시킨 가장 큰 힘이라 생각된다. 아케치뿐만 아니라 '나' 또한 '분석적 정신'을 가지고 있다. 살인사건의 추리를 잘못했다고 하지만 '나'도 아케치가 말하는 "가장 좋은 탐정법은 심리적으로 사람의 마음 깊은 곳을 꿰뚫어

---

8 나카시마 가와타로 편, 『에도가와 란포—평론과 연구』, 고단샤간행, 1980; 中島河太郎 編, 『江戸川亂步—評論と研究』, 講談社刊, 昭和五十五年.

보는 것"이란 사실은 알고 있었을 것이다.

그 사고방식이 가끔 찻집에서 만나는 가난한 학생, 아케치 고고로가 살인범일지 모른다는 의심으로까지 발전한 것이다. 아케치와 '내'가 사건에 직면하기 전에 하쿠바이켄에서 탐정소설에 관해 서로 의견을 주고받았다는 설정은 탐정소설 그 자체의 구조를 명확히 한다. 탐정소설은 여타의 소설과는 다른 구조를 지니고 있다. 독자는 작품을 읽으면서, 작가가 티 안 나게 여기저기 꾸며놓은 속임수나 장치에 신경 쓰며 어딘가 이상한 점은 없는지 의심스런 점은 없는지 생각한다. 탐정소설은 앞뒤 설정이 맞지 않는 디테일을 찾기 위해서 꼼꼼히 다시 읽기를 반복했음에도 마지막에 작가의 술수에 넘어가 버렸을 때 독자에게 쾌감을 주는 구조로 되어 있다. 작가의 문장 디테일을 독자가 의심하며 읽어 내려가는 구조는 탐정소설 이전의 문학에서는 생각할 수 없던 것이었다.

하쿠바이켄에서 아케치는 '나'에게 탐정소설에 관해서 이렇게 말한다.

> 절대 발견되지 않는 범죄라는 것은 불가능할까요? 나는 상당히 가능성이 있다고 생각합니다. 예를 들자면 다니자키 준이치로谷崎潤一郎의 『길 위에서途上』란 작품이 있어요. 그와 같은 범죄는 우선 발견되지 않지요. 그 소설에서는 탐정이 발견하는 것으로 되어 있지만, 그것은 작가의 훌륭한 상상력이 만들어낸 것일 뿐이죠.

일부러 기술한 '작가의 훌륭한 상상'이란 말이 란포의 탐정소설에 대한 열정과 자신감을 느끼게 한다. 그런 작가의 상상력이야말로 독자의 상상력을 불러일으키는 것이다. 독자의 눈은 소설 속 탐정의 눈이 되어 사건의 모순이나 어긋남을 찾는다. 「D언덕의 살인사건」이 탐정소설 담론에서 시작되는 탐정소설인 것도, 이 소설이 작가와 독자가 액자 형식의 관계성을 가지고 있다는 것도 작가는 소설의 서두에서 제시하고 있다. 모순이나 차이의 대부분은 사소한 일상의 흔한 사건으로 묘사된 문장 속에 숨겨져 있다. 그 때문에 독자는 소설을 읽으면서 항상 자신의 일상생활을 떠올리면서 읽을 필요성을 느낀다. 어느 누구도 자신의 일상생활의 디테일을 읽는 것이 부자연스럽지 않다고 생각해야만 탐정소설은 성립한다.

일상생활을 읽는 것이 부자연스럽지 않다는 말은 무슨 의미일까. 그것은 현실의 생활에서도 똑같이 모순이나 어긋남이 생겨난다는 뜻이다. 사람들이 살아가면서 스스로의 눈에 탐정의 눈을 내재시켜야만 한다, 다시 말해 보는 눈도 바뀌어야 한다는 것이다. 일상생활에서 생겨난 모순이나 어긋남에 발이 걸려 넘어지지 않도록 사람들은 끊임없이 주의를 기울여야 하고 혹시 그 모순을 눈치채지 못하고 넘어졌다면 극단적인 경우에는 소설과 똑같이 살인사건에 말려들 수밖에 없게 된다.

당시 사람들의 이러한 시선의 변화에 대해서 야나기타 구니오柳田國男는 지적하고 있다. 그는 할리우드에서 오랜만에 돌아온 배우 가미야마 소진이 도쿄사람들의 눈이 매우 무서워졌다고 말한 것을 있을 법한 변화의 예로 든다. 야나기타에 의하면 이런 눈의 변화는 마음을 터놓던 시골의 생활에서는 볼 수 없었다. 그곳에서는 서로 눈을 마주치는 것도 용기가 필요한 일이었다. 그러나 다양한 지역의 사람들이 교류하는 도시에서 눈을 아래로만 향하게 해서는 살아나갈 수 없다. 사람을 무서워하지 않으려는 노력이 두드러지게 나타나는 것이다. 계속해서 그는 이렇게 서술한다.

> 원래 사람을 잘 보지 못하여 부끄러워하며 사람들의 눈을 피하던 자가 크게 마음먹고 타인을 알려고 하는 마음이 생겼을 때, 그 눈은 갓난아이처럼 온화하게 보이지 않는다. 많은 도쿄 남성의 눈이 험상궂게 되었다면 그것은 아마 새로운 지식욕에 눈떴다는 것을 의미할 뿐, 반드시 싸움도 불사하겠다는 정도의 강한 반항심의 표시는 아니라고 생각한다.[9]

야나기타가 말하는 지식욕이란, 히라바야시 하쓰노스케가 말한 '분석적 정신'이다. 야나기타는 눈빛이 험악해졌음에 반해서 두드러지게 싸움이 감소했다고 말한다. 그에 의하면 싸움은 일종의 사교술로, 밥보다 싸움이 좋다는 심정은 용기가 있다는 증거라기보다 새로운 지인을 늘리는 기쁨이다. 그 때문에 싸움의 중재인은 쌍방으로부터 존경받았다고 설명한다. 싸움이라는 육체적인 사교가 시선의 스침으로 변화하고, 서로의 거리를 떨어뜨려 놓았다.

타인에 대한 시선은 구체적으로는 몸에 닿지 않는 감각이고, 일방통행이다. 결코 자신을 상처 입히지 않고 타인을 알몸으로 만들어 버린다. 탐정소설은 도시 생활자의 희박한 인간관계를 토양으로 태어났다. 그 희박한 인간관계를 대상으로 얻은 날카로운 눈빛 그 자체가 탐정소설이다.

---

9 야나기타 구니오, 『메이지 다이쇼사 세태편』 제5장–고향타향, 제4장–세상을 보는 눈(『도쿄 아사히신문』 쇼와 6년(1931) 연재), 정본 『야나기카 구니오집』 제24권(치쿠마 서점 간행 1970) 수록; 柳田國男, 『明治大正史 世相篇』 第五章–故鄕異鄕, 第四章–世間を見る眼.(『東京朝日新聞』 昭和六年連載) 定本 『柳田國男集』 第二十四卷(筑摩書房刊 昭和四十五年)所收.

「D언덕의 살인사건」의 결말에 헌책방 여주인이 불륜 상대에 의해 죽임을 당한 사실이 아케치의 추리에 의해 판명된다. 그는 헌책방에서 집 한 채의 거리만큼 떨어진 이웃의 국수가게 주인이다.

> 마르키 드 사드Marquis de Sade의 유행을 이어받은 가혹한 가학 색정광으로, 이 무슨 운명의 장난일까요. 집 한 채를 사이에 둔 이웃으로, 여자 마조히스트를 발견한 것입니다. 헌책방 주인의 아내는 그에 못지않은 피학 색정광이었습니다. 그리고 그들은 그러한 환자들 특유의 교묘함으로, 누구의 눈에도 띄지 않고, 간통했습니다. 그런데 그 결과는 운명의 장난이 지나쳤던 것입니다. 그들의 수동과 능동이란 힘의 합성에 의해 광적인 행태가 점차 배가되어 갔습니다. 그리고 결국 그날 밤, 그들도 결코 원하지 않았던 사건을 일으키고야 말았던 것입니다.

라고 아케치는 해명한다.

사디즘과 마조히즘, 이것도 하나의 인간관계다. 게다가 애인끼리 성행위의 자극을 철저하게 추구하며, 지배자와 종속자의 역할을 연기하는 관계에 비하면 다른 어떤 인간관계도 모두 시시하고 평범한 것으로 보이게 마련이다. 소꿉친구든지, 부부든지, 서로 간통한 남녀든지 사디즘과 마조히즘의 남녀관계 앞에서는 모두 별것 아니게 된다. 그것은 사디즘과 마조히즘이 일상 세계에서 일탈할 뿐만 아니라, 의식적으로 이상한 행위를 서로 연기하기 때문이다. 연기가 심해져서 가학 연기를 하는 자는 피학 연기를 하는 자를 정말로 죽여 버린다.

「D언덕의 살인사건」은 등장인물 사이의 얕은 관계를 토대로 성립된 작품으로, 작가는 일상에서 벗어난, 질펵하며, 비인간적인 관계를 제시한다. 소설은 마지막으로 일상의 인간관계가 소꿉친구마저 믿지 못하는 얄팍한 관계라는 사실을 재확인시키며 끝이 난다.

아케치 고고로는 잘 알고 있었던 것이다. 소꿉친구도 20년의 시간을 지나면 여러 가지 인간관계를 통해, 순수하고 죄 없던 어린아이가 남에게 말할 수 없는 성의 비밀을 지닌 성인으로 변화하고, 얼굴을 붉게 물들이던 소녀도 '몸 안의 상처'를 얻지 않으면 흥분을 느끼지 못하는 여성으로 변화할지 모른다는 것을…….

눈과 혀와 코, 그리고 손가락

「D언덕의 살인사건」에 등장하는 아케치 고고로는 산책을 좋아하는 것 같다. 유카타 차림으로 나막신을 질질 끌면서 매일 어슬렁거리기 때문이다. 아케치만이 산책을 좋아하는 것은 아니다. 살인사건이 있던 시각, 단고 언덕 부근은 "도심의 큰 거리에는 왕래가 끊이지 않는다. 사람들이 큰소리로 대화하며 달그락 달그락 나막신을 끌고 다니거나 술에 취해 유행가를 부르는 모습은 지극히 태평해 보였다"고 묘사되어 있다. 날이 저물어 노을 속에서 사람들이 거리를 산책하는 모습을 자주 볼 수 있었다. 당시 단고 언덕 근처에 살고 있던 도시학자 오쿠이 후쿠타로奧井復太郎[10]는 다이쇼 초기의 혼고(상점가 사카나마치肴町)[11]에 대해서

10 오쿠이 후쿠타로奧井復太郎(메이지 30년(1897)~쇼와 40년(1965))는 시카고 학파의 도시연구 방법을 배우고, 일본에 도시학의 기초를 세웠다. 대표 논문으로 『현대 대도시론現代大都

이렇게 말하고 있다.

> 이 당시 사카나마치의 극히 일부가 쇼핑센터여서 저녁부터는 매우 혼잡했다. 그래서 저녁식사 후 자주 외출했지만 뭐가 재미있었냐고 물어본다면 바로 답을 하기가 어렵다. 특별히 재미있었던 것은 없던 거 같다. 그저 어슬렁거렸을 뿐이었다. 활동사진 등이 아직 발달하지 않았던 때였기 때문에 이러한 상점가에서 어슬렁거리는 것 외에는 변두리는 물론이고 중심가에서 시간 때울 만한 것이 없었다고 생각한다.[12]

이어서 오쿠이 후쿠타로는 사카나마치가 왜 번영했는지 그 이유를 '여러 개의 도로가 교차하는 장소였고 거기에 두 대의 전차가 드나드는 교통의 요충지였기 때문'이라 보고 있다. 또한 사람들이 왜 산책을 했는지에 관해서는 도시계획가 이시가와 히데아키石川栄耀의 분석을 다음과 같이 소개하였다. 그는 "오후의 기계화된 생활의 반동으로 바깥 산책을 필요로 하게 되고, 그와 동시에 잘 차려입은(일에서 해방되어 인간적으로 된－오쿠이 주석) 행인과의 접촉을 필요로 하며, 상품 감상에 머무는 즐거움은 가장 저렴한 값에 할 수 있는 것이고, 또한 상점의 쇼윈도 등이 시각적인 즐거움을 준다는 것, 순수한 즐거움 자체는 시간과 돈을

市論』(1940)이 있다. 쇼와 28년(1953), 일본도시학회를 창립한다.

11 사카나마치肴町는 현재 분쿄구 무코가오카 잇쵸메文京区向丘一丁目로 지명이 변경되었다. 사카나미치 상점가는 하쿠산상점가白山商店街의 일부다.

12 오쿠이 후쿠타로, 『도시의 정신－생활론적 분석』 II, 『도시의 본질 2－「번화가」연구』(일본방송출판협회 간행, 1975); 奧井復太郎, 『都市の精神－生活論的分析』 II, 都市の本質 2－「盛り場」考(日本放送出版協會刊, 昭和五十年).

지나치게 필요로 한다는 것"과 같은 설을 들고 있다.

D언덕 = 단고 언덕은 사카나마치의 상점가에서 동쪽으로 칠백 미터 정도 떨어진 위치에 있기 때문에 아케치 고고로 또한 저녁 식사를 마친 후 사카나마치에서 단고 언덕 주변까지의 상점가로 산책을 나왔을 것이다. 이시가와 히데아키는 산책설에서 '오후의 기계화된 생활'이라는 사회 변화에 의해 산책이 생겨났으며, 그와 동시에 즐거운 분위기의 상점이 생겨났다는 것을 그 원인으로 보고 있다.

메이지 말기에서 다이쇼 초기에 걸쳐 상점은 크게 바뀌게 된다. 그것은 앉아서 판매하는 방식에서 진열 판매로의 변화를 의미했다. 메이지 시대 중반까지 상점은 좌판 방식이 일반적인 것으로, 상인은 다다미에 앉아 고객의 요구에 응하여 상품을 가게 선반이나 창고에서 꺼내 보여주었다. 그 때문에 손님은 살 마음이 없으면 가게 안에 들어가지도 않았고, 물건을 살 수도 없었다. 상인들도 가게 앞에 물건을 장식하지 않았고, 물건을 감추어 두고 특정 고객을 상대로 하는 것이 가게의 격식이라는 신조를 지니고 있었다. 이런 판매 방법은 고객이 한정되어 있을 때에는 안성맞춤인 판매 방식이었지만, 도쿄로 유입된 지방 출신들이 늘어나고, 항상 오는 단골손님보다 처음 가게를 방문하는 손님이 늘어남에 따라서 반대로 불합리한 방식이 되어버렸다. 상점의 판매방식은 손님이 자유롭게 보면서 걸을 수 있는 진열방식으로 바뀌고 있었다.

이러한 진열 방식을 보급시킨 것은 사카나마치에서 단고 언덕까지의 도로를 확장한 구시가 개정 사업이었다. 도로 확장은 당연히 양쪽에 선 건물을 무너뜨렸기 때문에 새로운 거리를 창출했다. 각 상점은 쇼윈도를 장착한 것뿐만 아니라, 불특정한 손님의 눈을 끌기 위해서 여러 가지 장식으로 건물을 꾸몄다.

현재도 혼고本郷, 오차노미즈お茶の水, 간다神田, 쓰키지築地 같은 도쿄의 거리를 걸으면 길에 접한 부분만으로도 사람의 눈을 끄는 장식으로 장식된 목조가옥을 만날 수 있다. 옥탑을 지붕에 장착한다든지, 쇼윈도에 스테인드글라스를 설치한다든지, 줄무늬 모양이나 진기한 부조장식, 또는 그리스 신전풍의 기둥 등을 건물의 역학적인 구조와는 아무 관계없이 정면의 벽면에 장식한 건물을 볼 수 있다. 앞 쪽에 간판을 붙인 모습이어서 '간판 건축'으로 불리지만, 이 간판 건축의 대부분은 건축가가 설계한 것이 아닌, 상점 주인이 목수에게 주문해서 어떻게든 사람의 이목을 끌 수 있도록 설계된 것이다. 따라서 서양풍이라 해도 본토 유럽의 전통 양식의 건물과는 전혀 다른 무국적의 디자인이었다. 당시의 지식인이나 건축가는 이런 간판 건축을 조악하다고 싫어했지만,[13] 보통 사람들은 오히려 이런 간판 건축에 친근감을 느끼고, 어슬렁거리며 바라보는 것을 낙으로 삼았던 것이다.

사람들 시선의 변화는 거리를 새로운 모습으로 변화시켰지만 감각의 변화는 시각만이 아니었다. 아케치 고고로는 하쿠바이켄에서 냉커피를 마셨다. 커피라는 쓴 맛과 독특한 향을 지닌 음료의 인기도 이 시대의 미각과 후각의 변화에 의한 것이라 할 수 있다. 음식학자에 따르면 커피의 쓴 맛은 "강한 스트레스를 받았을 때 커피를 음미하는 것만으로도 스트레스를 가볍게 만드는 작용이 있다. 그 때문에 스트레스에

---

13 나가이 가후永井荷風는 『게다를 신고 어슬렁 어슬렁日和下駄』에서 "도처에 서양풍의 건축물과 페인트칠한 간판 삐쩍 마른 가로수 그리고 아무데나 들쭉날쭉 서 있는 전신주와 어지럽게 널려있는 전선의 그물 때문에, 정숙한 미를 간직하고 있던 에도 거리의 정결함을 잃어버리고……"라고 쓰고 있다.

의한 영향을 강하게 받는 환경에 처할수록 쓴 맛을 통해 그런 부정적인 면에서 벗어나고자 하는 작용이 인간의 본능으로서 작동하였다"고 서술한다.[14] 이시가와 히데아키는 산책을 '기계화된 생활의 반동'으로 파악했다. 그와 유사하게 한 잔의 커피는 도시인들이 일상생활의 압박감에서 해방되기 위한 기호품이 되었고, 사람들은 커피에 의해 한순간의 해방감을 얻었다. 도쿄가 농촌인구를 흡수해서 대도시로 변모한 것이 도시인들의 일상적인 미각에도 큰 변화를 가져온 것이다.

그런데 시각, 청각, 후각, 미각이란 감각이 오로지 식별적이 되고, 분석적인 지각으로 변한 것에 비해, 오히려 생활 속에서 작동하고 있던 것은 촉각이라는 지적이 있다. 나카무라 유이치로中村雄次郎에 따르면 일반적으로 여러 감각 중에서 시각이 구심적이며, 절대 우위인 감각이라 파악되고 있지만,

> 실은 그 반대 방향이라고 하면 원심적으로 체성감각体性感覚에 의한 여러 감각의 통합이 있는 것이다. 체성감각이란 촉각을 포함한 피부 감각과 근육 감각을 포함한 운동 감각으로 구성되어 있다. 보통 촉각이, 특히 손으로 느끼는 촉각이 시각과 필적하는 총합적 지각작용을 가지는 것이라 생각되는 것도 손으로 느끼는 촉각이 운동 감각을 포함하는 체성감각을 가장 잘 대표하고 있기 때문임이 틀림없다.
>
> 우리는 체성감각이 '명석함을 요구하는 의식과 결합한 시각이 행하는 여

14 고노 도모미, 『맛과 문화』(고단샤 현대신서, 고단샤 간행, 1977); 河野友美, 『味と文化』(講談社 現代新書, 講談社刊, 昭和五十二年) 고노 도모미에 따르면 일본인이 가정에서 커피를 즐기게 된 것은 1960년대라고 한다. 고도성장기, 경제・생활수준은 상승했지만 그 이전의 생활과 간격이 생겨났기 때문에 동시에 도시 생활인의 스트레스도 급증했다고 한다.

러 감각의 구심적 통합'과는 반대의 통합, 다시 말해 무의식과 결합한 여러 감각의 원심적 통합의 작동을 가지고 있다고 생각할 수 있다. 여러 감각의 체성감각적인 통합이란 현상학적으로 다시 파악한다면 활동 가능한 신체에 의한 통합임이 틀림없다.[15]

앞서 소개한 야나기다 구니오의 '사람들의 시선이 날카로워졌음에도 불구하고 대조적으로 싸움은 줄어들었다'는 분석과 이러한 지적을 함께 읽으면, 다이쇼 중반은 '시각에 의한 식별적인 감각이 우위에 선 것에 반해 체성감각의 지위는 떨어졌다'고 할 수 있을 것이다. 식별적인 감각은 인간을 둘러싼 환경이 도시화되면 될수록 강하게 작동할 수밖에 없다. 작은 지역 사회 속에서 살고 있으면 그 환경은 친숙해지는 데 반해 도시화된 사회는 그 환경의 변화가 크기 때문에 식별적이면서 분석적인 지각을 갈고 닦아야만 한다. 하지만 체성감각은 신체에 갖춰진 감각이기 때문에 그 모든 것이 사라지는 일은 없다.

란포는 그러한 체성감각을 소재로 하여 「D언덕의 살인사건」이 나오고 9개월 후, 다이쇼 14년(1925) 10월에 「인간의자人間椅子」를 발표한다. 「인간의자」는 외무성 서기관 아내인 아름다운 여류작가가 남편이 출근한 후 서양식 서재에 들어가 창작에 매달리기 전에 기묘한 편지를 읽는 장면에서 시작한다.

편지의 내용에 의하면 보낸 이는 '선천적으로 이 세상에서 가장 추한 용모를 지닌 자'로 '부모님에게 물려받은 가업으로 하루하루 간신히 벌

15 나카무라 유지로, 『공통감각론』(이와나미 현대선서 27, 이와나미 서점 간행, 1979); 中村雄次郎, 『共通感覺論』(岩波現代選書27, 岩波書店刊, 昭和五十四年).

어먹고 살아 갈 따름'인 가구공이다. 그는 어느 날 외국인이 경영하는 호텔로부터 대형 안락의자 네 개를 주문 받는다. 바닥끝까지 가죽으로 둘러싸여 있으며, 등받이도 팔걸이도 두꺼워 마치 '안락'하다는 말 그 자체를 형상으로 나타낸 것처럼 보이는 의자이다. 그는 의자가 완성되자 하나를 다시 해체하여 '그것에 적당한 세공을 하여 인간이 걸터앉는 부분에 무릎을 넣고, 등받이 부분에 머리와 몸을 넣어 적당히 의자 모습으로 앉아, 그 속에 숨어있을 만한 여유'를 만들어, 그 안으로 들어간다. 그는 호텔에서 도둑질을 하기 위해서 이 아이디어를 실행한 것이지만 의자에 숨어있는 동안에 '굉장히 기괴한 쾌락을 발견'하게 된다.

> 완전히 어둡고 몸도 움직일 수 없는 가죽 덮개 속의 세상. 그것이 얼마나 괴이하면서도 매력 있는 세계일까요. 그 속에서 인간이라는 것이 늘 눈으로 보아오던 그 인간과는 전혀 다른 생물처럼 느껴집니다. 그들은 목소리, 숨소리와 발소리, 옷깃 스치는 소리와 그리고 몇 개의 둥글고 탄력 넘치는 근육 덩어리에 지나지 않습니다. 저는 그들 한명 한명을 외모 대신에 피부 감촉으로 식별할 수 있습니다. 어떤 사람은 뚱뚱하게 살이 쪄서 썩은 생선 같은 감촉을 줍니다. 그와는 정반대로 어떤 사람은 딱딱하게 바짝 말라비틀어져서 해골 같은 느낌이 듭니다. 인간이란 것은 외모나 지문 외에 이러한 몸 전체의 감촉에 의해서도 완전히 식별될 수 있음이 분명합니다.

이 단편이 지닌 이상한 리얼리티는 인간이 의자 속에 들어감으로써 시각의 세계를 닫고 우리들이 일상적으로 깨닫지 못한 체성감각의 세계를 끄집어내는 점에 있다. 「인간의자」의 주인공이 발견한 쾌락이란 나카무라 유이치로의 "촉각이 시각과 필적하는 총합적 지각작용을 가진다"는 지적과 같은 맥락의 것이다. 란포는 이 촉각의 세계에 매혹되어 다른 소설 속에서도 반복해서 「인간의자」의 모티프를 사용하고, 「애벌레芋虫」라는 특이한 감각세계도 그려내고 있다. 그 중에서 쇼와 6년(1931) 2월에서 다음 해 3월까지 잡지 『아사히朝日』에 연재한 「눈 먼 짐승」에서는 그 결말에 '촉각예술론'과 같은 이론을 피력하고 있다.

> 이 세상에는 눈으로 보는 예술, 귀로 듣는 예술, 이성과 지혜로 판단하는 예술 외에도, 손으로 느끼는 예술이 존재하고 있을 것이다. 실로 기묘한 것이지만, 우리들은 시각만을 사고하고, 촉각을 조금도 개의치 않는다. 그것은 왜일까? 다름 아닌 우리들에게는 눈이 있기 때문이다. 우리들은 맹인이 아니기 때문이다.
>
> 만약 인간이 개처럼 후각이 민감하다면, 이 세상에서는 더욱 더 냄새의 예술이 발달했을 것이다. 그와 같이, 우리들에게 눈이 없었다고 한다면, 이 세상에서는 더욱 더 촉각의 예술이 발달했을 것이 틀림없다.

란포는 '오감 중 시각만이 우위에 있다고 생각'하는 이 세상의 기묘함에 민감하게 반응하였다. 이를 위하여 굳이 '시각 때문에 방해 받아서, 깨닫지 못하게 된 다른 세계'의 각성을 소설 속에서 외치고 있는 것이다. 란포가 촉각에 얽매인 것은 메이지부터 다이쇼에 걸쳐 도쿄가 급격하게 근대화, 도시화됨에 따라 촉각의 세계가 잊혀지고, 지각작용이 '보는 것'만으로 구심화되고 있는 것에 이의를 제기하고 싶었기 때문이다.

이렇게 시각과 촉각의 인간이라는 두 개의 지각체계가 분극화分極化되어 가는 과정을 고려해서 한 번 더 「인간의자」를 읽으니 이 단편소설에서 또 다른 구도가 떠오른다. 여류작가는 편지를 읽어나가는 동안, 그녀가 앉아 있는 의자 속에 가구 장인이 숨어들어 있지는 않은지 의심하기 시작한다. 자신의 몸 밑에 살아있는 인간이 숨쉬고, 가죽 한 장 사이로 자신의 살결을 느끼고 있는 것은 아닌지 신경이 쓰이기 시작했다. 두려움에 떨면서도 그 무서운 편지를 다 읽지 않고는 견딜 수 없었다. 그녀는 편지를 끝까지 읽고 난 뒤, 의자 안에 사람이 숨어있다는 사실을 깨닫고 정신없이 서양식 방에서 일본식 거실로 도망친다. 다다미방에서 가슴을 쓸어내리고 있던 중 방으로 하녀가 봉투를 가져온다. 봉투의 문자는 그 기분 나쁜 편지와 동일한 필적이다. 하지만 결국 그 편지에 의해 다음과 같은 내용이 밝혀진다. 조금 전의 편지 내용은 그녀를 동경하는 소설가 지망생 남자에 의한 창작이었던 것이다.

란포다운 속임수이고, 반전이다. 그런데 다시금 생각해보면 의자 안에 인간이 숨어있다고 자연스럽게 생각할 수 있는 것은 의자가 본래 인간의 형태를 모방하고 있기 때문일 것이다. 의자의 명칭이 인간의 몸 부분과 똑같이 팔, 다리 등으로 구성되어 있듯이, 의자의 형태는 신체와 유사하게 보이는 경우가 많다. 예를 들어, 단단한 의자는 남성용으로, 스커트처럼 천을 늘어뜨린 의자는 여성용으로, 또한 키가 큰 의자는 높은 지위를 상징하도록 사용된다는 사실을 종종 발견할 수 있다. 이런 점에서 보면, 실은 의자야말로 촉각적인 가구라기보다, 시각적인 가구로 생각된다. 의자도 간판 건축과 같이 시각이 만들어낸 것이라 말할 수 없을까? 게다가 여류작가가 의자에 앉아있는 방은 일본풍의 안채하고는 다른 양옥의 방이지만, 이 양옥도 또한 시각이 만들어낸 것이라 할 수 있다.

간판 건축은 도쿄 시내 상점가에 산재하여 남아있다. 또한, 야마노테山の手에는 「인간의자」가 쓰였을 당시에 세워진 주택이 남아있다. 세타가야世田谷나 스기나미杉並 등의 주택지를 걸으면 현관 옆에 서양식 방이 붙은 주택과 자주 만날 수 있다. 이런 주택 형식을 당시는 문화주택이라 불렀다. 이 문화주택에 관해서 쇼와 초기, 오오야 소이치大宅壮一는 다음과 같이 서술하고 있다.

> 도쿄의 외곽을 걸으면 가는 곳마다 형태에 끼워 맞춘 듯한 화양절충和洋折衷의 반半 막사가 늘어서 있다. 그 대부분은 화양절충이라기 보다는 방이 세 개뿐인 일본 가옥에 붉은 기와의 네 첩 반 또는 육 첩 반 정도의 '양옥'을 덧붙인 것으로, 밖에서 보면 양복을 입고 나막신을 신은 듯한 느낌이다. 이른바 그 집의 주인 또는 주부가 아는 영어의 수준 딱 그 만큼의 '서양풍'이 가미되고 있는 것이다.[16]

오오야 소이치의 조롱이 상당히 들어간 분석대로, 여기서 '문화'라는 것은 현관 옆에 덧붙은 서양식 방 한 칸뿐으로, 양복에 나막신 신은 모습과 비슷할 뿐이다. 이처럼 볼품없는 모습이라 해도, 이러한 양식의 주택이 유행한 이유는 양복빈민이라 불리던 샐러리맨에게 양복이 필요했던 것과 마찬가지로, 당시 샐러리맨에게 있어 이런 주택은 하나의

---

16 「모던층과 모던상 샐러리맨의 생활과 사상 IV」, 『오오야 소이치 전집』 제2권 1(소요샤 간행, 1981); モダン層とモダン相 サラリーマンの生活と思想 IV, 『大宅壮一全集』 第二巻 I(蒼洋社刊, 昭和五十六年).

사회적 신분을 상징했기 때문이다.

이런 서양식 공간은 때에 따라 응접실이 되거나 주인의 서재가 되었다. 그곳에는 당시 크게 유행했던 엔본円本(쇼와 초기에 유행한 정가가 한 권에 1엔 균일인 전집 · 총서본) 전집과 등나무 덩굴로 만든 의자가 놓여있는 것이 상식이었다. 엔본 전집은 영어를 몇 글자 알고 있는 정도의 교양을 드러냈으며, 가볍고 튼튼한 등나무 의자는 행동성이 풍부한 샐러리맨의 합리정신을 충족시켜주었다. 문화주택의 서양식 공간은 「인간의자」의 외무성 서기관 아내인 여류작가가 사용하고 있던 양옥을 대중화한 것이다. 문화주택이란 어느 정도 신분 상승 의지를 지닌 샐러리맨이 장래의 목표로서 외무성 서기관 같이 높은 지위를 바랄 때, 충분하다고는 할 수 없지만 필요한 주거 공간이었다. 서양식 공간은 가족이 생활하기 때문에 필요한 방이 아니라 한 가족을 이끄는 가장의 지위와 체면상 필요한 장치로 파악되었다. 「인간의자」의 무대가 되는 양옥식 공간 그 자체가 '외부에 대한 체면'이라는 의식에서 만들어진 것이었다.

메이지 20년대(1887~1896), 귀족이나 자본가들은 경쟁하듯 대규모의 서양식 공간을 건설한다. 그러한 서양식 공간은 모두 접객용 시설이고 무턱대고 서구의 주택을 모방한 것이었다. 오늘날 우리들은 매우 서구화된 생활에 익숙해져 있지만, 그래도 신발을 신은 채 주거 안을 돌아다니는 데에 아직 저항이 남아있었다. 그런데 메이지에 세워진 서양식 공간의 대부분은 신발을 벗지 않고 그대로 생활하도록 설계되어 있었다. 당연히 문명개화로부터 30년이 채 지나지 않은 일본인은 그곳에서 일상생활을 누릴 수 없었기 때문에 항상 일본 가옥, 다다미식 주거가 같이 지어졌다.

의자가 있는 양옥식 공간이나 서양식 방에서의 생활이 타인과의 경쟁에 의해 생겨난 시각적인 생활 스타일이라고 한다면 일본 가옥, 즉 다다미식의 주거는 친숙한 체성감각과 일치된 것이었다. 신발을 벗고 마루에 앉는 스타일은 지극히 촉각적이고, 촉각에 의해 통합된 일본인의 체성감각과 분리되기 어렵게 연결되어 있다. 눈에 보이는 일상생활 양식의 대부분이 서구화되어 있음에도 불구하고, 오늘날에도 신체와 접하는 유일한 부분인 마루에 대해서만은 발에 직접 닿아야 한다는 사실에 구속되어, 신발을 신은 채 주거 안에 들어가는 행위에 강한 저항을 느낀다.

「인간의자」는 촉각을 테마로 한 이야기다. 그렇다고는 해도 남자가 의자에 숨어 촉각적인 쾌락에 빠진 이야기라 보기는 어렵다. 그보다는 앉아 있던 의자에 남자가 숨어들었다는 사실에 말할 수 없는 공포를 느낀 여자작가의 잇따른 행동은 촉각에 주목할 때에만 그 의미를 알 수 있다.

> 무의식적으로 일어나 기분 나쁜 팔걸이 의자가 놓인 서재로부터 도망쳐, 일본식 거실로 와 있었다.

그녀는 다다미에 앉은 것만으로 평온함을 되찾은 것이다. 다이쇼에서 쇼와 초기에 걸쳐 시각은 여러 가지 분야에서 변혁을 이뤘다. 현재에 이르러서도 여러 감각 중 시각의 우위성은 흔들림이 없다. 그러나 신발을 벗고 다다미나 융단 위를 걷고, 그곳에 앉는 우리 일본인의 신체는 서구화되기 이전부터 습관화된 체성 감각에 의해 아직도 통제당하고 있는 것이다.

번역 : 한태준

구단(九段) · 후지미초(富士見町)의 주택
이층 창에 유럽식 장식이 있다.

혼고(本郷) · 사카나마치(肴町)에서 단고자카(団子坂)로 이어지는 상점가

다이쇼 시기, 사카나마치는 전차 환승 지점으로, 상점가 번성했다. 다이쇼 10년(1921) 도쿄시 전도의 일부분.

간다(神田) 일대의 상점가

관동대지진 후, 도로에 인접해 있던 건물 정면에만 간판을 붙인 간판 건축이 크게 유행했다.

쓰키지(築地) · 골목길의 목조 가옥
이층에 다락방을 설치하는 것이 유행했다. 벽면에 장식모양이 꾸며져 있다.

신토미쵸(新富町)의 주상복합형 가옥
각 방마다 세로줄 모양의 장식이 달려 있다. 간판 건축은 긴자 거리 뒤편에 많았다.

미나미 아자부(南麻布)의 주택
그리스 양식을 모방한 줄기둥이 베란다에 늘어서 있다.

간다 도요 키네마(神田東洋キネマ)
사분원 아치의 벽과 삐죽삐죽한 톱날 모양의 건물 장식등 날카로운 디자인을 많이 채용한 간판 건축.

이다바시(飯田橋)의 상점
건물을 둘러싼 철장 위로 페인트칠한 기둥과 들보가 보인다.

우치간다(内神田)의 상점
교차점에 인접한 건물 정면에 불균형하게 큰 전봇대가 서 있다.

후카가와(深川) · 스사키(洲崎) 유곽 흔적
일층의 기둥과 벽에 촘촘한 모자이크 타일이 붙어 있다.

메지로(目白)의 문화주택

다이쇼 말기, 메지로부터 오지아이(落合) 주변은 주택지로서 개발되어 샐러리맨을 위한 단독문화주택이 세워졌다.

와세다(早稲田)의 문화주택
다이쇼 시기, 일본 가옥 현관 옆에 서양식 방을 붙이는 것이 '문화'였다.

참고문헌

논문 및 단행본

中島河太郎 編,『江戸川乱歩－評論と研究』, 講談社刊, 昭和五十五年.

中村雄二郎,『共通感覺論』, 岩波書店刊, 昭和五十四年.

初田亨,『都市の明治－路上からの建築史』, 筑馬書房刊, 昭和五十六年.

商店建築社編,「明治・大正・昭和の建築とその社会史考」,『商店建築』, 商店建築刊, 昭和五十三年八月号.

大宅壯一,『大宅壯一全集』第二卷, 蒼洋社刊, 昭和五十六年.

奧井復太郎,『都市の精神－生活論的分析』, 日本放送出版協刊行, 昭和五十年.

川添登著,『東京の原風景』, 日本放送出版協會刊, 昭和五十年.

東京百年史編集委員會 編,『東京百年史』第四卷, 東京都刊, 昭和四十七年.

柳田國男,「明治大正史－世相篇」,『柳田國男集』第二十四劵(定本), 筑馬書房刊, 昭和四十五年.

池田浩士,『大衆小説の世界と反世界』, 現代書館刊, 昭和五十八年.

河野友美,『味と文化』, 講談社刊, 昭和五十二年.

제2장

대중사회의 쾌락과 궁핍

고등실업자高等遊民의 공포

란포는 「인간의자人間椅子」에서 사람이 시각을 잃어버렸을 때 촉각에 의하여 얻을 수 있는 쾌락이 무엇인지를 추구했다. 이는 도시문화가 자칫하면 촉각의 세계를 잃어버릴 수 있다는 경고였다. 그 정도로 20년대는 시각문화가 일세히 꽃핀 시대였다. 영화산업이 융성하고, 사진과 인쇄 기술의 진전이 그래프저널리즘을 낳고, 그에 더하여 엄청난 광고가 도시를 장식했다. 도쿄는 전기라고 하는 혈액을 얻은 뒤, 구석구석까지 꿈틀거리며, 맥이 뛰게 되었다.

다이쇼 8년(1919) 긴자銀座에 148기의 가로등 조명이 켜지자, 눈 깜박할 사이에 전국의 번화가로 가로등 조명이 파급되었다. 네온으로 백화점을 장식하고, 광고로 건물을 비추는 일도 유행했다.[1] 그리고 청각문

1 메이지 말, 전력산업이 화력으로부터 수력으로 발전방법을 바꾸고, 공급량을 늘릴 수 있게 되자, 전기요금이 대폭 줄어들어, 전기 소비량은 비약적으로 증대되었다. 다이쇼기에

화도 진전되었다. 다이쇼 14년(1925)에 라디오 방송이 시작되고, 쇼와 3년(1928) 전기 녹음된 레코드가 전축 위를 돌고,[2] 유행가가 흘러 나왔다. 시청각 문화의 홍수는 매일매일 눈과 귀를 계속하여 자극했다. 농경사회가 내놓은 '하레의 날ハレの日'과 '게의 날ケの日'[3]의 구별은 붕괴되고, 일상은 모두 '하레의 날'로 변했다. 도시 그 자체가 '하레'의 공간이 되고, 그 화려함이 지방에서 도시로 사람들을 끌어당겼다.

그러나 자극도 날마다 끊임없이 받게 되면 끝내 마비될 수밖에 없다. 란포가 다이쇼 14년 8월 『신청년』에 발표했던 「지붕 밑의 산책자屋根裏の散歩者」는 일상의 자극에 싫증나 보다 강한 자극을 구하게 된 남자의 전말을 묘사한다.

> 아마도 그것은 일종의 정신병임에 틀림없다. 고다 사부로는 어떤 놀이도, 어떤 일도, 무엇을 해봐도 점점 이 세계가 재미없어졌다.

위의 「지붕 밑의 산책자」의 첫 부분대로 주인공은 일에도 놀이에도 싫증이 났다. 재미있게 살기 위하여 '마치 일이나 놀이라도 되는 양 빈

들어서 전등도 전기요금의 감소로 사치스럽지 않은 것이 되었다. 다이쇼 2년 도쿄전기가 텅스텐 전구의 양산에 성공하고 이후 2중 코일, 필라멘트, 내면 불투명전구 등 품질도 향상된다. 쇼와 5년 도쿄의 도로 조명은 전 도로, 약 1,000킬로 이내, 5분의 1정도가 설치된다. 건물에 조명을 키는 일도 유행한다. 그 예로 니혼바시日本橋의 세 개와 시로키야白木屋, 우라크쵸우有樂頂의 일극日劇, 히비야日比谷의 메이지생명빌딩, 매립지의 세이루카聖路加병원 탑 등이 있다.

2 라디오방송은 다이쇼 14년 3월에 개시되었다. 당초 5,455인에 지나지 않았던 청취자가 그 해 말에는 19만 명 남짓 되었다. 다음해 34만 9천명, 쇼와 3년 50만 명 정도에 달한다. 쇼와 10년에 비로소 국산 라디오가 발매되었고, 그 가격은 150엔이나 되었다.

3 하레의 날ハレの日은 특별한 축제의 날을 의미하며 게의 날ケの日은 일상과 같은 날이다. 농경사회에서 구별했던 방식이다.(역주)

번하게 숙소를 바꾸기도' 하고 우연히 카페에서 알게 된 아케치 고고로가 말하는 범죄 얘기에 끌려 '다양한 범죄에 관한 책을 사들여, 매일매일 읽기도 했다'. 그리고 '자신도 그 범죄물의 주인공처럼 놀랍고 현란한 범죄를 저질러 보고 싶다'고 생각한다. 하지만 법률상의 범인이 될 생각은 없었다. 아사쿠사에 외출해서는 범죄자가 한패와 통신하기 위해서인 것처럼, 백묵으로 그 근처 벽에 화살표 표시를 그리며 돌아다니기도 하고, 부자처럼 보이는 통행인을 발견하면 자신이 소매치기가 된 기분으로 어디까지라도 그 뒤를 미행하고 싶어 했으며, 노동자나 걸인으로 변장하여 마을을 헤매고, 또 여장하여 남을 놀라게 하고 즐거워했다. 그렇지만 '흉내는 어디까지나 흉내에 지나지 않았고 위험이 없는 만큼' 이런 놀이에도 싫증이 나버린다.

모든 일이 지루해진 이 25세의 남자는 새로 들어선 도에이칸東栄館이라는 신축 하숙집에서 우연히 벽장 천장의 틈을 발견하고 그곳을 통하여 지붕 밑으로 들어가 하숙집의 지붕 밑을 따라 걷는 방법을 익힌다.

그는 다른 하숙인의 생활을 엿보는 것으로 오랜만의 여흥을 얻는다. 처음에는 단순히 재미로 시작했지만 같은 하숙인 중에서 가장 비위에 거슬리는 치과의사의 조수가 입을 크게 벌린 채 깊이 잠들어 있는 얼굴을 보고서 살인을 떠올린다. 그는 천장의 옹이구멍으로 실을 드리워 독약을 입 속에 흘려 넣어 죽인다는 계획에 사로잡힌다. 한 번은 단념했지만 어느 날 밤 다시 옹이구멍으로 엿보니 마침 바로 아래에서 치과의사 조수의 입이 커다랗게 벌어져 있었기 때문에 곧 살인계획을 실행해버린다.

이 단편의 독특함은 모든 일에 지루해져버린 주인공이 지붕 밑을 걷는다고 하는 작자의 발상에 있다. 더욱이 이러한 발상은 20년대가 아니었다면 떠올릴 수 없었다. 왜냐하면 이러한 구조를 갖추고 있던 하숙집은 메이지 시대에는 숫자가 적었고, 도쿄의 인구가 급증했던 다이쇼 중기 이후에 많이 나타났던 건물이었기 때문이다.[4] 지붕 밑을 걸어서 타인의 방을 위에서부터 엿볼 수 있는 것은 각 방이 셋방처럼, 장지문이나 미닫이 같은 칸막이로 된 것이 아니라 튼튼한 벽으로 칸이 나뉘어 옆방에서 쉽게 엿볼 수 없는 조건이 갖춰졌기 때문이다.

> 도에이칸의 건물은 당시 하숙집으로 흔했던, 중앙에 마당을 둘러싸고 그 주변에 상자모형으로 방이 나란히 놓여있는 양식으로 되어 있기에 그를 따라 다락방도 쭉 그 형태를 유지하고 있어 막다른 곳이 없습니다. 그의 방 천장 뒤편에서 출발해서 쭉 한번 돌면, 다시 원래의 그의 방 위로 돌아오게 되어 있습니다.
>
> 아래 방들은 아주 엄중히 벽으로 구역이 나뉘어 있어서 그 출입구에는 문단속을 하기 위한 장식구까지 붙어 있지만, 한번 천장의 위편으로 올라가 보면, 이는 또한 뭐라 할 수 없이 개방적인 모양이랄까요. 누군가의 방 위를 돌아다니고자 마음만 먹으면 그야말로 자유자재입니다.

이 하숙집은 이층을 숙박인에게 빌려주는 하숙 형식도, 에도 시대 이래, 도시 셋집의 전형이었던 연립공동주택 형태도 아니다. 하숙집은

4 아파트 형식의 하숙관으로 메이지 42년 도쿄・시부야에 2층 건물 양식장실, 다음해 43년 우에노 시노바즈 지반不忍池畔에 목조 5층 건물 '우에노구락부' 고지쵸산넨쵸麴町三年町에 3층 건물인 '사토별관' 등이 초기의 것이었다. 월별 집세도 비싸서 일반화된 것은 다이쇼 중기였다.

연립처럼 장기 주거자를 위한 셋집이 아니라 단기주거인 독신자를 위한 집이었다는 점도 큰 특징이다. 그것은 「지붕 밑의 산책자」가 엿보는 눈 아래의 광경으로도 알 수 있다. 숙박인들 모두 독신자로서, 방 안에서 남들 앞에서는 절대 보일 수 없는 광경을 한 사람 한 사람 펼치고 있었으며, 그것이 엽기적인 자의 눈을 즐겁게 했던 것이다.

평소 과격한 반자본주의의 주장을 내뱉고 있던 회사원이 아무도 보지 않는 곳에서는 이제 막 받은 승급의 임명장을 가방에서 꺼냈다 집어넣었다 하는 행위를 반복하면서 몇 번이고 몇 번이고, 질리지도 않은 채 바라보며 기뻐하는 광경. 평상복을 치렁치렁 차려입으면서 지나치게 호사스러움을 보이고 있는 투기꾼이 잠자리에 들 때에는 낮에 평상복으로 입는 옷을 여자처럼 정성스럽게 접어서 이불 아래에 개어 놓을 뿐 아니라, 주름이라도 생긴 것을 보면 그것을 조심스레 입으로 핥아서 — 옷의 작은 얼룩은 입으로 핥아 버리는 것이 가장 좋다고 한다 — 일종의 클리닝을 하고 있는 광경. 모 대학의 야구선수라는 여드름 투성이 얼굴을 한 청년이 운동선수로서 어울리지 않을 만큼 소심하게 하녀에게 보내는 연애편지를 다 먹은 저녁 밥상 위에 올려놓았다가 다시 빼었다가 또 다시 올려놓는 등 주저하며 같은 행동을 반복하고 있는 광경. 대담하게도 매춘부를 끌어들여서 글쓰기 꺼려질 만큼 무시무시한 광태를 연기하고 있는 광경조차 그 위에서는 얼마든지 거리낌 없이 보고 싶은 만큼 볼 수 있었다.

「지붕 밑의 산책자」가 눈 아래로 내려다보는 광경은 인간이 혼자되어 겉모습을 벗어 버릴 때의 속마음이자, 외면이 아닌 내면의 모습이다. 도시 생활자는 남들 앞에서는 겉모습을 보이지만, 속마음이나 내면은 감출 수밖에 없다.

「지붕 밑의 산책자」의 무대가 된 신축 하숙집이 당시 주거에 비해 무엇보다도 새로운 점은 글 속에 일부러 강조되고 있듯이, 다락방의 '아래 방들에는 아주 엄중하게 벽의 구분이 되어 있어서, 그 출입구에는 문단속을 하기 위한 장신구까지 붙어있다'는 점이다. 현재 우리들이 살고 있는 주거에서 보면, 여기에 기술된 문단속의 장신구는 하찮은 것이다. 하지만 이 장신구가 나타내는 의미는 상당히 크다고 생각된다. 이 「지붕 밑의 산책자」에서 30년이 지난 후에 일본 주택 공단이 발족되고 단지가 생겨나지만, 그 공단의 10년 역사는 다음처럼 기술되어 있다.

> 욕실과 원통형 자물쇠는 소위 주택공단에 의해 초래된 프라이버시의 개념을 단적으로 상징하는 것이었다. 자물쇠로 잠긴 하나의 철문만으로도 집합주택은 외부로부터 격리될 수 있었다. 열쇠를 건넨다고 하는 것은 그 집합주택의 사용권을 건넨다고 하는 것과 동의어이다.[5]

「지붕 밑의 산책자」의 무대가 되었던 하숙집의 잠금 걸쇠는 기계적인 구조상으로는 원통형 자물쇠와 커다란 차이가 있을 터이다. 그러나 그 자물쇠가 요구하는 기능은 같다. 즉 작은 자물쇠는 프라이버시의 표시이다. 프라이버시라는 말에는 현재도 적절한 번역어가 없지만, 간단한 잠금 걸쇠가 문짝에 붙어있던 20년대 이전의 일본에는 아직 존재조차 하지 않는 말이었다.

5 「아파트의 삶과 커뮤니티의 형성」, 일본주택공단 편, 『일본주택공단 10년사』 제2장, 일본주택공단, 쇼와 40년; 日本住宅公団 編, 『日本住宅公団10年史』, 日本住宅公団刊, 昭和四十年.

도시 생활의 알력은 사람들에게 표면적으로 생활할 것을 요구한다. 하지만 사람은 표면적으로만은 살 수 없다. 그 이면에 있는 내면을 되찾을 장소를 필요로 한다. 타인의 시선을 의식하지 않고 살 수 있는 장소가 필요하다. 잠글 수 있는 독방에서 사람은 자기 회복을 할 수 있으며, 여기에서 비로소 프라이버시의 개념이 구체성을 띠게 된다.

방을 잠글 수 있는 것만으로도 탐정소설의 주요한 모티브인 밀실이 탄생한다. 역으로 생각해보면, 등장인물의 프라이버시를 추리하는 소설이 탐정소설이고, 프라이버시가 구체성을 띠었던 것이야말로 탐정소설을 낳는 기반이 되었다고 말할 수 있다.

여기서 다시 한번 「지붕 밑의 산책자」의 주인공에 대해서 생각해보고 싶다. 주인공인 고다 사부로는 다양한 놀이에 싫증이 나고 지겨워 죽을 지경이 되자 지붕 아래를 몰래 훔쳐보는 일에서 쾌락을 얻게 된 남자다. 그러나 그 또한 하숙집의 독방에서 생활하기 시작했다는 점으로 미루어보면, 다양한 자극에 싫증이 났다기보다는 자극으로부터 도망쳐서 순간의 자기회복을 얻으려고 했던 남자는 아니었을까.

20년대는 시청각문화가 개화하여, 눈과 귀로부터 새로운 자극을 얻을 수 있게 되었다. 자극은 단계적으로 확산되고 사람들은 보다 강한 자극을 원했으나, 이 자극이 본인이 원한 것이 아니라 타인으로부터 주어진 일방적인 것이라면 불쾌감에 지나지 않는다. 예를 들면 라디오 방송이 시작됐던 시기의 신문을 보면, 투고란에 시끄러운 소리로 인한 피해를 호소하는 기사가 급격히 증가했다. 이웃에게 들리는 라디오나 레코드 소리에 대한 반발뿐만이 아니라 자동차, 전차 소리에 불쾌감을 느끼는 사람이 많아졌다.[6]

라디오나 레코드 소리는 스스로 즐긴다면 기분 좋은 자극이며 볼륨을 올리더라도 신경에 거슬리지 않는다. 그뿐 아니라 보다 강한 자극을 얻기 위해서 소리를 더 크게 올릴 수도 있다. 청각이나 시각은 실제로 손발이나 피부로부터 떨어져 있기에, 근육으로 느끼는 촉각과는 다른 자신의 신체와 타인과의 거리를 지각한다. 이 거리감을 스스로 제어하고 지각할 수 있는 한에서는 불쾌하지 않으나, 타인으로부터 일방적으로 시각과 청각에 계속 자극을 받는다면 그 거리감을 지각하지 못한 채 혼란에 빠진다. 자극과 자신의 지각 사이의 틈이 생기고, 그것이 강한 긴장감을 만든다. 이러한 강한 긴장감 속에서 사람들은 자폐적으로 변한다. 스스로 제어할 수 없는 타인의 시선, 소리를 피하기 위해서 자신의 껍데기로 쫓긴다. 20년대는 이러한 뭔가 알 수 없는 불명료한 긴장감, 애매한 혐오감이 도시생활자의 마음속에 감돌기 시작하던 시대였다.[7]

「지붕 밑의 산책자」는 이 불분명한 긴장감 때문에 수세에 몰린 남자의 이야기로도 읽힌다. 주인공인 고다 사부로는 잠금장치가 있는 방에 사는 것만으로는 부족해, 작은 벽장 속에서 두문불출한다.

---

6 라디오가 대중화된 것은 쇼와 3년, 쇼와천황의 즉위를 기념하여 방송된 라디오 체조의 영향이 크다. 쇼와 5년 12월 1일의 『아사히신문』 투고에는 '방송국을 만들기 이전에 개설된 일본 가옥과 스피커의 크기를 제한하는 규제를 마련해야만 했다. 늦잠꾸러기든 일찍 일어나는 자든 상관없이 라디오 체조의 호령은 인정사정없이 베갯머리에 침입해 들어와서……'와 같은 것이 있었다.

7 「지붕 밑의 산책자」가 쓰인 다이쇼 14년경, 일본에서는 아직 일반화되지 않았던 아파트 생활을 베를린에서 해봤던 한 일본인은 그 합리성을 인정하면서도 "부부싸움을 해도 밤중에 커다란 소리로 노래를 불러도 이웃으로부터 비웃음 당하거나, 고충을 겪을 걱정은 없다. 자신의 방에서는 나체가 되어도 또 어떤 나쁜 일을 해도 열쇠로 잠가 두면 남에게 알려질 두려움은 없다. 이것을 생각하면 나는 오히려 무서워진다"(「베를린의 생활」, 『문화생활』 수록, 다이쇼 14년 9월호; 「ベルリンの生活」, 『文化生活』 所收, 大正 十四 年九月号)고 서술하고 있다.

그는 바로 그날 밤부터 벽장 속에서 자기 시작했습니다. 이 하숙은 방 내부에서 잠금장치가 가능해서 가정부 등이 무단으로 들어오거나 하는 일이 없어 그는 안심하고 이 기행을 계속할 수 있었습니다. 거기에서 자보면 예상 이상으로 느낌이 좋습니다. 네 장의 이불을 쌓고 그 위에서 살짝 뒹굴면서 눈 위 두자 정도 바로 위에 있는 천장을 응시하는 기분은 기묘한 재미가 있습니다. 맹장지를 탁 닫아두고, 틈새로 새는 실 같은 전기 빛을 보고 있으면, 왠지 자신이 탐정소설속의 인물이라도 된 것 같은 기분이 들어 유쾌해집니다. 또 실눈을 뜨고 도둑이 타인의 방을 엿보는 것 같은 기분으로 이런 저런 격정적인 장면을 상상해가면서 자신의 방을 바라보는 일도 흥미가 있었습니다. 때에 따라 그는 낮부터 벽장에 들어가 삼척의 장방형 상자와 같은 곳 속에서 가장 좋아하는 담배를 후우 내뿜으며, 걷잡을 수 없는 망상에 빠지는 일도 있었습니다.

주인공은 좁은 닭장 같은 공간에서 천장의 틈을 발견하고, 곧 지붕 밑을 산책하게 되고, 하숙인의 이면을 보는 것으로 강한 자극을 얻는다. 여기에서 주목해야 할 점은 주인공 자신이 타인에게 보이지 않는다고 생각하여 지붕 밑의 산책이라는 기행을 지속하는 것이다. 만약 다른 사람에게 발각된다면, 그는 범죄자로 취급될 것이다. 지붕 밑의 산책자 입장에서 보자면, 인간은 누구나 외면과 내면이 있다. 이런 양면성을 지니는 게 사람으로서 자연스러운 모습이다. 따라서 그가 천장의 구멍으로 엿보고 놀란다면 이는 분명히 방 안에서 자신들의 이면을 드러내는 인간과 만났기 때문이라기보다는 밖에서 만나는 모습과 방에 홀로 있는 모습이 전혀 다르지 않은, 겉모습과 본성이 다를 바 없는 인간과 만날 때임이 틀림없다. 주인공이 하숙인들 중에서 가장 비위에 거슬리는 엔도라는 남자를 죽여 버리고 마는 것은 이렇게 왠지 모르게 비위에 거슬리는 남자의 방이 너무나도 깔끔해 보였기 때문이다.

> 방 안은 다른 하숙인들 방보다 한층 더 깔끔하게 정돈되어 있었습니다. 책상 위 문방구의 위치, 책장 안 도서의 진열 방식, 이불 갠 모습, 베갯머리 위에 둔 외국 물건처럼 낯선 모습의 알람시계, 칠기 담뱃갑, 색유리 재떨이, 그 어느 쪽을 봐도 물건의 주인이 유달리 예쁜 것을 좋아하는 인물이란 점을 알 수 있었습니다. 또한 엔도 자신의 잠자는 모습도 실로 행동거지가 단정했습니다. 단지 그러한 광경에 어울리지 않는 점은 그가 큰 입을 벌리고, 천둥 같은 소리로 코를 골고 있는 것뿐이었습니다.

이 엔도라는 치과 의사 조수의 방에는 '쓰기에 꺼려지는 광경'도, 두근두근 흥분시키는 광경도 없었다. 남에게 감춰야만 하는 이면도 없었다. 주인공이 엔도를 싫어하는 것은 하숙집에 이사 온 지 4, 5일 후 카페에서 우연히 만났을 때, 그가 여자와의 정사 이야기를 '참으로 숙련되게' 말한 것이 계기가 되었다. 첫 대면에서 주인공은 여자와 정사 사건을 일으킨 것까지 말하는 남자에게 혐오감을 갖게 된다. 그 이후 주인공은 엔도의 '넙데데한' 얼굴까지 싫어지고, 잡담을 나누는 것조차 '상당한 인내력'을 필요로 한다. '이야기할 동안, 슬며시 살의를 느끼고, 상대방을 위협하고 싶다고 하는 지극히 위험한 욕망이 일어나고 있는 것을' 겨우 저지할 정도에까지 이른다. 이런 혐오감은 방 안에 홀로 있어도 밖에서와 다르지 않으며, 밖에서 자신의 정사사건까지도 타인에게 능글맞게 이야기하는 남자의 뻔뻔함에서 비롯되었다.

지붕 밑의 산책자는 무엇이든 끊임없이 지루해하는 남자다. 하지만, 무엇이든 지루해서는 살아갈 수가 없다. 고다는 일상생활과 타협할 수 있는 접점을 지니고 있지도 못하며, 또한 적극적으로 자기의 이면을 드러내며 살아가려는 남자도 아니다. 자기의 껍질에 틀어박혀서 살아가는 고다 같은 남자에게 있어, 엔도 같은 철면피, 어떤 경우에도 얼굴색 하나 바뀌지 않고 사회에 융화되어 살아가는 남자가 가장 거북했던 것이다. 도시사회는 인간에게 엔도와 같은 철면피로 살아가도록 요구하고 있다. 엔도의 안팎 어디에서도 바뀌지 않는 표정이 이른바, 지붕 밑의 산책자가 융합되지 못한 사회 그 자체의 얼굴이었던 것이다.

'지붕 밑의 산책자'는 세상 안에서 접점을 찾지 못하고, 지루해서 못 견디겠다고 중얼거리며, 어슬렁거리고 있는 고등실업자의 이야기이다. 나쓰메 소세키의 『그후それから』의 주인공으로 그려지기도 했던 고등실업자는 도쿄가 거대해짐에 따라 증대되어, 다이쇼 중기부터 사회적 문제로 등장하고 있었다. 다이쇼 9년(1920) 5월 8일자 『도쿄매일신문』에 「고등실업자 문제」라는 제목이 붙은 기사가 게재되어 있다.

> 고등실업자의 증가는 극단적인 분업제도의 폐단이다. 어느 누구도 분업제도가 인류사회에 기여한 공적을 부정할 수는 없겠지만, 한편 인격을 기계화하고 개성을 열등하고 약하게 만들었다는 점에서 엄청난 해악을 인정하지 않을 수 없다. (…중략…) 그들은 전체로써 사물을 보는 대신에 부분적이고 단편적인 지식을 가지고 추리와 이해를 통해 판단하려 한다. 결코 건전한 상태로 볼 수는 없지만 19세기 이래 과학 문명은 이것을 우리들에

게 강요한다. 결국 이런 사람들은 처음 독립해서 자주적인 생활을 보내는 것에 만족하지 못하고…….[8]

「지붕 밑의 산책자」에서 천장 아래로 보였던 무서운 광경이라는 것은, 실은 너무도 소심한 이웃의 민낯도, 성性의 무시무시한 광태狂態도 아니다. 인격을 기계화하고, 개성을 열등하고 약하게 만드는 사회구조 속에서 살아갈 수밖에 없는 나 자신의 얼굴이었던 것이다. 우리들은 「지붕 밑의 산책자」라고 하는 단편을 란포가 쓴 후로부터 30년이 지나, 간단한 문단속 쇠장식이 아니라 원통형 자물쇠를 손에 넣었다.

하나의 문짝만으로 문도 담도 없이 단지 공적인 공간과 접촉할 수 있다는 것, 이 또한 일본 서민의 실생활 속에서 공적 공간과 사적 공간의 개념을 명확하게 구별하는 계기가 되었다.[9]

우리들이 생활하는 주거는, 문짝 하나로 공적인 생활과 사적인 생활을 명확히 구분한다. 「지붕 밑의 산책자」가 살았던 하숙집을 삼십년이라는 시간이 보편화시킨 것이다. 그렇다 하더라도 그곳에는 예전 하숙집에서 공동생활을 하던 이웃의 중심이 되었던 마당이 없다. 고층아파트의 경우 천장 위로 주택을 몇 층이라도 쌓아올릴 수 있기 때문에 지붕

8 「사회편」 제1권, 미토대학경제경영연구소 편, 『사회문제(1)』(신문기사자료집성 통권 37권), 대원신생사, 소화 51년; 「社會編」 第一巻, 神戸大學経濟経營研究所編, 『社會問題(1)』(新聞記事資料集成 通巻三七), 大原新生社刊, 昭和五十一年.

9 「아파트의 삶과 커뮤니티의 형성」, 일본주택공단 편, 『일본 주택공단 10년사』 제2장, 일본주택공단, 쇼와 40년; 日本住宅公団 編, 『日本住宅公団10年史』, 日本住宅公団刊, 昭和四十年.

아래도 없다. 우리들의 생활은 문짝 하나로 간혀 있다. 우리들 시대의 산책자는 지붕아래를 걷지도 못하고, 홀로 방에 웅크리고서, 쓸데없이 일상생활에서 증오를 부글부글 끓어 올리고 있다. 그러나 밖에서 들려오는 일상의 소리를 멈추게 하는 것은 불가능하다. 피아노 소리, 텔레비전 소리, 아이의 음성, 개가 짖는 소리, 꺼림칙한 일상의 소리. 이러한 가운데 주위와의 거리를 파악할 수 없게 되어 결국에는 폭발하는 일까지도 일어날 수 있었다.[10]

「지붕 밑의 산책자」는 결말에 이르러 아케치 고고로가 등장하여, 주인공에게 천장 위에서 주운 셔츠단추를 증거로 보이며 살인을 자백하게 한다. 그러나 고다가 자백한 후에 아케치는 증거로 보여준 것이 그가 만들어낸 트릭이며 이 사건에는 확실한 증거가 없었다는 것을 설명한다. '캐면 캘수록, 모든 돌아가는 일이 너를 지목하고 있어. 그렇지만 안타까운 것은 증거라고 하는 것이 하나도 없다는 거야. 그래서 말이야, 나는 그런 연극을 꾸며내게 된 거지'라고 말한다.

아케치 고고로다운 솜씨를 보이이지만, 이 사건에는 증거도 동기도 확실한 것이 없다. 아케치가 고다를 의심하기 시작한 것도 애매하다. 아케치는 엔도가 자살을 각오했다면 다음날 아침 알림시계를 세팅했을 리 없다는 것과 고다가 사건 이후, 담배를 피우지 않게 되었다는 상황 증거만으로 추리하고 있다. 주인공의 변태적인 범죄 기호벽을 동기로 하지만, 이도 애매한 설정일 뿐이다.

10 피아노 소리가 살인사건을 끌어내는 듣도 보도 못한 일이 일어났다. 쇼와 57년 10월 6일 도쿄 나카노구에서 대학 4학년생이 '텔레비전 소리, 아이의 소리가 시끄럽다'고 하숙집 주인과 5명을 돌발적으로 살해하였던 사건이 있었다. 범인인 대학생은 자신의 방에 열쇠를 세 개씩이나 달아놓고 잠가놓았다.

란포가 이 단편을 증거도 동기도 모호한 사건으로 묘사한 것은 범죄라는 것은 누구라도 납득할 만한 동기를 가지지 않고도 생겨날 수 있다는 것, 또는 범인 자신이 그 동기를 명확히 지니지 않아도 의식 속에 밀어 넣어진 동기 하나만 있으면, 범죄는 간단히 일어난다는 관점을 가지고 있기 때문이다. 주인공은 살인 후 갑자기 담배를 싫어하게 되었다. 「지붕 밑의 산책자」는 이렇게 담배가 싫어지게 된 원인을 서술하는 지점에서 끝을 맺는다.

> 그는 병에 담긴 독약을 옹이구멍으로 떨어뜨렸을 때, 그것이 어디에 떨어질 것인지 확인하지 못한 것처럼 생각하고 있었지만, 실은 독약이 담배에 흘러내릴 때까지 정확히 보고 있었습니다. 그리고 그것이 의식 아래로 들어가서, 무의식적으로 담배를 싫어하게 된 것입니다.

이 단편의 주인공은 너무나 권태로운 세상 안에서 궁지에 몰리고 있던 것이 아니라 처음부터 마지막까지 스스로의 시선에 의해 극단으로 몰리고 있었던 것이다.

궁핍한 학생의 쾌락

「지붕 밑의 산책자」의 주인공은 고등실업자다. 란포의 초기 단편에는 이와 같이 일상생활을 주체적으로 영위하기 어려운 청년들이 자주 등장한다. 이러한 인물로 「D언덕의 살인사건」의 아케치와 나, 「한장의 차표

一枚の切符」(『신청년』, 다이쇼 12년 7월)의 소다 마쓰무라 등이 바로 떠올랐다.

란포의 데뷔작 「2전짜리 동전二錢銅貨」도 같은 상황에 처한 젊은이 둘이 지혜 겨루기를 하는 이야기다. 다만 「지붕 밑의 산책자」의 주인공 고다 사부로처럼 아버지가 보내준 생활비로 생활하는 남자가 아니라, 그들은 고등교육을 받고 있지만, 직업도 없고 아무것도 하는 일이 없어서 무료함을 푸념하는 가난한 학생 두 명이다.

> "그 도둑이 부러워." 둘이서 이런 소리나 주고받을 정도로 그 무렵은 생활이 몹시 쪼들렸다. 변두리에 있는 옹색한 신발 가게 이층의 세 평짜리 단칸방에 부서진 칠기 책상 두 개를 나란히 놓고, 마쓰무라 다케시와 내가 이상한 공상만을 잔뜩 늘어놓으며, 뒹굴뒹굴하고 있었던 무렵의 이야기이다.

「2전짜리 동전」의 앞부분이다. 둘이 부러워하는 도둑이라고 하면 도쿄 아사히신문사 사회부 기자로 이름을 올려, 시바의 전기회사로부터 5천 명 가까운 직공 1개월분의 월급 5만 엔을 훔친 범인이다. 도둑은 별갑연 안경, 아름다운 콧수염, 멋진 검은색 모닝코트 등의 복장을 하고서 고가의 이집트 궐련을 내뿜는 신사의 모습으로, 공장 지배인이 방심하도록 한 뒤 급료 속의 이십엔 지폐와 십엔 지폐 다발을 집어간다. 세간에 신사도둑이라 불리는 그 범인은 고가라 사람들이 그다지 피우지 않는 이집트 담배 때문에 발목이 잡혀 결국 체포되었지만 중요한 5만 엔의 행방에 대해서는 한마디도 자백하지 않는다. 두 사람은 이 5만 엔의 일을 멍하니 생각하고 있다. 봄이 된 덕에 추울 때만 필요한 웃옷이나 하의, 심하면 침구, 화로에 이르기까지 몽땅 전당포에서 돈으로 바꾼 뒤, 이 돈으로 하숙비를 지불하며 간신히 숨을 쉬는 상태라 할 수 있는 '가난의 밑바닥으로 가라앉았기' 때문이다.

란포가 이 단편의 줄거리를 착상하고, 단고 언덕에 헌책방을 열었던 시기인 다이쇼 8~9년(1919~1920)의 사회상을 돌아보면, 이런 곤궁함은 주인공인 가난한 학생 두 사람만의 것이 아니라는 사실을 알 수 있다. 다이쇼 3년(1914)에 제1차세계대전이 발발한다. 대전이 시작됐던 시기는 교전국인 유럽 각국과의 무역이나 해운이 단절되어 일본경제가 곤경에 처했으나, 다음해 중반기부터 교전국의 수요로 인한 수출이 늘어나서 전쟁 중의 유래 없는 호경기를 맞이한다. 유럽으로부터의 수입이 막힌 아시아시장의 수요 덕분에 다이쇼 7년(1918)의 수출액은 다이쇼 3년의 3배에 이르게 된다. 군대의 수요는 공업 생산을 신장시켰고, 기업에게 높은 이윤을 가져다주었다. 반면 예측과 투기를 부추겼다. 소자본으로 거액의 부를 얻는 사람이 배출되었다. 소위 벼락부자가 생성되었다. 선박벼락부자, 철벼락부자, 광산벼락부자, 제약벼락부자, 목탄벼락부자로부터 직공벼락부자, 분재벼락부자, 고물벼락부자, 쇠 부스러기벼락부자라고 하는 도무지 알 수 없는 벼락부자까지 생겼다.

수출 증가와 유럽과 미국으로부터의 수입 두절이 인플레를 초래하여, 물가폭등으로 인한 철물종류, 종이, 모직물까지 인상되어 휴지, 누더기, 쇠 부스러기까지도 인상되었기 때문이다.[11] 경제의 발전은 임금

11 직공벼락부자라 불리게 된 것은 군수공장에서 일하는 직공의 위세가 급속히 좋아졌기 때문이다. 일본 병기 회사에서는 월 200엔의 수입을 받는 자가 나타났다. 목탄 가격으로 매점이 행해지자, 가난한 숯장이가 월 100엔 가까이 수입이 생겨 목탄벼락부자가 되었다. 대전 경기로 서화와 골동품, 분재도 터무니없이 가격이 올라 분재는 20배나 가격이 상승하고, 분재벼락부자를 낳았다. 대전 경기는 그대로 국민소득을 증가시켰다. 다이쇼 원년부터 대전 종

수준도 높여 소비 열기를 부추겼으나, 물가는 그것을 상회하여 상승했다. 특히 쌀의 가격인상이 심각했다. 쌀의 수출 증가뿐만 아니라 매점매석이 쌀의 가격을 급등시켰고 급기야 다이쇼 7년 7월 일본군이 시베리아출병을 결정하자 쌀 가격은 정점에 달했다. 다음 달 3일 도미야마현의 어촌 주부들이 쌀의 '도미야마현 밖 이동금지' 등을 요구하는 쌀 소동이 일어난다. 소란은 곧 전국으로 파급되어 그 수가 24개 현, 3백개 장소에 이른다. 3주간이나 각지에서 혼란이 계속되었기 때문에 군대가 출동하여 진압하는 한편 정부는 '곡물수용령'을 공포하고, 쌀을 저렴하게 파는 등의 대책을 강구하여 혼란은 일단 진정되었다. 그리고 그해 11월 전쟁이 종료된다. 전쟁이 끝난 다이쇼 8년 4월 이후, 일시적으로 전시 기간을 넘어설 정도의 기업 붐이 일어났다. 유럽 각국의 기업이 전쟁의 재해로부터 일어서기에는 상당한 시간이 필요했고 이에 반해 일본제품의 수요가 신장했기 때문이었다. 그러나 이러한 전후경기는 1년을 못 간다. 다이쇼 9년 3월 15일 가부토쵸의 증권시장은 붕괴하고, 다이쇼의 「대공황」을 맞이한다.

20년대는 벼락부자 시대의 종언으로부터 시작되었다. 벼락부자成金라는 것은 장기의 보步가 적진으로 들어가면 금金이 되는 비유로부터 생긴 말이다. 야심 있는 청년들은 벼락부자를 미워하면서도 혼란스러운 시대의 와중에 있기에 언젠가는 틀림없이 부자가 될 수 있다고 자기의 모습을 겹쳐서 바라보았다. 그러나 전후 공황은 그 꿈조차도 무너뜨렸다.

「2전짜리 동전」으로부터 2년 후, 란포가 발표한 「심리시험心理試驗」

전 때인 다이쇼 8년에 국민소득은 3배가 되었다. 소위 나라 전체가 벼락부자화된 시대였다.

(『신청년』, 다이쇼 14년 2월)은 육십에 가까운 노파가 거금을 자택의 화분 밑바닥에 숨긴 것을 알고, 그 돈을 빼앗고자 완전범죄를 노린 청년의 이야기이다. 주인공인 청년은 '저 늙은이가 그런 거금을 가지고 있어봤자 어떤 가치도 없다. 그것을 나와 같은 미래가 있는 청년의 학비에 이용하는 것이 매우 합리적인 일이 아닐까' 생각한다. 이것은 단지 그의 '이론'이었지만, 이런 이론은 불황 속, 궁핍한 청년들이 많든 적든 껴안고 있던 문제라 할 수 있다. 「2전짜리 동전」에 나오는 가난의 구렁텅이에 처한 두 청년도 이와 같은 심리상태였을 것이다.

「2전짜리 동전」은 란포의 처녀작일 뿐 아니라, 작품이 실린 『신청년』의 예고에 의하면 '실로 외국의 명작에도 뒤떨어지지 않는다. 아니 어떤 의미에서는 외국 작품보다도 우수한 장점을 가진 완전한 창작물이 태어난 것이다'라고 자랑할 정도의 일본 탐정소설사에 있어서도 큰 의의를 지닌 작품이었다.[12]

이러한 탐정소설의 새로움은 그 이전 일본의 탐정소설에는 없던 암호해독을 주제로 한 지점에서 드러난다. 가난한 두 사람은 겨울옷을 저당잡히고 20엔을 손에 넣어 오랜만에 목욕탕에 가서 한숨을 돌린다. '내'가 목욕탕에 있는 동안에, 마쓰무라는 망가진 책상 위에 놓여있던 2전짜리 동전을 손에 넣는다. 그것은 '내'가 담배를 사고 남은 잔돈으로, 그중 하나의 동전을 건드리자 두 개로 떨어져버린다. 마쓰무라는 두 개로 떨어

12 란포는 처녀작 「2전짜리 동전」을 쓴 뒤, 우선 바바 고쵸馬場孤蝶에게 보냈지만 답장을 받지 못했기 때문에 그것을 돌려받아 『신청년』의 편집장 모리시타 아메무라森下雨村에게 보낸다. 아메무라는 상찬하고 게재하겠다는 답장을 란포에게 보낸다. 아메무라는 란포의 작품을 탐정소설작가며 의사이기도 한 고자 가이후보쿠小酒井不木에게 보였다. 후보쿠는 매우 칭찬하고 전호에 최상급의 찬사 예고를 써주었다. 란포 작품의 행복한 출발이었다.

진 동전 사이에 움푹 파인 곳에서 나온 종잇조각이 신사도둑이 감춘 5만 엔의 행방을 가리키는 암호문이 아닌가 생각해 수수께끼를 풀어간다.

암호문은 나무아미타불이란 여섯 문자의 조합으로 만들어진 것이다. 이 여섯 문자는 점자를 응용한 것으로 독해하면 '고켄쵸 쇼지키도카라 오모챠노 사쓰오 우케토레 우케토리닌노 나와 다이코쿠야쇼-텐'이 된다. 다시 말하면, '고켄초의 쇼지키도에서 장난감 화폐를 받아라. 수취인의 이름은 다이코쿠야 상점'이다. 마쓰무라는 이 글을 통해 신사도둑이 5만 엔을 장난감 화폐로 바꿔치기 해서 쇼지키도에 감췄다는 생각을 하게 되고, 상인차림으로 변장해서 그 장난감 화폐다발을 건네받는다.

「2전짜리 동전」이 뛰어난 탐정소설인 것은 암호문을 '나무아미타불'이란 여섯 문자의 조합에 의해 만들어낸다고 하는, 아이디어의 기교에 있다. 하지만 실은 이 단편에서는 또 한 가지의 암호가 곳곳에 심어져 있다. 그 암호란 바로 '돈'이다.

타이틀도 「2전짜리 동전」인 것처럼 이 이야기에는 2전짜리 동전에서 5만 엔의 돈다발까지 여러 액수의 금전이 등장한다. 우선 신사도둑에게 도둑맞은 20엔 화폐와 10엔 화폐 다발로 된 5만 엔과, 가난한 두 사람이 겨울옷을 저당 잡혀 손에 넣은 20엔, 마쓰무라가 암호점자를 증명해 보이기 위해 사용한 안마 삯 60전 그리고 상인 차림의 남자로 변장하는 금액 10엔이 그렇다. 여섯 문자의 암호를 푼 것은 '무턱대고 여섯 글자의 조합을 나열하는 중에 갑자기 야담책에서 본 기억이 난 사나다 유키무라의 깃발에 그려진 여섯 개의 엽전그림' 덕분이었다. 그리고 암호를 해독하자 장난감 화폐라는 단어가 떠오른다. 이처럼 소설 속에는 돈이 빈번히 등장한다.

마쓰무라는 장난감 화폐를 받으러 가는 동안, 신사 도둑의 복수가 무서워서 신분을 알 수 없도록 상인으로 변장하던 중 마침 좋은 생각이 떠오른다. '이것은 밤의 노점에서 파는 양철에 도금한 것으로, 이빨 위에 씌우는 물건이다. 겨우 20전의 양철 조각이 상당한 도움이 되겠지. 금니라는 것은 매우 사람의 주의를 끄는 것이다. 때문에 후일 나를 찾는 녀석이 있다면, 우선 이 금니로 표시를 삼을 것이 아닌가.'

금니 덕분에 인간의 얼굴은 가려져 보이지 않는다. 이런 찰나의 생각까지 포함하면 「2전짜리 동전」은 두 남자가 주인공이지만, 5만 엔에서 20전의 양철 금니에 이르기까지의 돈이 주인공으로 읽히는 이야기이기도 하다. 그리고 수없이 등장하는 돈 중에서 가장 가치가 낮은 것이 2전짜리 동전이다. 그런데 틀림없이 가치가 낮은 이런 2전짜리 동전이 '적당히 연고 용기容器를 열듯이 돌리면 상하로 벌어질' 정도로 큰 규모의 두께와 크기를 가지고 있었다. 크기뿐만이 아니라 손에 쥐어 보면 알 수 있겠지만, 현재 우리들이 사용하고 있는 동전과 비교하면, 훨씬 묵직한 느낌의 무게를 느낄 수 있다. 이 동전銅貨은 메이지 6년(1873)에 제정되었지만 메이지 17년(1884)에 제조가 중단될 만큼 크기가 컸다. 앞뒤에 용이 부조된 2전 동전은 개화 시대의 경화硬貨로 매우 어울리는 것이었지만 잇따른 인플레와 무게, 크기 탓으로 다이쇼 중기에 그 가치가 극히 떨어진다.[13] 소설 속에 나온 것처럼 담배의 거스름돈으로 사용될 정도로 가치가 낮아졌다. 덧붙여 당시 2전짜리 동전 한 개로 살 수 있었던 것을 들어보면 두부 한 모, 연필 세 개, 잉어빵 두 개, 엿가락 한 개 정

---

13 2전짜리 동전이 제정된 메이지 6년에는 2전으로 쌀을 약 4홉 살 수 있었지만 다이쇼 8, 9년에 쌀 4되도 살 수 없어진다. 10분의 1 이하로 화폐가치가 떨어진 것이다.

도이다. 6전짜리 담배 골든배트, 3전짜리 국수, 6전짜리 레모네이드, 10전짜리 커피, 3전짜리 성냥 한 상자조차 살 수 없었다.

2전짜리 동전 가치의 하락은 그대로 당시 화폐 가치의 불안정함을 말한다. 20년대를 화폐 제도를 통해 재정립하자면 일본이 메이지 30년(1897)에 제정했던 금본위제도를 멈춘 시기에 해당한다.

다이쇼 6년 9월에 일본은 금수출금지법을 시행한다. 그 뒤 10년 이상이 지나 쇼와 5년 1월 다시 금 수출을 해금하지만, 결국 그 다음해 쇼와 6년(1931) 12월 금 수출을 다시 금지하고 이후 일본은 금본위제도로 돌아가지 않는다. 일본은 청일전쟁의 배상금으로 금 준비 문제를 해결하고, 금본위국으로서 세계 자본주의 국가 속에 들어가는 결과를 낳는다. 하지만 제1차세계대전이 발발하자 서구의 교전국에서는 지폐 가치의 하락을 예측했던 사람들의 금으로 돌아가자는 요구가 은행에 쇄도하는 소동이 일어나게 되고, 앞서 서구의 주요국이, 다음에는 미국이 금본위제를 멈춘다. 이 서구와 미국의 금본위제도 정지에 응해 일본도 금 수출을 금지한다. 금수출금지는 제1차세계대전이 끝날 때까지의 일시적인 처치가 틀림없었지만 전후가 되어 유럽과 미국 모든 나라들이 금본위제로 돌아가도 일본은 금 해금을 하지 않았다. 물가의 상승으로 현저하게 엔 시세가 하락하고 금과 엔의 차이가 지나치게 커져버려, 금본위제의 원칙인 금과 통화 가치의 일치가 붕괴되었기 때문이다. 주가의 폭락으로 시작하는 다이쇼의 공황은 관동대지진(다이쇼 12년)에 의해 심화되고, 경제는 만성불황시대로 들어가게 된다.[14]

---

14 다이쇼 9년 3월 15일, 도쿄 주식거래소東京株式取引株는 전일 비해 82엔 60전 폭락 대혼란. 그 다음 다음날은 휴장. 이 주식대폭락을 반영하여 도쿄의 전당포조합이 '입질거절'의 성

일본경제가 힘들어졌던, 쇼와 2년(1927) 3월에 일어난 금융공황은 일본의 금융사상 가장 큰 규모였다. 게다가 이 금융공황은 전쟁과 같은 비일상적인 사건 때문에 일어난 것이 아니라, 평상시에 일어났던 특이한 예금출금 소동으로부터 시작되고 있다.

예금출금 소동은 가타오카片岡 재무장관의 '지진재해 어음처리법' 심의석상에서의 발언이 원인이 되어 일어났다. "오늘 정오 무렵에 와타나베 은행이 파산破綻했습니다. 참으로 유감스럽습니다. 예금은 약 3천 7백만 원뿐……"이라는 말이 흘러나왔다. 사실 이 시점에 도쿄 와타나베 은행은 파산하지 않았으며, 응급처치로 영업을 계속하고 있었다. 하지만 재무장관의 발언으로 인해 돈을 찾으려는 소동이 일어나고, 결국 은행은 지불을 정지한다. 4월 이후 결국 모든 은행에서 돈을 찾으려는 소동이 일어나고, 그 영향은 전국으로 번진다. 지불불능이 된 은행도 나오게 되고, 22일과 23일 양일간 도쿄, 오사카의 조합은행은 일제히 휴업을 하게 된다.[15] 정부는 칙령에 의해 3주간 모라토리엄을 시행하고, 일본은행이 7억 엔을 방출하여. 철야작업으로 2백 엔권을 10억, 50엔권을 1억 4천만 엔 인쇄했다. 예금을 찾는 소동으로 생겨난 지폐부족을 채우기 위해서였다. 일본은행이 인쇄했던 지폐는 급조한 나머지 도안

명을 낼 정도였다. 은행의 거래소동은 4개월간이나 169건에 달하고, 휴업은 21건이나 된다. 또 대지진으로 9월 7일 정부는 긴급칙령으로 사법상의 금전 책무의 지불연기 및 어음의 지불연장에 관한 지불유예령을 공포. 소위 모라토리엄을 실시한다.

15 은행이 이렇게 약해진 것은 당시는 개인상점을 겨우 면한 곳이 많았기 때문이다. 방만 경영으로 무너진 은행도 드물지 않았다. 인출소동이 일어났을 때 각 은행은 일본은행으로부터 지폐를 긁어모아 창구에 쌓아놓고 예금 객을 안심시키는 것이 상례였다. 이때의 금융공황은 도쿄 와타나베 은행의 문제에 머물지 않고, 스즈키상점에의 방만한 대출을 하고 있던 대만은행이 4월 18일에 휴업하자 또 패닉이 일어나, 궁내성 금고라 불렸던 제15은행까지 휴업한다.

에 인물상도 풍경도 없고 뒷면은 백지였다. 50엔권은 발행되지 않았으나, 2백 엔권은 2,167만 엔 발행되었다. 공황이 가라앉고 드디어 일본은행은 이러한 '단면인쇄' 2백 엔권을 강제적으로 회수하였다.

「2전짜리 동전」은 불과 20년간의 금본위제시대를 일본이 끝마친 그 시기에 쓰인 것이다. 일본은행이 발행한 지폐는 위조지폐와 흡사하다고는 하지만 진짜 지폐임에 틀림없었다. 하지만 「2전짜리 동전」의 결말은 현실의 지폐 이야기와 달리 장난감 지폐가 아무리 비슷하게 만들어졌어도 장난감에 불과하다는 것으로 끝난다.

의기양양한 얼굴로 장난감 지폐를 손에 넣은 마쓰무라에 응답하여 '나'는 그가 푼 암호문의 아홉 글자마다 표를 붙여 읽게 한다. 그러자 '고지야우단' 즉 농담이 된다. 2전짜리 동전을 책상 위에 아무 일도 없다는 듯이 놓아둔 것도, 신사도둑이 쓴 것 같은 암호문을 만든 것도, 장난감 지폐를 마쓰무라에게 건네도록 쇼지키도에 손을 쓴 것도 전부 '나'의 농담이었던 것이다. 마쓰무라가 장난감 돈을 자세히 봤다면 20원圓의 문자가 인쇄되어야 할 부분에 20단團이라고 인쇄되어 있는 것을 눈치 챘을 것이다. 「2전짜리 동전」은 인간이 어떻게 돈에 의해 농락당하는가를 친구를 이용해 실험한 이야기이다. 마쓰무라는 장난감 지폐를 손에 넣자 인간이 변해버리고 만다.

> 나는 정말 5만 엔이라는 돈의 위력에 놀랐다. 그때마다 표현하는 번거로움을 피했지만 마쓰무라가 이 고심담을 말하는 가운데 보여준 기뻐하는 얼굴이라는 것은 실로 볼만했다. 그는 경박하게 웃는 얼굴을 보이지 않으려고 대단히 노력하고 있는 것 같았지만 노력해도 노력해도 배 속 깊은 곳에

서부터 치밀어 오르는 뭐라 할 수 없이 기쁜 웃음을 숨길 수 없었다. 이야기 사이사이에 히쭉하고 새어나오는 그 뭐라 표현할 수 없는 미치광이 같은 웃음을 보고 있자면 어쩐지 무서워졌다.

사람이 돈을 사용하는 것이 아니라, 돈이 사람을 사용하는 것이다. 그렇다고 해도 가난한 두 사람이 겨울 물건을 전당포에 맡기고 얻은 20엔 중 마쓰무라가 장사꾼으로 변장하는 데 사용했던 것이 10엔, 안마사 대금 60전 등을 포함하면 반 이상의 돈을 '나'는 친구를 놀리는 데 사용한 셈이 된다. 가난한 자의 쾌락은 때에 따라 잔혹하다.

일본은 유럽 모든 나라들이 제1차세계대전 후 금본위제로 돌아갔음(미국 다이쇼 8년, 독일 다이쇼 13년, 이탈리아 다이쇼 14년, 프랑스 쇼와 3년)에도 불구하고 20년대에 금본위제를 실시하지 않았다. 그에 대하여 당시의 재무장관 다카하시 고레키요高橋是清은 다음과 같이 회고하고 있다.

그 당시 우리 정부의 대지對支정책은 지금에 와서 생각해보면 상당히 적극적이고, 공격적인 것이었다. 그러나 나는 무력적 침략에는 반대했다. 무력으로 침략하는 것은 반드시 언젠가는 무력에 의해 반대로 습격당한다. 그러므로 지나支那(중국)를 우리의 국력으로 누르려면 반드시 경제적으로 하지 않으면 안 된다는 것이 나의 의견이었다. 한번 영미가 지나를 경제적으로 정복해버리면 무력에 의한 정복의 경우와 달라서 뒤엎기 쉽지 않다. 일본은 어떻게 해서라도 열국에 앞장서, 가령 열국과 차관단을 조직하기라도 해서, 차관단을 리드하는 입장에 서지 않으면 허사가 된다. 이런 생각으로 나는 어떻게 해서라도 5억 내지 6억의 금을 내지에 여분으로 준비하여 두지 않으면 안 된다고 생각했다. 어떤 정화正貨(본위화폐)라도 한번 일이 생기기만 하면 바로 해외에서 통용될 수 없게 된다. 때문에 내지에 보유하는 금은 힘을 다해 늘리도록 노력하여 밖으로 유출되는 일을 막도록 하며, 미국이 금 수출을 해금하여 그 이후 금이 계속하여 우리나라에 들어올 때에도 우리나라의 금 해금을 단행하는 일은 없었다.[16]

금본위제는 각국의 통화 공급량과 금 보유량과의 일정한 관계를 지속하는 것으로 국내 물가 안전과 국제 수지 균형을 꾀하기 위해서 생각해낸 제도이다. 금본위제 아래에서는 그 나라의 국제 수지가 적자가 되면 금을 유출하고, 국내 통화 공급량을 축소해서 물가를 하락시키면 다시 국제수지도 균형을 회복할 거라고 생각했다. 이른바 금본위제는 자본주의 각국이 서로 경제 균형을 유지하기 위해 생각해낸 규칙이었다. 그러나 그러한 규칙은 제1차세계대전을 계기로 깨어진다. 제1차세계대전 직전 금본위제를 다시 사용한 나라는 41개국을 넘었지만, 대전 후에 일본과 같이 차례대로 금본위제를 정지한다. 다시 금본위제로 돌아간 유럽 여러 나라들도 불황으로 인해 이러한 제도를 다시 정지하였다. 마지막까지 금본위제를 지킨 미국도 쇼와 7년(1932)에 불환不換지폐를 발행하고, 그 다음 다음 해에 금 유출은 연방은행의 공적 결제決濟를 받고, 사실상 여기서 세계 금본위제는 붕괴한다. 가난하면 서로의 규칙도 깨져버린다. 뿐만 아니라 가난한 자가 가난한 친구를 괴롭히는 일도 생길 수 있다.

---

16 다카하시 고레키요 담화(『오사카 아사히신문』) 쇼와 3년 7월 21일. 고지마 사토시, 『일본의 금본위제 시대 – 1897 ~ 1917』(일본경제평론사 간행, 쇼와 56년) 게재; 高橋是清 談話(『大阪朝日新聞』 昭和三年七月二十一日). 小島仁, 『日本の金本位制時代—一八九七—一九一七』, 日本経済評論社刊, 昭和五十六年.

「2전짜리 동전」 끝부분에서 '나'는 두 개로 분리되게 세공된 2전짜리 동전을 어디에서 얻었는지 덧붙여 설명하고 있다. 이 2전짜리 동전에 대해 마쓰무라는 다음과 같이 말한다.

나는 언젠가 탈옥수가 사용하고 있다는 톱의 이야기를 들은 적이 있다. 그것은 회중시계의 태엽에 톱니가 맞물린, 소인국의 띠톱과 같은 것으로, 두 개의 동전을 마모시켜 만든 용기 안에 넣는다. 이것만 있으면, 어떤 엄중한 감옥의 철이라 해도, 무난히 깨버리고 탈옥할 수 있다고 한다. 여하튼 본래의 이야기는 외국의 도둑에게서 전해들은 것 같다. 그렇다면 이 두 개의 동전도 그런 도둑의 손에서 그만 실수로 흘러나온 거라고 상상했다.

하지만 실상은 다음과 같다.

마지막으로 이러한 속임수의 출발점이 된 2전짜리 동전에 관해서 내가 여기에 자세한 설명을 할 수 없는 것을 유감으로 생각한다. 자칫 그에 대해 썼다가는 그 물건을 나에게 준 사람이 후일 날벼락을 맞을지도 모르기 때문이다. 독자는 내가 우연히 그것을 소지하고 있었다고 생각해 주길 바란다.

이 '나'란 인물은 자신의 쾌락을 위해서 친구를 괴롭힌 것뿐이라 한다. 하지만 어쩐지 수상쩍은 느낌이 남아있다. 도대체 누구로부터 2전짜리 동전을 손에 넣게 되었던 걸까.

번역 : 김지선

시모야(下谷) · 우구이스다니(鶯谷) 아파트

목조 3층 건물의 민간 아파트로 삼층에는 다다미 네 개 반 정도의 작은 방이 늘어서 있고, 각 방에는 도어-창이 붙어 있다.

시부야(澁谷) · 사쿠라가오카(鶯ヶ丘)의 시부야 회관목조 삼층 건물 집합주택
지붕을 망사르드 형으로 하여 지붕 밑 방을 확보하고 있다.

시부야(澁谷) · 사쿠라가오카(鶯ヶ丘)의 일본회관(쇼와 14년 준공)
RC조 이층건물의 집합주택. 전정(前庭)을 둘러싼 ㄷ 자형으로 되어 있다.

와세다의 일본관 쇼와 초기의 전형적인 하숙관
현관 주위의 계단실은 원추형 모자 모양의 지붕

간다쓰카사쵸(神田司頂)의 쓰카사(司) 아파트

목조 3층 건물의 망사르드 형의 비늘 모양이 이어진 지붕이라는 특징이 있다.

이다바시(飯田橋)·대신징(大新京) 아파트 멘트하우스
RC조 이층건물. 입구상부에 있는 탑실이 사람의 이목을 끈다.

이케부쿠로(池袋)의 우즈라산소(鶉山莊)
아파트의 각 방에 철틀로 된 둥근 창문이 붙어 있다.

참고문헌

단행본

アンドレイ・アニーキン, 副島弘行 訳, 『黄色い悪魔·金と資本主義』, 大月書店刊, 昭和五十五年.

宮田登, 『都市民俗學の課題』, 未來史刊, 昭和五十七年.

小島仁, 『日本の金本位制時代—一八九七—一九一七』, 日本経済評論社刊, 昭和五十六年.

岩崎爾郎, 『物價の世相100年』, 読売新聞社刊, 昭和五十七年.

日本住宅公団 編, 『日本住宅公団10年史』, 日本住宅公団刊, 昭和四十年.

有沢広巳監修, 『日本産業百年史·上』, 日本経済新聞社刊, 昭和四十五年.

神戸大學経済経営研究所 編, 『新聞記事資料集成』, 通巻三七·社会編第一巻, 大原新生社刊, 昭和五十一年.

日本建築学会 編, 『近代日本建築發達史』, 丸善刊, 昭和四十七年.

荒木信義, 『円の歴史』, 教育社刊, 昭和五十四年.

제3장

성의 해방, 억압의 성

간통

다이쇼大正의 데모크라시는 '신여성들'을 길러냈다고 일컬어진다. 우선 메이지 말기인 메이지 44년(1911) 히라쓰카 라이초平塚らいてう[1]와 같은 여성들이 잡지 『세토青鞜』[2]를 창간한다. 『세토』는 여성들만의 힘으로 만들어낸 여성문예잡지였을 뿐 아니라 여성해방의 거점으로 자리

1 히라쓰카 라이초는 히라가나로 라이테우라 쓰지만 읽을 때는 라이초로 읽는다. 관례를 따라 여기서는 라이초로 번역하였다.(역주)

2 『세토青鞜』의 주된 관계자를 열거해 보면, 히라쓰카 라이초平塚らいてう, 요사노 아키코与謝野晶子, 다무라 도시코田村俊子, 하세가와 시구래長谷川時雨, 오카노 가노코岡本かの子, 가미치 가이치코神近市子, 이토 노에伊藤野技, 노가미 야에코野上称生子 등이 있다. 세키란카이赤欄会의 멤버로는 하시우라 하루코橋浦はる子, 야마카와 기쿠에山川菊榮 이토 노에伊藤野技, 사카이 마가라堺真柄ら 등이 있었으나, 창립된 다음해에 해산하였으며, 이윽고 무정부주의자들이 나타나, 「요카카이八日会」로 발전하게 된다. 다이쇼 12년은 국제여성의 날의 해이며, 이 시기로부터 부인참정권 획득의 움직임이 활발해지게 된다. 고모토 가메코河本龜子, 이치카와 후사에市川房技, 가와사키 나츠河崎なつ, 가네코 시게리金子しげり, 오쿠 무메오奥むめを, 간토렛토 쓰네코カントレット恒子 등이 '부인선거권획득동맹婦選獲得同盟'을 결성하였으나, 부인참정권을 여성이 가지게 된 것은 쇼와 20년 12월이다.

매김하게 되었다.

다이쇼시대에 들어서자 여성들은 다양한 분야로 진출하기 시작했다. 다이쇼 5년(1916) 구로다 치카黒田ちか와 마키타 라쿠牧田らく가 홋카이도 제국대학을 졸업하여 최초의 여성 이학사가 탄생되었다. 다음해에는 와타나베 하마渡辺はま가 최초의 여성 운전수로, 그리고 다이쇼 8년 이토 기쿠코伊藤きく子가 최초의 사회기사(감화사업직원)로, 다이쇼 9년 도리하라 쓰루코鳥原つる子가 미야자키현宮崎県에서 소학교 교장으로 각각의 분야에서 최초를 기록하게 된다. 일 년 후인 제2회 메이데이에는 하시우라 하루코橋浦はる子가 결성한 '세키란카이赤欄会' 멤버가 여성으로서는 최초로 조직을 갖춰 참가하였으며 다수가 구속되었다. 직업을 가진 여성도 다이쇼 중기부터 늘어남에 따라 성과 정조에 관한 평론도 활발하게 이루어졌다.

이들은 각 분야에 진출한 여성 1호였다. 이 말은 그 당시만 하더라도 여성들이 집밖으로 나가는 일조차 가로막혀 있었다는 사실을 보여준다. 히라쓰카 라이초와 요사노 아키코与謝野晶子와 같은 이들이 연애의 자유를 부르짖고 성의 해방을 외쳐 많은 여성의 공감을 얻었으나, 이 또한 거꾸로 생각해보면 여성들이 연애의 자유를 얼마나 억압당하고 있었는지를 잘 보여주고 있는 것이다.

쇼와 58년(1983) 일본에서 장기간 활약하여 얼굴이 잘 알려진 재일 프로야구선수가 한국으로 돌아가 간통죄로 체포된 사건이 있었다. 이 보도를 접한 대부분의 일본인은 스타선수가 체포되었다는 것보다 한국에는 아직도 간통죄가 존재한다는 사실에 충격을 받았다. 그런데 이 사건으로부터 36년 전인 패전 직후까지는 일본에도 간통죄가 존재했다.[3] 게다가 현재 한국의 법률처럼 남녀를 평등하게 처벌하지도 않았다.[4] 남편이 다른 여성과 간통을 저질렀을 경우에는 아내가 남편을 고발할 수 없으나 아내가 다른 남성과 간통을 저질렀을 경우에는 남편이 아내를 고발할 수 있다고 하는 지극히 부권 중심의 법률이었다. 따라서 한국 프로야구선수도 전쟁 이전의 일본에 살았다면 간통죄로 처벌받을 일은 없었다.

전후戰後 남녀평등과 기본적인 인권을 골자로 한 헌법에 의해 간통죄는 사라졌다. 간통죄 폐지의 경위를 살펴보면, 쇼와 21년(1946) 봄에 형법개정요강刑法改正要綱을 심의하고 있던 법제심의회에서, 완전 폐지하자는 의견과 남녀를 평등하게 벌하는 한국 현행법과 같은 형태로 간통죄를 남겨놓자는 의견으로 나뉘었다. 그랬던 것이 완전폐지로 돌아서게 된 이유는 간통죄를 존속시키더라도 실제로 적용해보면 상당히 곤란한 상황에 처하게 될 것을 우려했기 때문이다.

간통죄는 강간죄와 마찬가지로 피해자가 고소하지 않는다면 검찰관이 공소公訴를 할 수 없는 친고죄이므로, 증거가 되는 간통 현장을 잡아내기 쉽지 않다. 그뿐 아니라 만약 체포를 하더라도 내용이 남녀 사이의 미묘한 문제를 다루다보니 고소를 한 후에 피해자가 마음을 바꾸어 취하해버리면 범죄 사실은 존재하지 않게 된다. 우려되는 점은 우선 이러한 사태가 예상된다는 것이고, 그 후에 간통죄가 입증되어 남편을 형무소에 보내더라도 대부분의 경우 아내는 경제적 능력이 없으므로 생활이 곤란해진다는 것이었다.

---

3 신형법新形法에 의하면 간통은 2년 이하의 징역에 상응하는 범죄였다.

4 이 책이 출판된 1980년대에는 한국에 간통죄가 있었지만 2015년 폐지되었다.(역주)

전자의 이유는 남녀가 함께 얽힌 관계가 국가의 법망보다 까다롭고 복잡하다는 것이며, 성의 문제를 과연 국가가 관리할 수 있는가하는 질문으로 이어진다. 그에 비해서 후자의 이유는 여성의 지위가 법이 정한 표면적인 상황과는 달리 현실에서는 매우 낮기 때문이다. 여성은 남성이 보호하지 않으면 생활이 불가능한 상황이라는 것을 인정하고 있는 것이다. 두 가지 이유는 서로 양립할 수 없을 정도로 각각의 처한 입장이 다르다. 전자의 경우는 남녀관계가 모든 법체계를 초월해서 존재하는 것이 아닌가라고 묻고 있고, 그에 반해 후자의 경우는 현실의 남녀관계가 법체계에서 외치는 남녀평등의 위치에 아직 도달하지 못한 것이 아닌가라는 질문을 던진다.

전후, 간통죄의 완전 폐지를 둘러싸고 상반된 의견이 나왔던 이유는 사실 전쟁 이전에는 이와 같이 위상이 다른 두 물음이 서로 충돌 없이 가족제도 속에 포괄되어 있었기 때문이다.

란포의 작품에는 부정한 아내가 등장하는 소설이 몇 편 있다. 아케치 고고로가 처음으로 등장하는 「D언덕의 살인사건」은 헌책방 안주인이 간통을 저지른 끝에 결국 살해되는 이야기이다. 마조히즘적 성향을 지닌 헌책방 안주인이 한 집 건너 이웃의 국수가게 주인 즉 사디즘적인 성향을 지닌 남자를 알게 되고, '그들의 수동적인 힘과 능동적인 힘의 합성에 의해 광적인 행동으로 치달아' 결국엔 죽음에 이르게 된다. 「백일몽白晝夢」은 남자가 부정한 아내를 자신의 곁에서 영원히 벗어나지 못하도록 죽인 후에 잘라낸 머리를 밀랍세공품인양 뭇사람들 앞에 내어놓았으나 아무도 이것을 알아차리지 못하는 실로 기괴한 소품이다. 「입맞춤接吻」은 아내의 부정을 의심한 말단관리의 이야기이며, 「일인이역

一人二役」과 「복면 쓴 무도자覆面の無踏者」는 남편의 에고이즘으로 인해 아내가 정조를 잃게 된다는 줄거리이다. 그리고 「오세이의 등장お勢登場」은 바람난 아내가 주인공인데, 남편은 아내의 간통을 알고 있었으면서도 비난하지 못하고 오히려 살해되어 버린다.

란포의 작품에 부정한 아내를 다룬 소설이 많은 이유는 란포 자신이 여성에 대해 품고 있던 애증을 표현한 것이라 볼 수 있으나, 이러한 작품을 개인의 감성으로부터 분리시켜 시대의 움직임 속에서 바라보는 것도 가능하다.

아내의 간통은 20년대에는 앞서 말한 대로 범죄였으나, 남편의 간통은 상대 여성이 독신이라면 죄가 되지 않았다. 아내의 부정은 이혼사유가 되었으나, 아내는 남편이 유부녀와 바람을 피우더라도 상대방의 남편으로부터 고소를 당하여 음란죄로 처벌될 경우에만 비로소 이혼청구가 가능했다. 법의 세계에서는 아내가 남편에 비해 지극히 낮은 위치에 놓여있었다.

메이지 민법에 나와 있는 여성의 위치를 정리해보면 ① 아내의 법적 지위는 무능력자로 되어있었다(현재도 미성년자 외에, 심신상실의 상태에 있다고 여겨지는 금치산자, 심신쇠약자, 낭비자 등의 한정치산자는 스스로 법률행위를 할 수 없게 되어있으나, 메이지 민법에서는 아내가 남편의 동의 없이 자기소유의 토지를 매각하는 일조차 인정되지 않았다). ② 간통죄에 나타나 있는 정조 의무의 차별. ③ 모친에게는 자녀에 대한 부양과 보호, 감독하는 친권이 인정되지 않았다. ④ 호주승계의 순위를 정할 때도 여자는 남자보다 아래라고 여겨, 비적출자非嫡出子인 동시에 남자인 서자보다도 적자嫡子인 여성의 순위가 뒤에 있었다.[5]

여성의 지위가 가족 내에서 이렇게 낮았던 이유는 가족제도가 부부 중심이 아니라 이에家 = 호적[6]이라는 사고방식을 바탕으로 한 법의 규제를 받았기 때문이다. 메이지 4년(1871)에 호적법이 공포되어 전국의 호적이 통일되었다. 호주를 필두로 하여 호주의 친족 및 친족의 배우자로 구성된 것이 호적상의 가족이며, 이러한 가족이 그대로 법적인 가족이 되었다. 즉 호주가 가장이고 호주와 동일한 호적에 들어오는 사람이 가족이며 가족은 호주의 권리에 복종하고 호주가 가족구성원을 통제하도록 했다.[7]

따라서 호주 권리의 승계가 가족제도를 지속시키는 핵심이었다. 그러한 호주의 권리, 가독家督의 상속은 장남에게만 상속 되었다. 적자인 장남을 최우선으로 한 후에 그 적손에게 대습상속권을 인정하고, 적자 적손이 사고가 생겼을 경우에는 순위에 따라서 직계비속을 상속인으로 세우도록 정했다.[8] 부녀자에게도 상속권은 주어졌으나 어디까지나 남자우선이었으며, 부녀자에게 상속권을 허락하더라도 그 다음 차례

5 이 외에도 아내가 법률상 남편보다 낮은 지위에 머물렀음을 보여주는 예를 들어보면, 아내는 반드시 남편 쪽의 신분을 따랐는데, 이것은 여성이 자신의 신분을 갖도록 인정되지 않고 '남자에 의해서 신분을 얻는 자'로 여겨지고 있었기 때문이다.

6 메이지 민법에서 채용한 가족 제도로, 호주戸主를 중심으로 그와 가까운 친족관계가 있는 사람들을 한집一家(일가)에 속하게 하여 호주에게 이에家의 통솔권한을 부여한 제도이다. 에도 시대江戸時代에 발달한 무사 계급의 가부장적 가족 제도를 기반으로 하고 있다.(역주, 위키백과 참조)

7 호구 기재의 순서는 다음과 같이 되어있다. 호주 고조부모, 증조부모, 조부모, 부, 모, 아내, 자녀, 며느리, 손자, 증손, 현손, 형제, 자매, 대백숙부모, 백숙부모, 생질조카, 질녀조카딸.

8 적장남자嫡長男子의 최우선상속권이 보장된 것은 메이지 6년 6월의 가시조쿠華士族에 대한 가독상속법의 개정 이후였다. 그리고 2년 뒤에는 이러한 상속법이 평민에게도 적용된다. 그 이전의 평민 집안에서는 장남에게 가문을 승계하는 관습은 없었고, 차남, 삼남에게 잇게 하거나, 간혹 양자를 들여 집안을 이어가는 관습이 있었다.

인 남자 상속자에게로 권리를 넘겨주기까지의 중간단계일 뿐이었다. 이러한 제도의 배경에는 전투를 으뜸으로 하는 당대 사무라이 사회 속에서 길러진 남자직계에 의한 혈통중시 원리가 작용하고 있다. 그것은 메이지 전기의 가장을 중심으로 하여 가족원이 함께 가업을 경영하고, 생활을 함께 꾸려가며, 집안의 조상을 모시는 것이야말로 가정의 단위라고 하는 사고방식으로 이어졌다.

호주가 가족에게 미치는 확고한 지배력의 예를 들면, 메이지 15년(1882)까지는 재산상의 행위, 가령 토지매매계약서에 호주의 날인이 필요했다.[9] 메이지 15년 이후에도 호적 담당 공무원에게 가족의 결혼 신고를 하는 것이 호주의 역할이었고, 실제로 호주가 결혼에 반대하면 그 가족은 결혼할 수 없었다. 또한 남자 쪽 혈통을 중시하는 원리를 메이지 15년까지 공인되었던 첩제도에서 찾을 수 있다. 메이지 6년의 태정관지령太政官指令을 보면, 호주의 첩은 아내 다음으로 호적에 기재하도록 했다. 메이지 15년 시행된 형법에 따라 첩 제도가 사라지고 일부일처제가 성립된다. 그렇지만 이는 표면상의 변화에 지나지 않았으며 예전의 무사계급이나 관료 대부분은 여전히 첩을 두었다. 그리고 이에 대한 근거로 삼은 것이, 황족의 서자를 황후의 동의 없이 공인할 수 있었던 구황실규범(황족서자의 대통을 계승한다)의 규정이었으며, 이를 자신들에게도 적용시켰던 것이다.

일부일처제는 아내에게만 강요되었을 뿐, 남편의 입장에서 보면 실

9 메이지 초기에는 가문의 재산과 가족의 재산이 정확히 구별되지 못했다. 그러나 메이지 15년 태정관결재太政官決裁를 시작으로 가족소유지의 매매와 담보 등 공증서류에 호주의 도장이 필요 없게 되었다.

제로는 일부다처제였다. 아내의 간통죄는 도의적인 문제가 아니라 부권에 대한 침범으로 인식되고 있었다.

란포의 「오세이의 등장」은 아내인 오세이가 당시의 제도를 거스르고 애인을 만나러 가는 것을 눈감아주는 남편, 가쿠타로의 심경에서 시작된다. 가쿠타로는 폐병을 앓고 있었다. 아내의 간통을 처음 알아차렸을 때는 헤어질 생각이었으나, 병마로 인해 살날이 얼마 남지 않았음을 깨닫게 된 그는, 오세이와의 사이에 낳은 아이를 위해 그녀의 잘못을 바로잡을 생각마저 접어버리고 만다.

> 그에게는 그렇게 당하고도 오세이를 포기할 수 없는 이유가 아직 남아있었다. 그런 까닭에 그녀가 떠나는 것이 두려워진 나머지, 그녀의 불륜을 비난하지도 못한 채 외면하고 말았던 것이다.
>
> 오세이는 이러한 가쿠타로의 마음을 훤히 꿰뚫고 있었다. 조금 과장하면, 암묵적인 타협과 같은 무언가가 이뤄지고 있었다. 그녀는 정부와 놀아나는 와중에도 틈만 나면 남은 힘을 다해 가쿠타로를 애무하기에 여념이 없었던 것이었다.

이 단편 속에서 부인은 정부를 만나러 나가고, 남편은 병으로 인해 집안에 틀어박힌다. 이러한 아내의 행동은 적어도 이 단편이 쓰인 다이쇼 15년(1926)에는 반사회적인 범죄였다. 20년대만 하더라도 메이지 민법이 제정한, 아내를 무능력자로 취급하는 규정과 호주를 정점으로 하는 '이에家' 제도가 아직 존속하고 있었다. 하지만 20년대는 이러한 이에 제도가 사실상 붕괴되기 시작하던 시기였다. 「오세이의 등장」은 가족제도의 원칙과 실제 가정생활의 불일치를 배경으로 하여 만들어졌던 것이다.

도다 데이조戸田貞三는 다이쇼 9년(1920) 10월에 일본에서 처음으로 실시된 국세조사[10]를 분석하였다. 그는 총인구 5,596만 3천 명 중에서 약 574만 7천 명이 가족과 떨어져 살고 있으며, 인구 천 명당 약 108명 정도의 일본인이 가족을 이루지 않고 생활하고 있다고 기록하고 있다. 특히 도쿄에는 63만 명, 전체 시민의 약 27%가 가족 즉 호적상의 가족과 헤어져 종업원, 동거인, 식객으로서 생활하고 있고, 연령별로 보면 남자는 15~19세가 72%, 20~24세가 69%에 달하고, 여자도 15~19세가 53%, 20~24세의 약 44%가 여기에 해당한다고 분석했다.

결국 도쿄에 사는 청년층의 절반 이상이 가족과 떨어져 혼자 살고 있는 것이다. 또한 이와 같이 가족과 떨어져 사는 사람들을 제외한 통상적인 보통 세대의 평균 인원수를 구해보면, 전국에서 4.5명, 도쿄는 3.7명, 오사카는 3.5명이라는 숫자가 나온다. 그리고 '아오모리青林県, 이와테岩手県 두 지역의 보통세대에 대해 살펴보면, 통상 5인을 한 가족이라고 부르는 5인 세대가 가장 많으며, 이러한 5인 세대를 중심으로 하여, 3인 세대 또는 7인 세대 안에 보통세대의 약 63~64%가 모여 있다. 게다가 이러한 두 지역에서는 인원수별 보통세대 도수분포표人員数別普通世帯度数分布表 중 최대치를 가지는 5인 세대, 즉 평균수並み数, mode 부근에 다수의 세대가 모여 있는 것이 아니라, 8인 이상 인원수의 세대 안에서도

10 제1회 국세조사는 다이쇼 9년 10월 1일 오전 0시를 기해 실시. 그 결과, 평균적인 일본인상이 파악되었으며 더 나아가 각 관청마다 통계조사 붐이 일어났다. 거리에서는 소에다아젠보添田桱蝉坊 작사・작곡의 초사부시調査節가 유행했다.

약 25%라는 상당히 많은 수의 세대가 분포하고 있다'고 분석한다. 그에 반해 도쿄시 및 오사카시에는 '평균수의 위치가, 비교적 인원수가 적은 3인 세대에 있고 평균수 위치는 현저하게 적은 인원수를 가진 세대 쪽으로 현저하게 기울어져있으며, 또한 평균수에 가장 가까운 2인 세대 및 4인 세대 안에도 상당히 많은 세대수가 분포하고 있다'[11] 고 분석하고 있다. 이 숫자로 인해 알 수 있게 된 현상은 이에 제도를 성립시켰던 대가족제도가 해체되고, 도쿄나 오사카 같은 대도시에서는 핵가족화가 진행되었다고 하는 사실이다.

제1차세계대전의 호황이 가능했던 것은 빈농과 몰락한 토족士族인 이에家가 저렴한 노동력의 공급원으로서 존재했기 때문이다. 토지조세제도의 개혁이후 화폐경제가 이에 속으로 스며들게 되었고, 돈을 벌려는 목적으로 가독상속 순위가 낮은 차남, 삼남, 그리고 딸들은 이에를 떠났던 것이다. 그들은 이에 제도에 순응하여 도시로 나가 일을 했으나 갈수록 이에에 대한 귀속의식이 희미해져갔다. 그것은 호주를 시작으로 차남, 삼남이 일체가 되어 가업을 경영하고 가계를 함께 꾸려나가는 이에 그 자체의 성립기반을 잃어버렸기 때문이었다.

20년대는 법률상으로 존재했던 이에 제도와 핵가족화 현상(현실적으로 이미 존재했을 뿐 아니라 도쿄에서는 만연해 있던)이 병존하고 있었다. 이러한 명분과 현실 사이의 메울 수 없는 괴리에 위기감을 가진 것은 당연히 이에 제도를 준수하려는 보수주의자였다. 다이쇼 데모크라시라고 하면 부인해방, 연애지상주의를 부르짖던 시대라고 흔히 이해하고 있으나

11 도다 데이죠戸田貞三, 「제2장 우리나라의 가족구성 제2부—가족구성원수家族構成員数」, 『가족구성』, 홍문당 간행, 쇼와 12년.

사실은 미풍양속과 이에 제도의 준수를 복고주의자들이 소리 높여 외치던 시대였다.[12] 가족의 통제원리는 호주를 통해 국가통합원리와 일체화시킬 수 있는 것이었으므로, 메이지민법마저도 미온적이라고 여겼던 계층은 교육제도와 가족제도의 개정을 희망하여 제국의회에 건의안과 법안을 차례로 제출했다.

다이쇼 8년(1919) 정부는 임시법제심의회臨時法制審議会를 설치하고, '현행민법 중에 우리나라 고유의 미풍양속에 준하는 것이 있다고 인정할 것인지 개정改正 요강여하要綱如何'를 자문 제1호로 삼았다. 그리고 다이쇼 14년(1925)까지 27회의 심의를 이어갔으며, 같은 해 '민법친족편중 개정의 요강' 34항목, 쇼와 2년(1927)에 '민법상속편중 개정의 요강' 17항목을 발표했다.[13] 한편 이러한 심의회가 정리한 민법요강은 복고주의 측의 의도와는 다르게 현실파가 힘을 얻게 되어 호주권은 강화되지 못하고 오히려 약화되었다.

가독상속의 순위에서 적출여자를 서출남자보다 우선순위로 하는 것, 아내를 상속인의 지위로 상향시키는 것, 혼인은 관습에 따른 혼의의 거행으로 성립된다고 하는 의식혼주의의 채용(내연문제를 해결하기 위한 개정), 아내를 무능력자로 취급했던 법정재산제 규정의 삭제, 아내의 행위

---

12 다이쇼 2년 『세토青鞜』는 신년호에서 4월호에까지 걸쳐 부인문제를 특집으로 싣고 있다. 2월호에서는 후쿠다 히데코福田英子ふくだひでこ가 「부인문제의 해결」이라는 글에서, 진정한 여성해방은 철저한 공산제 안에서만이 가능한 것이라고 말했고, 4월호에서는 히라쓰카 라이초平塚平塚らいてう가 「세상의 부인들에게」라는 글에서 현모양처주의와 현행의 결혼제도를 비판하는 가운데, 결혼은 여성의 일생을 권력복종의 관계로 속박시켜버리는 것은 아닌가라고 주장했다. 당국은 이러한 논문들을 발행하지 못하도록 금지시켰다.

13 아오야마 미치오青山道夫あおやまみちお, 『일본가족제도론』(규슈대학 출판회간행, 쇼와 53년 참조.

능력 확장, 아내의 간통만을 이혼원인으로 하고 있던 것에 '남편의 현저한 불행적不行跡이 생길 때'의 항목을 첨가하여, 남편의 간통도 이혼의 원인으로 하는 등의 개정을 요구했다. 이러한 개정요강은 메이지민법보다도 아내의 권리확장을 인정하여, 부부에 의해 가족은 구성된다고 하는 가족주의를 인정하는 내용으로 구성되어있다. 그러나 이에 제도를 준수해야 한다고 하는 국가의 요청을 전적으로 부정한 것은 아니었다.

예를 들면 남편의 간통을 이혼 원인으로 인정하면서도, '모든 관계를 종합하여 혼인관계의 지속이 가능하다고 인정될 때'는 이혼시키지 않을 수도 있다는 단서가 붙어 있다. 성년이 된 사람은 자유롭게 결혼할 수 있다고 용인하는 항목도 있는가 하면, 아들의 혼인에는 나이와 관계없이 부모 또는 조부모의 동의가 필요하며, 만약 동의를 얻지 못하면 부모 또는 조부모가 제재를 가할 수 있다고 하는 항목도 있었다. 이 개정 요강에는 이에 제도와 현실의 모순을 억지로 끼워 맞추려는 듯한 부자연스러운 부분이 그대로 남아있었다.

그러한 불일치는 호주권의 계승을 축으로 성립되는 이에 제도를, 호주권을 상속받을 수 없기에 고향을 떠나온 차남과 삼남을 흡수하여 성립된 도시화사회 속에서 더욱더 구체적으로 존속시키려는 국가의 요청으로 인해 생겨났다. 이와 같이 국가통합의 원리에 맞게 일체화시키려고 했던 이에 제도는 핵가족화가 진행되는 도시사회에서 구체성이 결여된 채 이념으로서만 기능하기 시작한다. 오히려 도시 생활자의 현실은 현실로부터 유리되어 정신적인 의미만을 추구하게 된 이에 제도에 갈수록 얽매이게 되었다.

앞서 말한 바와 같이 제1회 국세조사를 분석했던 도다 데이죠는 다이쇼 9년(1920)에 도쿄, 오사카 등과 같은 대도시에서 이미 오늘날과 같은 가족인원의 축소 경향을 관찰하였다. 그리고 그는 대도시의 경우에 3세대 이상을 포함한 가족이 감소해가는 동향도 지적하고 있다. 즉 이에 제도가 구체적으로 준수되고 있다면, 호주권을 계승하기 위해서 세대주의 부모, 더 나아가서는 조부모를 포함한 3세대, 4세대로 구성된 가족이 많아질 것이라고 가정한다. 그러나 결과는 전국에서 1세대 가족과 2세대 가족을 포함하면 70%를 약간 넘어서고, 3세대 이상의 사람으로 된 가족은 30%에 약간 못 미치는 정도일 뿐이다. 도쿄에 이르면 3세대 이상의 사람들로 구성된 가족은 18% 정도이다. 이는 핵가족화가 진행되고 있음을 확실하게 말해준다.

도다는 논의를 더욱 발전시켜 도시에서 가족의 세대수가 감소하고 있는 것은 혼인연령이 높아지고 있기 때문이라고 추정한다. 만약 비교적 젊은 나이에 결혼한다면 아이를 젊을 때 출산하고, 또한 그 아이도 젊을 때 아이를 낳게 되므로 부모, 자녀, 손자의 3세대가 같은 가족이 되는 경우가 많을 수밖에 없다는 추론을 내린다.

한편 국세조사를 분석하면 도쿄나 오사카와 같은 대도시에서는 초혼연령이 전국보다 3살 정도, 아오모리현이나 이와테현의 군부郡部와 비교하면 5살 정도 높게 나온다. 그리고 다음과 같은 결론에 이른다.

> 이는 오늘날 우리 국민이 가계家系를 존중하는 경향을 점점 잃어가고 있거나 또는 이러한 경향이 지방마다 다르기 때문이라고는 하나 반드시 이러한 방식으로만 설명해야하는 것은 아니다. 봉건시대와 현대를 비교하고, 촌락과 도시를 대비해보면 가계존중경향의 차이, 가족 내부에서 벌어지는 여러

기능의 강약 및 가족 외 여러 사회관계의 작용여부 등에 따라 차이가 있기는 하지만, 3세대 이상의 사람들로 이루어진 가족의 인원수는 주로 혼인연령의 차이와 반비례하는 것으로 보인다. 이렇게 생각해보면, 이후 혼인연령이 점차 상승함에 따라 3세대 이상에게 전해지는 직계친족이 동시에 한 가족으로 존재할 확률은 점점 없어진다. 예를 들어 가계의 영속화를 존중하는 의식은 우리 국민들이 상실하지 않겠지만, 사실상 가족 전통에 대해 조부모가 손자의 본보기가 되어줄 기회가 적어지고, 자손은 조상이 만들어놓은 가족생활의 형식에 충분히 익숙해질 수 없을 것이다. 따라서 부모, 자녀, 손자 등 3세대 이상이 동시에 한 가족으로 생활할 수 있는 확률이 점점 없어진다면 세대주의 방계부모 등을 포함한 가족도 점점 적어지고 세대구성원인 가까운 친척의 종류는 단순해지며 혼인연령의 상승과 함께 가족 내에서의 아동 수가 줄어들게 되어 가족인원수는 서서히 감소할 것이다.[14]

도다의 결론은 무엇을 말하고 있는 것일까? 도다는 이에 제도를 찬성하는 방향으로 의견을 이어가는 것으로 보이지만, 사실 그의 의견은 그것과는 반대로 왜 혼인연령이 높아졌는지에 대해 문제를 제기하고 있다.[15] 즉, 가계존중이라는 추상적인 이념과 현실사회에 의해 생긴 변화의 모순을 도시에 사는 사람들은 혼인연령을 높이는 것으로 해소한다는 것이다. 20년대를 들여다보면 도시는 가족으로부터 떨어져서

---

14 도다 데이조戸田貞三, 「제2장 우리나라의 가족구성 제2부—가족구성원수家族構成員数」, 『가족구성』, 고분도弘文堂간행. 쇼와 12년.

15 도다의 분석은 당시의 가족제도 속에서, 가문이나 동족집단과 가족이 불명확하게 결합된 것으로 여겨지던 것에 대한 의문을 가설로 세웠던 것이다. 가족개념을 명확하게 하는 것은 가부장제도에 대한 첨예한 문제의식이었다.

생활하는 젊은이들을 흡수했다. 그리고 그들은 만약 고향에서 가족과 살았더라면 결혼했을 나이가 되었음에도 불구하고 결혼을 늦추었던 것이다. 도다는 농촌과 도시와의 혼인연령의 차이에서 이에 제도와 현실속의 가족이라고 하는 이 두개의 모순을 증명하려 했던 것이다.

란포의 초기 단편에 등장하는 남성의 대부분은 독신자이다. 「2전짜리 동전」, 「D언덕의 살인사건」, 「심리시험」, 「지붕 밑의 산책자」 등에 나오는 남자들은 가난한 학생이든, 백수든, 샐러리맨이든, 실업자든 간에 모두 독신자이다. 그들은 가족의 구성원에 속하지 않는다. 가족으로부터 벗어나 도쿄로 흘러들어온 인물이기 때문이다.

란포가 아무런 의미도 없이 독신자들을 주인공으로 세웠던 것은 아니다. 독신자야말로 도시생활인의 특징을 잘 보여준다고 생각했던 것이다. 아케치 고고로 또한 도쿄로 상경한 독신자이며 도시생활의 모순을 맞닥뜨리며 사는 인물이다. 그런데 「D언덕의 살인사건」이나 「심리시험」에서 그가 너무도 강렬하게 등장했기 때문에, 명탐정 아케치 고고로가 독자적으로 활동하는 것을 시작으로, 란포는 그 후의 작품에서 아케치를 아마추어 탐정에서 프로페셔널한 탐정으로 변모시킨다. 여기서 더 나아가 연인을 등장시키고 아케치와 맺어주게 되는데, 이와 같이 태생을 알 수 없는 인물이었던 그가 사회적인 지위를 획득하게 되자, 아케치 고고로가 지니고 있던 강한 리얼리티는 반대로 조금씩 희석되어져간다.

란포의 작품 속을 들여다보면, 부정한 아내에게 속아 넘어가는 남편들도 이에 제도 안에서 지위를 얻을 수 없다. 그러므로 심리적으로는 독신자와 다를 바 없으며 뭔가 계기가 주어지면 독신자의 심리로 퇴행해버린다.

20년대에 나타난 도시사회 속에서 형식만 남은 이에 제도와 현실 속의 핵가족화 현상이라고 하는 모순을 도시생활자는 혼인연령을 높이는 것으로 해소하고자 한 것이다. 그러나 구체성이 없는 이에 제도와 현실 간의 모순은 혼인연령을 높여도 본질적으로는 해결할 수 없다. 따라서 독신자는 그러한 모순을 짊어진 채로 결혼을 하여 심리적 공황상태를 결혼생활에까지 그대로 이어가고 있었다. 「사람이 아닌 슬픔人でなしの戀」의 남편은 아내를 제대로 사랑할 수가 없다. 그는 유서 깊은 집안 출신으로 어려움 없이 안락한 삶을 누리고 있으나 살아 있는 여성과는 사랑을 할 수가 없다.

> 이 무슨 해괴망측한 일인가요? 내 남편이 살아있지도 않은 차가운 인형을 사랑하고 있었다니요.
>
> 요상하고 야릇하게 끌리는 인형을 보노라면 더 이상 다른 이유는 찾을 수 없을 거란 생각이 듭니다. 사람을 꺼리는 그이의 성격, 창고 속에서 들려오는 정겨운 속삭임, 장궤 뚜껑을 걸어 잠그는 소리, 한 번도 본 적 없는 남편의 그녀, 이러한 기억들을 곰곰이 떠올려보면, 그녀라고 말씀드리는 것이 실은 이 인형이었다고 인정할 수밖에 없어요.

가족이라는 전통적인 규율 속에서 호주권을 충분히 행사할 수 없는 남편에게는 오히려 호주라는 지위가 질곡으로 변해버린다. 「사람이 아닌 슬픔」에서 남편은 무엇이든 자기 뜻대로 할 수 있는 인형을 사랑하고 있다. 그러나 아내가 그 인형을 산산조각 내어 부숴버리자 더 이상

살아갈 이유를 찾지 못하고 인형과 함께 자결해버린다.

「오세이의 등장」에서 남편인 가쿠타로라는 인물 역시 마찬가지로 오래된 가문 출신이다. 그 또한 무능력자로 그려지고 있다. 가쿠타로는 아내가 애인 곁으로 가버리자 따분해진 나머지 할 일없이 분재를 매만지기 시작한다. 하녀에게 '허세를 부리느라 쾌활하게 답하고'는 있으나 실은 마음속의 동요를 들키지 않으려고 아무 생각 없이 지껄이고 있을 뿐이다. 가쿠타로는 방으로 마구 뛰어 들어온 아이들과 함께 숨바꼭질을 하며 놀기 시작한다. 그는 아이들 놀이에 푹 빠져 심리적으로 점점 퇴행해간다. 벽장 속의 장궤에 숨어 소년시절의 꿈에 젖어든다. 그러던 중 장궤 뚜껑의 잠금 장치가 우연히 떨어져 그는 밖으로 나갈 수 없게 된다. 상자 속에서 고함을 질러 보지만 어느 누구도 듣지 못한다. 잠겨버린 장궤는 '오래전에 공을 들여 만든 것'으로, 공기가 통할 틈새조차 없는 까닭에 죽음에 이르게 된다. 마침 애인과의 짧은 만남에서 돌아온 오세이는 바로 옆에 있는 남편 방에서 무엇인가를 긁어대는 묘한 소리에 남편이 장궤에 갇혀 있다는 것을 알아차린다. 하지만 '장궤 뚜껑을 살짝 들어 올리려고 했을 뿐, 무슨 생각을 한 것인지 원래대로 꾹 눌러 닫고는 다시금 걸쇠를 채워버리고 만다'.

그날 밤 8시경이 되자, 천연덕스런 얼굴로 시치미를 떼고 있는 오세이는 남편의 시체를 발견한 아내의 역할을 해낸다. 그녀의 살인은 그 누구에도 들키지 않고 성공하게 된다.

> 가쿠타로의 장례식을 마치고 첫 번째로 오세이가 꾸며낸 자작극은, 물론 그럴싸하게 둘러댄 것이지만, 부정한 연인과 헤어진 일이었다. 그리고 온

갖 교활한 수작으로 가쿠지로(남편의 남동생)의 의심을 푸는 일에 전념했다. 더군다나 그것은 어느 정도 먹혀들어갔다. 비록 잠시였다고는 하나, 가쿠지로는 요부의 연기에 감쪽같이 속아 넘어갔던 것이다.

그리하여 오세이는 예상보다 더 많은 분배금을 받아, 아들 쇼이치와 함께 정든 집을 팔고 끊임없이 주소를 바꿔가면서 속임수에 능한 재주 덕분에 아무도 모르게 친척들의 감시로부터 멀어져갔던 것이다.

「오세이의 등장」이 반세기가 흐른 현재라면 이렇게 끝을 맺지 않았을 것이다. 친척들의 감시 때문에 오세이가 자작극을 꾸밀 필요가 없다. 즉 살인죄만 발각되지 않으면 유산을 제대로 받을 수 있고 반년이 지나면 연인과 결혼을 할 수 있기 때문이다. 아니 그보다 살인을 저지를 필요도 없다. 이혼신청을 하면, 자유로워질 가능성도 있다. 오세이는 가족제도의 굴레로부터 빠져나오려고 우연히 얻게 된 기회를 이용한 것이다. 그리고 그 기회가 살인이었던 것이다.

간통죄를 남녀평등하게 존속시킬 것인지 아닌지에 대한 논의가 행해지던 전후戰後시기에 문제가 되었던 것은 말하자면 일부일처제를 확립시킬 수 있는 기반이 있는가에 대한 물음이었다. 일부일처제가 성립하려면 남녀 상호 간의 지위가 공동생활을 꾸려나갈 수 있어야 하고, 더 나아가 경제적으로나 인격적으로도 대등해야 하며, 또한 사회가 혼인의 자유를 인정하는 상황에 이르지 않고서는 불가능하다. 즉 간통죄를 만든다고 하는 것이야말로 혼인의 자유가 보장되지 못했다는 사실을 알려주는 것이다.

전후前後의 시점에 간통죄가 존속되지 않았다는 것은 일부일처제의 사회적 조건이 갖추어졌다는 뜻은 결코 아니다. 오히려 아무런 기반이 없다는 것을 심의회가 깨닫고 모든 것을 완전히 포기해버린 것이다. 그로부터 오늘에 이르기까지 남녀가 대등한 조건을 갖추기 위해 필요한 사회 기반은 아직도 성립되어 있지 못한 듯하다.

란포는 「오세이의 등장」의 주인공인 오세이가 집을 나간 후 다양한 남자들을 사귀게 되면서 악행을 거듭해가는 한 여성의 범죄사를 계속해서 그려나갈 예정이었다. 그러나 란포는 그 이후의 오세이를 쓰지 않았다. 오세이의 앞날을 알지 못하는 까닭에 오히려 그녀가 아이를 데리고 우리 눈앞을 스쳐지나가는 듯이 느껴진다. 오세이는 집을 나와 연인의 품으로 달려갔다고는 하나 언젠가는 그 남자와도 헤어져 몇몇 남자들 사이를 떠돌 것이다. 제대로 자립한 남자를 만나기까지는.

스와핑

대가족을 이뤄 생활하면서도 가장이 가족을 통제할 수 있었던 이유는 가족이 하나의 가업을 이어받아 생활했기 때문이다. 그러한 가업을 순조롭게 완수하기 위해서는 가장을 정점으로 한 명령계통이 필요하다. 그러나 가족의 일원이 다른 직업으로 생계를 꾸리게 되면 가족이 지니고 있던 질서는 흔들리게 된다. 아니, 오히려 다른 직업을 갖게 된 사람들은 이에 제도의 질곡 속에서 머지않아 스스로 가장이 되어 자기 가족을 만들려고 하게 될 것이다. 다이쇼 중기에는 고향땅에서 일자리를 얻지 못하게 되자 자신의 이에를 만들려는 목적으로 도쿄에 올라온 사람들이 많았다. 그러나 이러한 탈향자들 모두가 자신의 가업을 운영하고 살림을 꾸려가며 집안을 일으켜 세울 만한 곳은 도쿄 어디에도 없었으므로 그들 대다수는 고향을 떠나왔을 때와 다름없는 무산자일 뿐이었다. 무산자인 그들은 꿈과 현실의 차이를 결국 혼인연령을 끌어올리는 것으로 메우려고 애썼다.

혼인연령이 낮으면 자녀의 수가 많고 반대로 혼인연령이 높으면 양육하는 자녀의 수가 적다고 단정 짓기는 어렵다. 그렇지만 이에 제도가 존재하고 가족이 생산수단인 경우에는 일찌감치 혼인을 하게 된다. 그 첫 번째 목적은 자녀를 얻어 이에家의 살림에 보탬이 되는 식구를 늘리기 위함이었다. 따라서 이에 제도가 실생활에서는 추상화되어버렸다고는 하나 사람들에게 확고한 이념으로 남아있는 한, 돈을 벌지 못하는 가난한 도시생활인들은 자녀수를 줄이고 더 나아가 혼인연령을 끌어올리게 된다.

국세조사가 행해졌던 다이쇼 9년(1920)은 자녀의 출생률이 전국 평균 정점에 달했던 해였다(인구 천 명에 대한 출생 영아수는 다이쇼 9년은 36.2명, 다이쇼 초년에는 33.3명, 다이쇼 14년은 34.9명으로 이 시기는 출생률이 인구 천명에 대해 30명대를 넘어서고 있다. 즉 이러한 숫자는 전시하에서 아이를 낳고 늘리자던 시기 또는 전후의 베이비붐 시기보다도 많다).[16] 그러나 같은 해 도쿄시의 출생률은 29.8명이므로, 전국 평균과 비교해보면 천 명당 6.4명 적다. 이

16 전국 출생율(인구 천 명당) 변화추세의 변화추세는 다음과 같다.

	메이지			다이쇼						쇼와						
연차(년)	33	38	43	4	6	8	9	10	11	1	14	18	22	25	29	39	41
출생률(명)	32.4	31.2	34.8	34.1	33.5	32.3	36.2	35.1	34.3	34.5	26.6	30.9	34.3	28.1	20.0	17.6	13.7

와 같이 6.4명 낮은 출생률이야말로 도쿄에서 생활하는 사람들이 궁핍감을 의식적으로 생각했던 결과였던 것이다. 도시에서 사는 사람들은 혼인연령을 높여 자녀의 수를 줄이고 가난을 회피하였다.

그러나 혼인연령을 늘린다고 해도 무산화無産化를 막을 수 없을 뿐 아니라 오늘날의 시각에서 보더라도 양육하는 자녀수를 줄이는 방식은 결코 올바르지 않다. 현재라면 혼인연령을 끌어올리기보다는 피임이라는 방법을 사용하면 될 일이다. 그러나 아직 20년대에는 피임이 계몽기에 머물러 있었고 자녀 그 자체를 자산이자 훗날 이에를 부양할 사람으로 여겼으므로 피임을 죄악으로 받아들였다. 출생률이 피크에 달하게 된 사건은 도시생활인의 출생률 저하문제에서 더 나아가 인구증가라는 과제를 가져왔다. 무산화 현상과 고향을 떠나는 사람들이 많음에도 불구하고 이전보다도 더욱 양육해야 할 자녀가 늘어나게 된다는 역설적인 관계가 생겨난 것이다. 그런 까닭에 자녀는 훗날 이에를 짊어질 사람이 아니라 무산화하는 대중의 예비군이 되어버렸던 것이다. 이런 가운데 다이쇼 9년 4월 야마카와 기쿠에山川菊榮는 『선데이매일』 잡지에 「산아조절을 할 것인가? 마구 낳아 죽일 것인가?」라는 글을 발표한다. 이 글에서 그는 피임지식이 널리 보급되지 못한 가운데, 자녀를 낳아 기를 수 없는 사람들이 몰래 낙태수술을 받고 있다고 지적하고 있다. 일본은 메이지 13년(1880) 프랑스 형법을 본 따서 낙태법을 만들었으나, 낙태사건은 해마다 증가하고 있었다. 다이쇼 7년(1918)의 형법에서 낙태죄를 철폐하였고 다이쇼 11년(1922)에 의사의 중절수술을 조건으로 하여 낙태를 인정하였다. 미토의 빈민굴에 위치한 가가와 도요히코賀川豊彦의 진료소에서 낙태 의료행위를 하다 네 번 검거되어 낙태마로 불리기도 했던 마지마 간馬島僩은 "당시 독일의 비합법적 낙태가 35만 내지 50만이라고 추정했던 보고가 있다. 미국은 50만 내지 100만이라 알려져 있다. 일본은 적어도 50만 이상은 될 것으로 추정된다"[17]고 하였다.

란포의 「독초毒草」는 다이쇼 15년 1월 『탐정문예』에 발표되었다. 주인공 '나'는 실개천 기슭에서 찾아낸 식물이 낙태에 쓰인다고 친구에게 했던 말이 언젠가 그곳을 지나가던, 자녀를 많이 둔 우편배달부의 아내에게 들었던 이야기라는 것을 기억해낸다. 우편배달부의 아내는 그때도 부풀어 오른 배를 끌어안고 있었기 때문에 혹여 독초즙이라도 마시고 아이를 떼려는 것이 아닌지 '나'는 불안해하였다.

> 낙태담이 계기가 되어 우리 이야기는 산아제한문제로 이어졌다. 그런 점에선 친구들이나 나 또한 요즈음 젊은이들이긴 한 모양이다. 물론 말이 통했다. 우리는 제한론자인 것이다. 단지 그것이 오용되어 불필요한 유산계급에게 행해지고 있으며, 무산사회는 그러한 운동이 일어나는 것조차도 모르는 사람들이 많다. 요사이 이 근처에 빈민굴처럼 생긴 연립주택이 있는데, 그곳에는 집집마다 필요이상으로 자녀 복 많은 사람 투성이라는 등 잡담을 신나게 떠들어댔던 것이다.

17 마지마 간馬島 僩, 『격동激動을 살아온 남자』(일본가족계획협회간행, 소화 46년) 마시마 간은 낙태죄로 검거되고 '마시마간 사건'으로 화제가 되었다(쇼와 9년). 재판에서 변호사로는 마와 쥬소三輪寿壮みわじゅそう, 특별변호인으로서는 아베 소오安部磯雄의 이름이 열거되고 있다. 그러나 마지마가 취한 행동은 가토 시즈에 등 산아조절운동파로부터는 적대시되었다. 쇼와 12년 중일전쟁 이후 낙태문제는 물론 산하조절운동에 대한 탄압이 심해지자 잡지 등에서 산아조절, 피임과 같은 글자는 사라진다.

「독초」에 나오는 '나'의 말처럼 20년대는 산아제한에 관한 지식이 아직 보편화되어있지 않았다. 영국의 마가렛 생거 부인이 다이쇼 11년(1922) 일본으로 건너와 1개월 정도 머무르며 산아제한강연을 전국 각지에서 개최하여 관심을 모았다. 그리고 2년 후에는 오기노 규우사쿠荻野久作가 여성의 배란시기에 관한 연구를 발표했으나 주목을 받지 못했다(오기노식 피임법, '주기적 금욕에 의한 피임법'을 오기노가 발표한 것은, 그로부터 어언 6년 후인 1930년이지만, 동일한 피임법은 다른 학자에 의해서도 20년대에 발표되었다). 오히려 「독초」 이야기 속에 나올법한 낙태약에 사람들은 훨씬 익숙했던 것이다.

낙태약에 쓰이는 풀들만 읊어대는, 아이를 많이 낳은 임산부의 잡담을 듣고 '나'는 다음과 같은 상상을 하기 시작한다.

> 나는 거의 저물어버린 어둠 속에 한기를 느끼며 서 있었다. 못생긴 얼굴에 미친 여자처럼 늘 산발을 하고 다니는 사십대에 접어든 저 마누라가 방금 우리가 지나간 길을 끔찍한 생각에 잠긴 굳은 얼굴로 느릿느릿 언덕 아래로 내려가 잔뜩 구부린 채 그 식물을 캐고 있는 모습이라니, 그 얼마나 우스꽝스러우면서도 또한 엄숙한 광경이었을까? 나는 공포에 짓눌려 느닷없이 으악하고 소리치며 달아나고픈 심정이었던 것이다.

무지에 대한 혐오감과 동정심 그리고 많은 자녀와 낙태에 대한 혐오와 동정. 이러한 두 가지 감정이 겹쳐지면서 우스꽝스러움에 엄숙함마저도 깃든 광경을 떠오르게 한다. 우편배달부의 아내가 '나'의 상상대로 행동하더라도 비난할 수 없으므로 견디기 힘든 것이다. 낙태가 우생보호법에 의해 합법화되어버린 오늘날에도[18] 이렇게 참을 수 없는 꼴을 정당화시키는 빈곤은 본질적으로는 달라지지 않고 있으며, 이러한 희비극을 해소하는 길은 빈곤이 해결되지 않고서는 방법이 없다.

20년대는 에로티시즘으로 물든 시대였다고 말하고 있으나 그보다는 빈곤으로 인해 성에 깊은 음영을 드리웠던 시대라고 해야 할 것이다.

피임은 성을 성애와 생식으로 분리할 수 있게 해준다. 그러나 이 말은 성의 문제가 이에 제도로부터 해방된다는 것을 의미하지는 않는다. 일단 성애를 생식으로부터 분리시킬 방법이 필요해졌을 뿐이다. 현상적인 측면에서 바라보면 도시생활자는 혼인연령을 끌어올림으로써 자녀의 수를 의식적으로 감소시키려했던 것이다. 성이 이에 제도로부터 자유롭게 해방되기 위해서는 먼저 개인이 그러한 제도로부터 자립하지 않으면 안 된다. 개인이 자립하지 않는 한, 사람들은 성에 대한 규범에 의해 성을 인식하게 되고 혐오감을 느끼는 사람까지도 생겨난다. 성애와 생식의 불행한 결과인 낙태가 일반화된 것과 마찬가지로 이에 제도의 압력 속에서 살아가는 사람들은 성을 변형된 회로 속에서 추구해간다. 20년대는 성 그 자체를 구가하던 시대는 아니었다. 에로티시즘의 범람은 역설적으로 말하자면 성이 모든 것에 의해서 관리되던 시대였기에 생겨난 현상이었다.

메이지 5년(1872)의 창기해방령, 메이지 33년(1900)의 창기단속법에 따라 인신매매는 이미 사라졌어야 했다. 그러나 공창제도는 여전히 존재했으며 실제로는 창기에게 폐업의 자유가 주어지지 않았다.[19] 유곽

---

18 일본의 우생보호법은 1999년 폐지되었다.(역주)

19 다이쇼 2년, 스사키洲崎すさき 병원에 입원 중이던 두 사람의 창기로부터 자유 폐업했다는

을 국가가 공인하고 있었다는 것은 성의 기형적인 회로까지도 국가가 관리하고 있었다는 것을 말해준다. 이에 제도의 압력 속에서 남자는 자유로운 성을 사러 다녔고, 여자들은 집안으로 돈을 벌어들이기 위해 성을 팔았던 것이다. 말하자면 국가는 이에 제도의 왜곡을 스스로 묵인하고 있었던 것이 된다. 20년대의 문학에서는 성을 사고파는 홍등가를 소재로 한 작품이 많다. 이러한 문학은 성을 파는 여성과 성을 사는 남성이 서로 가족이라는 질곡에 빠져 있었다는 공통된 배경에 의해 성립된다. 그러나 문제는 제도상의 성이라는 제약에서 벗어나, 성에 대한 규범을 일상과 격리된 유곽이 아니라, 가족 내부에서 없애려고 할 때 과연 어떤 문제가 발생할 것인가에 대한 우려였다.

란포의 에로티시즘에 대한 흥미도 바로 여기에 있다. 그는 홍등가에서의 남녀관계를 소설의 소재로 거의 다루고 있지 않다. 아마도 그는 성이 작은 세계의 껍질을 벗고 해방되는 이야기에 강한 리얼리티를 발견하지 못했을 것이다. 제도 안에 속해 있던 성이 한발 더 나아가 그 틀을 벗어버릴 때, 즉 성이 범죄가 되는 바로 그 순간에 그는 흥미를 가졌던 것이다.

란포는 성으로 인해 가족이라는 제도가 무너지는 현상을 보여주려고 아내의 간통을 소재로 삼았다. 그 당시 남편의 간통은 범죄가 아니었으므로 가정이 결코 파괴되지 않았으나, 아내의 간통은 반질서 그 자체로 여겨졌기 때문이다. 란포는 남편의 간통을 소재로 한 소설도 썼으나, 그 경우에도 남편의 간통이 계기가 되어 가족의 질서가 무너

연락을 받은 구세군의 대사가 경찰에게 폐업신고서를 내러 가던 도중에, 유곽의 주인에게 전치 1개월의 중상을 입는 사건이 일어났다. 이 사건 이후 폐창운동廢娼運動 이 주목을 받게 된다.

져버린다.

「복면의 무도자覆面の舞踏者」는 「독초」와 거의 비슷한 시기인 다이쇼 15년에 잡지 『부인의 나라』 1월호와 2월호에 발표되었다. 부자 부모를 둔 회사원이 같은 회사에 다니는 친구와 함께 상인, 신문기자, 소설가, 그리고 귀족 자제들도 참석하는 비밀클럽의 회원이 된다. 그 비밀클럽에서는 '갖가지 희한한 행사를 열어주므로 흔한 오락 따위로는 느끼지 못할 강렬한 자극을 맛보는' 것이 가능하다. 비밀클럽은 한 달에 한 번 모인다. 드디어 그는 회원이 되고 다섯 번째 가면무도회가 열린다. 17명의 남성회원에 맞춰 동일한 숫자의 여성이 초대되고, 같은 번호가 된 남녀는 흥에 겨워 댄스를 즐긴다. 술이 들어가고 취기에 몸을 맡긴 채 서로 같은 번호를 가진 남녀가 동침하게 된다. 원래 클럽 주최측의 의도는, 파트너를 자신의 부인으로 한 후에 가면을 벗고 나면 알아차리게 한다는 설정이었다. 그러나 주인공이 번호를 착각하는 바람에 회사동료의 아내와 짝을 맺게 된다. 이것은 바꿔 말하면 그의 아내가 친구의 파트너 역할을 했다는 것이 된다. 이렇게 추측을 해보지만 그로서는 의혹이 풀리지 않는다.

> 가장 확실한 증거는 언제부턴가 방안에 틀어박혀 얼굴 한 번 내비치지 않는 아내의 행동입니다. 이보다 더 확실한 증거가 있을까요? 나는 우두커니 서재에 서 있었습니다. 더 이상 아무것도 생각할 수 없었습니다. 다만 불에 덴 듯 오로지 머리 속에 각인되어버린 것은 내 아내와 이노우에지로(회사동료) 그리고 그의 아내인 하루코를 향한 역겨운 감정뿐이었습니다.

이야기의 결말에서 읊조리는 주인공의 감정은 상당히 제멋대로인 것으로 보인다. 원래 자기가 뿌린 씨앗이므로 아내나 친구 그리고 친구의 아내를 경멸한다는 건 말이 안 된다. 그러나 부권이 강한 시대에는 아내가 다른 남자와 간통하는 것을 부권에 대한 침범으로 여기고 그 사람의 인격 그 자체에 대한 침해로 간주했다. 즉 부권의 우위성을 인정하는 이에 제도를 그대로 둔 채 성을 해방시키려는 방식은 비밀 클럽과 같은 도착倒錯적인 성으로 변질되어버리는 것이다.

이 단편은 남편과 아내가 집 밖에서 성의 탈출구를 찾고 그 방법을 타인에게 맡길 때 생기게 되는 문제에 대해 이야기하고 있다. 부권이 방치되어버린다면 비밀클럽에서 짝지어진 남녀의 모습은 그 자체가 스와핑이며 부부교환 클럽이 된다. 「복면의 무도자」에서 엿볼 수 있는 주인공의 심리는 오늘날 흔히 화제가 되고 있는 스와핑 모임에 참가하는 남편들과 다르지 않다. 다른 점이 있다면 가족을 통제하는 규범인 부권으로 인해 오히려 비극이 초래되고 말았다는 것뿐이다.

한편 이와 같이 부권을 포기하는 경우를 란포는 「일인이역」에서 묘사하고 있다. 「복면의 무도자」보다 3개월 앞선 다이쇼 14년 9월 『신소설』에 발표된 「일인이역」은 아베 고보安部公房가 후에 「타인의 얼굴」에서 전개시킨 주제를 사용하고 있다. 무료함에 지친 T라고 하는 남자가 어느 날 밤에 머리부터 발끝까지 새 옷으로 갈아입고 콧수염까지 붙이고는 생판 모르는 사람으로 변장하여 아내를 유혹한다. 아내도 처음엔 의심스러워하나 결국엔 진짜 남편보다 변장한 T에게로 마음이 기울어버린다. T는 그로 인해 혼란스러워진다.

그는 애초에 전혀 예상치 못했던 극심한 혼란에 빠져버렸다. 예를 들어 가상의 인물이라고는 하나 아내가 자신이 아닌 다른 남자를 사랑해 버렸다는 끔찍한 사실이 그를 충격에 빠뜨렸다. 처음엔 그저 웃어 넘겼던 질투가 심각한 지경에까지 이르게 되었다. 만약 이러한 심정을 질투라고 부른다면, 그렇다면 거기엔 상대방이 없는 것이다. 도대체 이 모든 것이 누구를 향한 질투란 말인가? 그대의 아내는 결코 T이외의 남자에게 몸을 허락한 적이 없다. 즉 그의 연적은 다른 누구도 아닌 바로 그 자신인 것이다.

T가 갖게 된 딜레마는 사실 방탕한 인간들에게서 흔히 볼 수 있다. T로서는 다른 이의 아내를 유혹하는 데에는 일말의 죄책감도 없으면서 오히려 그에 대한 반동으로 인해 자신의 아내를 향한 질투와 의심이 더욱 깊어져 간다. 자신이 다른 사람의 아내에게 한 것처럼, 자신의 아내는 다른 남자에게 푹 빠져버린 건 아닐까 하는 의심이 항상 뇌리를 떠나지 않는다. T는 이 단편의 제목에서와 같은 '1인 2역'을 연기한다. 이 두 역할은 이에家를 짊어진 남자와 이에를 돌보지 않는 남자의 역할이다. 결국 그는 두 가지 역할 중에서 어느 한쪽인가는 선택을 해야만 한다. 그것은 제도에 의해 관리되거나 혹은 이에라는 형태를 버리고 남녀의 결합을 선택하거나 둘 중 하나인 것이다. T는 여기서 후자의 역할을 취한다. 부권을 포기하는 것이다. T의 이유는

우선은 너무도 바보스러운 자신의 행위가 부끄럽기도 했고, 거기다가 또 한 가지 이유는 사실 이것이 가장 큰 원인이라 할 수 있는데, 태어나서 난생 처음 경험한 은밀한 사랑으로 알게 된, 이 세상에서 맛볼 수 없는 듯한 쾌락

을 T는 도무지 잊을 수가 없었던 것이다. 그는 거기서 진정한 사랑을 찾아 낸 것이라 여겼다. 그저 평범한 아내에 지나지 않았던 그녀가 마음 속 깊이 그러한 정열을 감추어두고 있었다니 T에게는 정말 상상도 못한 일이었다. 그리고 밀회가 거듭될수록 그것은 확실해졌다.

가족이라고 하는 제도의 틀을 벗겨버리면 성애의 자연스러운 모습이 분명하게 드러난다. T는 이윽고 '1개월 남짓 가정을 꾸리고는 그 후론 가능한 한 얼굴을 바꾸려고 노력했다. 헤어스타일을 바꾸고 콧수염을 길렀으며 안경도 끼기 시작했다. 그리고는 병원에 가서 외꺼풀을 쌍꺼풀로 만드는가 하면, 이마 한쪽으로는 작은 흉터까지도 새겨 넣었다. 그리하여 수염이 웬만큼 자라나자 집을 떠나 규슈 쪽으로까지 가서는 그곳에서 아내에게로 한통의 이혼서류를 보냈다.' T의 계획은 성공하게 되고, 완전히 다른 사람으로 변신한 T는 T의 아내와 주소를 바꿔 동거한다.

이 단편은 T가 아무리 애써 변장을 하더라도 실은 모든 것을 아내가 알아차리고 있었다는 아이러니가 담겨 있다. T의 계획은 일인극에 지나지 않았으나, 두 사람은 다정하게 원만한 가정생활을 꾸려나간다. 「일인이역」은 「복면 쓴 무도자」와는 다르게 비극으로는 끝나지 않는다. 모든 것은 원래대로 돌아가고 두 사람은 이전의 평온한 생활을 누리는 것으로 끝나게 된다. 그러나 오늘날의 시각으로 바라보면, 원래의 생활로 돌아가 버린 「일인이역」의 이야기야말로 그 평온한 결말에 도리어 무서움을 느끼게 되는 것은 아닐까?

가족이 해체되고 성애의 고리로만 이어지던 두 남녀가 다시금 이에를 짊어지고 원래의 생활로 되돌아갈 수 있다고 한다면 그것이야말로 자연스럽지 못하다. T는 성형으로 얼굴을 바꿔버렸다. 그 얼굴은 결코 원래 모습으로 되돌릴 수 없다. 이미 상처를 입은 것이다. T라는 것을 알고 있었다고 아내가 아무리 변명을 한들, T의 아내는 다른 남자와 간통을 한 것이다. 변장을 했던 T 또한 아내에게 간통을 범한 것이다. 서로를 속이려 들었던 두 사람이 그 후의 원만한 생활을 계속해나간다는 것은 무리가 아닐까? 끔찍함은 바로 여기에 있다.

그에 비해 「복면의 무도자」에서는 아내가 방에 틀어박히고 남편은 어찌할 바를 모르는 지점에서 끝나버린다. 그들 부부가 실제로는 지인 부부와 부부교환을 했으나 그들이 서로를 속인 것은 아니다. 그들 중 누군가가 스와핑을 한 지인 부부에게 마음이 있었던 것은 아니다. 그들의 가정이야말로 스와핑이라는 잊기 힘든 '폐기되어야 할 감정'을 오히려 받아들여 서로의 신뢰를 되찾고 부부관계를 회복한다.

20년대에는 아직 호기심의 대상일 뿐이었던 피임에 대한 지식이 60년대에 이르러 거의 일반화되었다. 성애와 생식을 분리해서 이야기할 수 있게 되었다. 이에 제도를 유지하기 위해 아이를 낳는다고 하는 규범은 낡은 사고방식인 것처럼 여겨진다. 그러나 그러한 변화가 남녀의 자유로운 성애를 가능케 한다든가 부부가 자립하여 가정을 꾸려나가도록 이어주지는 않는다. 현재의 경제적인 풍요로움은 「독초」에서의 우편배달부 아내가 겪었던 가난을 허용하지 않고 있으며, 나아가 어떠한 가정이든 자녀수는 두 명으로 부부상을 고정시키고 형해화形骸化하였다.

형식적으로만 부부인 채로 자유로운 성애를 추구할 때 부부는 과연 어떤 선택을 하게 될 것인가? 거기에는 「복면의 무도자」가 무심결에 참가해버렸던 스와핑이나 「일인이역」에서 부부가 서로 연기했던 '간통자의 연기'가 일그러진 모습 그대로 나타날 것이다. 성지식이 범람하는 가운데 부부는 필사적으로 상상력을 구사하며 빈곤함을 잊으려 애쓰고 있다.

번역 : 김은실

후카가와(深川) · 스사키유곽 건물(洲崎遊廓

길가에 접한 건물 전면에는 반드시 작은 모자이크 · 타일이 붙여져 있
창기(娼妓)가 얼굴을 내미는 2층 난간 손잡이에는 정교한 디자인으로 장식되어 있

스사키유곽 건물

스사키유곽은 메이지 21년에 개업, 다이쇼 말기에는 같은 영업의 종사자 177칸(軒) 창기 2,112명을 헤아렸다.

스사키유곽 건물

다이쇼 2년 「스사키 사건」이 일어나, 구세군(救世軍)들에 의해 폐창운동(廢娼運動)이 활발하게 일어난다.

스시키유곽 건물
쇼와 31년 매춘방지법이 성립하였는데 그 전년도까지의 창기 숫자는 약 8,000명이었다.

아라카와시 오구무라(荒川市尾久村)의 접대장소인 마사키(滿佐喜) 여관이 있던 산교치(三業地)
쇼와 11년 5월, '마사키'의 어느 방에서 아베사다 사건(阿部定事件)이 일어났다.

참고문헌

下川耿史,『昭和性相史 戰前・戰中篇』, 傳統と現代社刊, 昭和五十六年.

中野久夫・先崎昭雄・河田宏,『大正の日本人』, ぺりかん社刊, 昭和五十六年.

大竹秀男,『「家」と女性の歴史』, 弘文堂刊, 昭和五十二年.

山川菊榮,『日本婦人運動小史』, 大和書房刊, 昭和五十四年.

戸田貞三,『家族構成』, 弘文堂刊, 昭和十二年.

村上信彦,『大正期の職業婦人』, ドメス出版刊, 昭和五十八年.

青山道夫,『日本家族制度論』, 九州大學出版會刊, 昭和五十三年.

馬島僴,『激動を生きた男－遺稿馬島僴自伝』, 日本家族計画協會刊, 昭和四十六年.

「家族制度」, 湯沢雍彦 編,『日本婦人問題資料集成』第五卷, ドメス出版刊, 昭和五十一年.

제4장

추적하는 나, 도주하는 나

추적하는 사진

12층에 올라가 본 적이 있나요? 아! 없군요. 그것 참 유감입니다. 그것은 도대체 어떤 마법사가 만든 것인지, 실로 터무니없이 이상한 것이었지요. 표면적으로는 이탈리아의 기사인 버튼이라는 사람이 설계한 것으로 되어 있습니다. 자, 생각해보세요. 그즈음의 아사구사 공원의 명물이라고 하면 우선 거미남 관람, 아가씨의 검술기예, 공굴리기 곡예, 겐스이의 팽이 돌리기, 요지경 등으로 기껏 특이한 것이 후지 산의 모형, 메이즈라고 하는 팔진 미로 정도가 있었으니까요. 거기에 불쑥 하고, 터무니없이 높은 벽돌 탑이 솟아버렸으니 놀랍지 않습니까? 84m가량(46間)이라고 하니까. 109m(1丁)에 조금 못 미치는 정도의 엄청난 높이로, 팔각형의 정상이 중국 사람의 모자 같이 뾰족해서, 약간 높은 곳에 오르기만 하면 도쿄의 어디에서라도 그 붉은 도깨비를 볼 수 있었습니다.

란포가 쇼와 4년(1929) 6월 『신청년新青年』에 발표한 「오시에押絵[1]와 여행하는 남자」의 한 구절이다. 12층이라 불린 료운카쿠凌雲閣의 완성은 메이지 23년(1890)이었지만, 글에서는 메이지 28년(1895)즈음으로 묘사되어 있다. 관동대지진으로 붕괴될 때까지 아사쿠사의 대명사로 불렸던 12층에 대한 란포의 묘사는 적확하여, 당시의 사람들이 얼마나 그 탑을 불가사의한 것으로 생각했는지 짐작하게 한다. 하지만 란포가 착각한 것이 한 가지 있다. "표면적으로는 이탈리아의 기사인 버튼이라는 사람이 설계한 것으로 되어있습니다"라고 하는 부분이다. 확실히 설계자는 버튼이다. 그러나 그는 이탈리아 출신이 아니라 영국의 에든버러에서 태어났다. 설계자의 출신지 등은 그다지 중요하지 않다고 생각할지 모르지만, 만약 그가 이탈리아에서 태어났다면 12층은 없었을 것으로 생각한다. 물론 마법사가 만든 것이라면 별개였겠지만.

W. K. 버튼은 메이지 20년 5월 위생기사로서 내무성의 초대를 받아 런던에서 일본으로 왔다. 나가이 가후永井荷風의 아버지 나가이 규이치로永井久一郎가 영・불・독의 상하수도를 시찰했을 때 버튼과 알게 된 것이 계기였다. 버튼은 도쿄 제국대학의 교수도 겸임해서, 위생공학을 가르쳤다. 위생기사로서 콜레라가 만연하는 도쿄의 하수도 사업의 계획과 조사뿐만이 아니라 하코다테, 아오모리, 아키타, 센다이, 나고야, 히로시마, 시모노세키에서 하수도의 기본조사를 진행했고, 시모노세키와 센다이에서는 이를 사업화한다. 제국대학을 퇴임한 후에는 대만총독부 위생 고문이 되었고, 타이베이의 하수도 사업을 위한 조사를 끝내

1 두툼한 종이를 사람이나 새, 꽃 모양으로 잘라, 솜을 얹은 다음, 예쁜 천으로 싸서 판자 등에 붙이는 전통 공예.(역주)

고 런던으로 귀국하던 중 들른 도쿄에서 간농양에 걸려 메이지 32년(1899) 43세의 젊은 나이로 세상을 떠났다.[2]

이 위생기사가 왜 12층을 설계했는지에 대한 의문을 푸는 열쇠는 사진이다. 버튼은 고국 영국에서 아마추어 사진가로 이름이 높아, 일본에 오기 전에 황화은 젤라틴 건판의 원리에 관한 저서와 논문을 발표했을 정도였다. 사진이 습판에서 건판으로 바뀐 것은 근본적인 사진기술의 전환이다. 건판의 발명과 진보는 19세기 말 런던의 사진기술자를 중심으로 이루어졌는데 버튼도 그 중심인물 중 한 명으로서, 사진기술 개량에 기여해서 일찍부터 이름을 알렸다.[3] 일본에 와서도 대학에 사진연구실을 만들고 건판제조를 연구했다. 당시 아직 여명기에 있던 일본 사진계의 주요인물이 지도를 받기 위해 이 연구실에 방문을 하기도 했다. 그중에는 가지마 세이베鹿島清兵衛, 오가와 잇신小川一真, 오구라 겐지小倉倹司, 이시가와 이와오石川巖와 함께 에자키 레이지江崎礼二가 있었다.

에자키는 메이지 16년(1883)에 해군이 스미다 강에서 행한 단정短艇경쟁과 수뢰화水雷化 폭파실험의 순간 촬영에 성공해 이름을 떨쳤던 사진가이다. 그는 아사쿠사 5구에 사진관을 차리고, 유람지로 번성해가는 아사쿠사를 바라보며 12층, 료운카쿠 건설의 기획을 떠올렸다. 그리고 사진기술뿐 아니라 토목건축기술에도 정통한 버튼에게 설계를

2 W. K. 버튼은 1856년 출생. 에든버러공업전문학교 졸업. 하코다테, 아오모리 등의 조사는 후에 도쿄부 지사가 되는 고토 신페後藤新平가 협력. 대만부의 위생고문이 된 것도 고토의 추천에 의함. 무덤은 아오야마 묘지에 있음. 이나바 기쿠오, 『하수도론의 역사적 탐방』, 일본수도신문사, 쇼와 55년; 稲葉紀久雄, 『下水道論の歴史的探訪』, 日本水道新聞社刊, 昭和五十五年 참조.

3 버튼의 사진에 관한 저서에는 *ABC of photography*, *Burton's Modern Photography* 등이 있다. 메이지 24년 10월 28일 노비 지진의 참상을 촬영해, 런던의 잡지에 발표했다. 다음해, 일본사진회는 런던 카메라클럽의 작품전을 우에노 공원에서 열었는데, 그 모임을 알선한 것이 버튼이다.

의뢰했다. 버튼이 사진기술 전환기의 중핵지였던 영국에서 태어나지 않았더라면, 12층을 설계하는 일은 없었을 것이다. 또 12층은 에자키 레이지가 사진가였기 때문에 생각해낸 것이다.

12층은 당시로써는 꽤 이례적인 구상이었지만, 탑을 세운다는 기획을 에자키 혼자 갑자기 생각해낸 것은 아니다. 그 이전에도 탑 건설의 복선이 되는 움직임은 여러 방향에서 있었다. 그중 하나가 메이지 시기 건물 위에 있던 옥탑이다. 당시 서양건축의 특색이라 하여 서양다움을 나타내기 위해 전망이 가능한 옥상 구조물을 건물 위에 얹는 것이 유행했다(가령 란포의 「마술사」는 유령탑이라고 불리는 시계탑을 가진 보석상의 서양식 건물이 무대가 된다). 또 하나는 높은 장소에 사람을 유람시키는 것만으로도 돈이 된다는 것을 깨달은 흥행사들이[4] 전망을 목적으로 한 시설을 메이지 20년대에 들어 각지에 세우기 시작한 점이다. 메이지 20년(1887) 10월, 높이 18간間(약 32m)의 후지 산을 모방한 건조물이 아사쿠사에 등장했다. 개장 당시 2일 만에 13,000명 가까운 사람이 올랐던 기록이 있다. 다음 해 12월, 시바의 아타고 산愛宕山에는 평면 팔각형의 벽돌로 된, 오층 건물인 아타고 탑이 건설되었다. 오사카에도 나니와 후지, 5층의 전망각, 9층의 료운카쿠가 만들어졌다. 이러한 기세 속에서 에자키는 에치고 나가오카越後長岡[5] 출신의 무역상 후쿠하라 쇼시치福原庄七에게 출자를 받아 버튼에게 설계를 의뢰한다. 그러나 12층

4 메이지 16년, 아사쿠사 5중탑을 수선했을 때, 신발 맡기는 삯 1전을 받아 공사의 기반을 마련했다. 데라다 다메키치寺田為吉라는 장사치가 구경하는 것이 돈이 된다는 것을 알고, 후지산의 모형을 만들었지만 목조인 탓에 2년 후 폭풍우에 붕괴된다. 12층이 건설되기 전해 1888년, 파리에서는 330미터의 에펠탑이 완성되었다.

5 현재 니가타 현.(역주)

의 어디까지가 버튼의 설계인가는 명백하지 않다. 애초에는 10층의 벽돌집이었음에도 벽돌건물 위에 목조로 2층을 증축했고, 구조상 위험하다는 이유로 버튼이 거절했다는 엘리베이터를 도쿄전등회사가 간절히 원하여 설치하였다. 엘리베이터는 개장하고 얼마 안 되어 위험하다는 이유로 경찰이 사용을 금지해 매력이 반감된다.[6] 하지만 사람들은 그런 것에 아랑곳없이 8전을 내고 이 탑에 올랐다.

창도 크지 않고, 벽돌벽도 두꺼워서, 움막같이 쌀쌀했습니다. 게다가 청일전쟁 당시여서, 그즈음엔 희귀했던 전쟁의 유화가 벽 한편에 줄줄이 걸려있습니다. 마치 늑대같이 무서운 얼굴을 하고 으르렁거리며 돌격하는 일본 병사, 총검에 옆구리를 찔려 흐르는 피를 양손으로 누르고, 얼굴이나 입술이 보랏빛이 되어 몸부림치는 중국 병사, 싹둑 잘린 변발의 머리가 풍선처럼 하늘 높이 날아오르는 것, 뭐라 말할 수 없이 독살스러운 피투성이의 유화가 창에서부터 들어오는 어슴푸레한 빛으로 인해 반질반질하게 빛나고 있었습니다. 그 사이를 음침한 돌계단이 달팽이의 껍질처럼 끝없이 위로 이어져 있는 것이었습니다. 정상은 팔각형의 난간뿐으로 벽도 없이 전망 복도로 되어있었습니다. 거기에 다다르면 갑자기 확 밝아져서, 지금까지 음침한 길이 계속되었던 만큼 더 놀라게 됩니다. 구름이 손에 닿을 것같이 낮게 깔려 있고, 둘러보면 도쿄의 지붕이 어지럽게 뒤섞여있어서, 시나가와의 포대가 분석盆石처럼 보입니다. 현기증을 참고 아래를 내려다보면,

6 12층이 건설된 장소는 원래 센조쿠 논千束田圃을 매립한 곳으로 지반이 결코 좋다고는 할 수 없었다. 12층에 엘리베이터는 2기가 설치되었지만 8층까지만 오르내리고 그 이상은 나선 계단. 미국제로 12명까지 탈 수 있었다. 엘리베이터가 위험하다고 여겨진 것은 구조상의 문제가 아니라 송전에 의해 화재가 일어난다는 두려움 때문이었다.

관음당이 저 아래에 있고, 가설 흥행장의 구경거리가 장난감 같으며, 걷고 있는 사람의 머리와 발만 보이는 것입니다.

시선을 높여서 인간이 주위 풍경을 조감하도록 하는 단순한 장치였지만, 12층은 막부 말기 이래 오랫동안 연구했던 가설흥행장이라는 구경거리를 하찮은 장난감으로 변화시켜버렸다. 사람들은 개장 당시 불과 1분 만에 8층까지 올라가는 엘리베이터의 빠르기와 긴장감에 중독되어 높이가 만들어내는 환희에 취했다. 그것은 지금까지 없었던 체험이었다. 눈 아래 펼쳐진 세계는 익숙한 풍경이었지만, 내려다보는 것이 불가능했기에 본 적 없는 광경이었다. 제일 위의 전망대에는 30배의 망원경을 설치했다. 그 망원경을 통해서 본 세상도 역시 새로운 광경이었다. 위에서 내려다보고 있다는 것도 알지 못하고 돌아다니는 사람의 표정을 손바닥을 들여다보듯이 엿보는 것이 가능했다.

높이에 의한 시계의 변화. 시각을 홀리는 속도감과 환혹감イリンクス.[7] 타인에게 들키지 않고 표정을 보는 관음성. 그리고 넓은 도쿄를 전망하고, 자신이 사는 장소를 확인해서 얻을 수 있는 안도감. 육안으로는 얻을 수 없는 눈의 스릴도 기계를 통하면 가능하며, 그것이 얼마나 사람을 흥분시키는가를 알고 있는 것은 실은 에자키와 버튼 같은 사진가들이었다. 사진은, 12층의 매력적인 환희감과 관음성을 가지고 있으며, 찍힌 장소에 없었던 사람에게조차 비슷한 체험을 부여한다. 뿐만 아니

7 프랑스의 사회학자이자 문예평론가인 로제 카이와는 『놀이와 인간』에서 놀이가 가진 규칙성의 유무에 따라 '파이디아(paidia)'와 '루두스(ludus)' 그리고 놀이의 속성에 따라 '아곤(agon, 경쟁놀이)', '알레아(alea, 우연놀이)', '미미크리(mimicry, 역할놀이)', '일링크스(illinx, 현기증)' 등으로 개념들을 구분했다.(역주)

라, 사진에 찍힌 세계의 쪽이 더욱 현실성 있게 보인다는 사실을 그들은 알고 있었다.

란포의 「오시에와 여행하는 남자」에서 주인공은 12층에 대하여 "도대체 어디의 마법사가 만든 것인지 실로 터무니없이 이상한 물건이었습니다"라고 이야기하고 있는데, 그들이 말하는 마법사는 사진사였다. 사진사들은 12층을 단순한 전망 탑으로 보지 않았다. 12층 전에 만들어진 목조소품의 후지 산이 후지 신앙의 등배登拝를 유사하게 체험하는 것이라 한다면, 12층은 세계 여행과 비슷한 파노라마였다. 개장 당시에는 12층에서 7층까지 세계 각지의 풍속을 모방한 상점을 설치하고 9층에는 미술품을 진열했다. 그리고 청일전쟁 직후에는 「오시에와 여행하는 남자」가 체험한 것 같은 전쟁 회화를 진열하였다. 12층은 변해가는 도쿄의 모습을 사람들에게 보여줄 뿐만 아니라 앞으로 변화하게 될 미래 도시의 모습, 그리고 맞이할 수도 있는 비참한 양상까지 개진하였다. 넓어져가는 도시의 공간과 흘러가는 도시의 시간을 12층은 구현해 보여준다. 눈 아래 펼쳐진 현실 속 도시의 파노라마와 미지의 세계의 파노라마가 겹쳐져 사람들의 뇌리에 강렬한 인상을 남겼다.

「오시에와 여행하는 남자」는 그 12층이 완성된 메이지 23년의 5년 후, 메이지 28년경을 쇼와 초기에 회고하는 구성으로 되어있다.

> 이 이야기가 나의 꿈이나 내 일시적 광기의 환영이 아니라면, 오시에와 여행했던 그 남자야말로 광인임이 분명하다. 다만 꿈이 때에 따라 엇갈린 어딘가의 다른 세계를 살짝 엿보여 주는 것처럼, 또는 미치광이가 우리들이 전혀 느낄 수 없는 것을 보거나 듣는 것처럼, 나는 불가사의한 대기의 렌

즈장치를 통해서 한순간 이 세상의 시야 바깥에 있는 다른 세계의 일부를 잠깐 들여다 본 것일지 모른다.

위의 서두대로 「오시에와 여행하는 남자」는 렌즈를 통해 다른 세계를 엿보는 이야기이다. '나'는 우오즈魚津에 '대기 렌즈장치'인 신기루를 보고 돌아오는 길에 우에노행 기차 안에서 함께 탄 '40세로도 60세로도 보이는 서양의 마술사 같은 풍채'를 지닌 묘한 남자를 알게 된다. 그는 2척에서 3척 정도 되는 납작한 보따리를 가지고 있었다. 그가 그 보따리를 풀자 오시에가 드러났다.

액자에는 가부키 공연에 등장하는 저택 같은 배경이 있었다. 여러 방의 칸막이를 트고, 새로 깐 파란 다다미와 격자 천장이 아득한 저쪽을 향해 이어져 있는 광경을 극도의 원근법을 사용해 표현했다. 그리고 쪽빛을 위주로 한 물감을 진하게 칠했다. 그 배경 안에는 키가 1척 정도 되는 두 사람이 두드러졌는데, 그 인물들만이 오시에로 세공 되어 있었기 때문이다. 고풍스러운 검정 벨벳의 양복을 입은 백발노인이 거북한 듯 앉아있었다(기이하게도 그 용모가 하얀 머리카락 색만 제외하면 액자를 가지고 있는 주인 그대로일 뿐 아니라, 입고 있는 양복의 만듦새까지 같았다). 그리고 진홍색 무늬로 홀치기염색을 한 후리소데振袖[8]에 검은 새틴으로 만든 오비가 어울리는, 17~18세의 아름다운 유이와타結い綿[9]를 한 미소녀가 부끄러운 듯 그 노인의 무릎에 기대어 있었다. 비유하자면 연극의 정사 장면 같은 화면이었다.

---

8 긴소매가 달린 미혼 여성의 예복. 옛날에는 관례 전의 남녀가 입었음.(역주)
9 젊은 여자의 머리 쪽 한 가운데를 홀치기 댕기로 묶은 머리모양.(역주)

오시에의 화면에 등장하는 양복 입은 노인과 미소녀의 정사 장면도 묘하지만, '나'에게 더 기묘하게 보였던 것은 '구태여 말하자면 오시에의 인물, 두 사람이 모두 살아있는 것'이었다. 오시에를 가진 노인이 꺼내놓은 '고풍적인 쌍안경'을 눈에 대고 오시에를 들여다보자 '오시에의 아가씨는 쌍안경 안에서 내 눈앞에 모습을 드러내, 실물 크기의 한 사람의 살아있는 아가씨로 움직이기 시작한 것이다'. 그리고 '쌍안경 렌즈의 맞은편에는 우리들의 생각이 전혀 미치지 못한 별세계가 있었고, 거기에 유이와타로 머리를 묶은 아름다운 여성과 고풍스러운 서양풍의 백발의 남자가 기괴한 생활을 영위하고 있'는 것이었다. 노인은 그 이유를 '나'에게 이야기한다. 35~36년 전 그의 형이, 완성된 지 얼마 안 된 12층에서 망원경으로 관음당의 경내를 응시하다 아름다운 여성의 얼굴을 봤다. 형은 그 아가씨를 잊을 수 없어 매일 12층에 가서 망원경으로 바라보았다. 겨우 발견한 아름다운 그녀는 살아있는 인간이 아닌 관음당 뒤편에 있는 요지경 상자 안 오시에 속의 '채소가게 오시치'[10]였다. 형은 그 아가씨가 오시에라는 사실을 알았어도 단념하지 않고 묘한 생각을 한다. 그는 비장의 망원경을 꺼내 '커다란 렌즈 쪽을 눈에 대고 그쪽에서 나를 보고 있어다오'라는 말을 했다. 망원경을 거꾸로 해서 보자 형의 모습이 작아지더니, 곧 그 모습이 훽 하고 허공에 뜨는 것 같다가 순식간에 어둠 속으로 사라져 버렸다. 형이 오시에 안의 인물이 되어 기치자吉三로 변해 오시치와 살고 있다는 것이다. 형은 살아있는

10 에도시대 혼고에 있는 채소 가게의 딸로 연인인 쇼노스케와 함께 있고자 하는 일념으로 방화를 일으키고 붙잡혀 화형을 선고 받았다. 조루리나 가부키에서 주인공의 연인을 기치자로 각색하기도 한다.(역주)

인간의 몸이기에 늙어가지만 처음부터 오시에였던 오시치는 언제까지나 젊다. 오시에 속의 노인은 슬프고 괴로운 표정을 하고 있다.

「오시에와 여행하는 남자」는 란포의 작품 중에서도 환상성이 짙은 훌륭한 작품이다. 그 환상적인 아름다움은 망원경을 거꾸로 본 행위만으로 인간이 오시에가 되고, 그 오시에가 흡사 살아있는 듯 보인다는 기발한 생각으로부터 생겨났다. 이 생각은 렌즈를 통해, 은판에 요오드의 증기를 쐰 감광판에 사물의 상을 고정하는 1839년(덴포天保 10년)에 프랑스의 다게르가 발명한 카메라 그대로이다. 란포는 12층이 사진가에 의해 설계되고 기획된 것을 알지 못했겠지만, 12층의 망원경으로 내려다본 남자와 요지경의 오시에를 상상했을 때 그 생각은 자연스럽게 카메라의 모습 그대로, 살아있는 인간의 모습이 오시에의 판이 된다는 환상에 도달한 것이다.[11]

> 분라쿠 인형극에서 하루의 연기 중에 한두 번, 그것도 진짜 일순간 명인이 다루는 인형이 우연히 신이 입김을 불어 넣은 것처럼 정말 살아 움직이는 일이 있다. 이 오시에의 인물은 그 살아 있는 순간의 인형을 목숨이 빠져나갈 틈을 주지 않고, 그 순간 그대로 판에 붙잡아둔 느낌이라, 영원히 살아있는 것 같이 보였다.

---

11 사진술의 원리를 발견한 것은 1814년 니세포어 니엡스였지만, 다게르는 사진술을 완성한 인물이다. 다게르는 과학자라기보다 화가이자, 흥행사였다. 1822년에 그가 파리에서 흥행시킨 디오라마는 여러 장의 그림을 배합하고 색광에 의해 실물감을 준 것이었다. 디오라마가 대호평을 얻자 일본에도 수입된다. 란포는 메이지 말에 본 디오라마 = 파노라마의 기억으로 「파노라마 섬 기담」을 완성했다.

이 오시에에 관한 인상은 프랑스의 사진가 H. C. 브레송이 자주 말했던 '결정적 순간'이라는 말을 떠올리게 한다. 사진을 처음 본 순간 누구나 이러한 인상을 품지 않았을까. 「오시에와 여행하는 남자」는 12층 개설 당시와 그 탑이 관동 대지진에 의해 붕괴하여 해체된 뒤의 두 시대를 교차하는 기법으로 성립되어 있다. 이 두 시대 사이에 불가사의한 속임수와 닮은 장치에서, 그것을 소유하는 것이 시민권을 획득하는 것과 비슷하게 여겨질 정도로 카메라의 위상이 변하였다. 12층이 지진으로 파손된 것이 위험해서 8층까지 남은 부분을 육군 공병대가 폭파하기로 했을 때, 폭파작업 주변에 아마추어 카메라맨이 무리를 이루었다. 12층이 완성되고 얼마 후 요시와라에서 화재가 발생했을 때(메이지 24년 1월)에는 사람들이 화재를 위에서부터 보려고 12층에 몰려왔지만, 30년이 지나자 각자가 카메라를 가지고 결정적 순간을 기다리게 된 것이다. 사진은 마치 12층의 붕괴를 기다렸던 것 같았다.

12층의 설계자 버튼이 협력하고, 사진에 흥미가 있는 귀족, 가업가家業家, 학지, 제일 외국인이 모여 에노모토 다케아키榎本武揚를 회장으로 하여 만들어진 「일본사진회」(메이지 32년)는 일본에서 처음으로 결성된 아마추어 사진 단체였다. 사진의 여명기에는 아마추어 사진가가 한정되어 있었지만, 20년대에 들어서 다양한 사진 잡지가 창간되고 아마추어 사진클럽이 전국 각지에서 탄생했다. 2천 개의 아마추어 단체를 종합하는 형태로 전국 사진 연맹이 결성되고, 그 기관지로 『아사히 카메라』가 창간되었으며 사진연감도 발행되었다. 지진의 참상을 전한 사진은 사진이 정보를 전하는 데 얼마나 중요한 역할을 하는지를 새삼 인식시켰다. 신문은 그라비아의 부록으로 지진을 알려, 『선데이 마이니치』나 『아사히 그래프』는 지진 특별호를 내고 그라비아 사진으로 페이지를 채워 기록적인 판매 부수를 만들었다.[12] 도쿄는 지진 후, 새로운 마을 만들기에 의해 광대해져서 12층의 전망대에 올라 망원경을 들여다봐도 닿지 못할 정도가 되었다. 12층이 사람들에게 보여주었던 세상은 20년대에 있어 이미 세계의 작은 단편에 지나지 않았다. 사진은 그 작은 단편을 더 미세하게 분해하고, 혹은 짜 맞추어서 지금까지 보지 못했던 세계를 사람들에게 제시했다. 정보, 오락, 광고, 교양도 사진에 의해 넓게 발전할 수 있었다. 12층이 건설되었을 시기에는 생각지 못했을 정도로 사진은 커다 란 영향력을 가지게 되었다.

또한 사진은 낯선 땅으로 여행하고 싶도록 사람들을 유혹하였다. 낯선 고장의 풍경을 찍은 사진은 사람들을 여행으로 이끌고, 여행하는 사람들은 처음 본 곳을 기록하기 위해 사진이 필요했다. 그 사진이 또 다시 사람들이 여행을 계획하게 하였다. 사진의 대중화는 여행의 대중화와 상보적 관계에 있었다. 12층이 유사체험으로 보여준 세계여행은 현실이 되었다. 제1차 대전의 종료는 전란의 반동으로 세계적인 여행 붐을 낳았다. 국철과 사철을 불문하고 크게는 세계여행부터 작게는 매화구경, 단풍구경, 달구경, 해수욕 등의 당일 여행까지 준비하였다. 매월 적금처럼 돈을 모아서 가는 여행회가 각지에서 발족했고 출판사는 그라비아 사진을 배치한 '취미 여행' 시리즈를 간행했다.[13] 사람들의

---

12 지진 직후, 오사카에서 신문이 그라비아 부록을 대량으로 배포한다. 도쿄에서는 『선데이 마이니치サンデー毎日』가 9월 18일에 「관동 지진호」를 『아사히 그래프アサヒグラフ』가 10월 28일에 「대지진 전기」를 발행. 그라비아 8페이지, 사진판 40쪽의 『아사히 그래프』는 70만 부나 팔렸다.

13 다이쇼 9년 '일본여행클럽'은 백작 후타라 요시노리二荒芳德 자작 니시오 다다카타西尾忠方

시선을 높은 곳으로 끌어올린 12층은 붕괴하였지만, 그 수직의 파노라마 체험은 교통기관의 발전 덕분에 횡으로 확대되어갔다.

지진 후 도쿄는 갈수록 광대해져서 설사 12층의 위에서부터 내려다봐도 전체를 전망하는 것은 불가능해졌다. 현실 속 도시의 확대는 멀리 보는 것뿐인 망원경의 기능을 넘어서 버렸다. 그것과 비교하면 사진은 멀고, 위험한 곳까지 추적하는 것을 멈추지 않고 어떤 장소도 누구나 가볍게 갈 수 있는 관광지로 바꾸어버렸다. 사진의 기능은 현실을 넘어서 현실을 바꾸어 버렸다.

신혼여행은 메이지 16년(1883) 이노우에 가오루井上馨의 아들 가쓰노스케井上勝之助가 아타미熱海로 간 것이 시작이었다. 이 새로운 풍습은 20년대에 일반화되었다. 신혼여행만이 아니라 수학여행이나 직장의 위안 여행도 일반화되어 기념사진을 찍는 것이 정착되었다.

오시에와 여행하는 남자는 왜 오시에를 손에 들고 열차로 여행하고 있는지 그 이유를 다음과 같이 설명한다.

> 그분들은 인간이 오시에 따위가 될 수 없다고 믿는 것이지요. 하지만 그 후 형의 모습이 세상에 보이지 않게 되었다는 것이 오시에가 되었다는 증거가 아닐까요? 그분들은 형이 가출했다는 잘못된 추측을 하고 있습니다. 우습지요? 결국, 나는 막무가내로 어머니에게 돈을 졸라서 마침내 그 요지경 그림을 손에 넣었지요. 그리고 그것을 들고 하코네에서 가마쿠라 쪽으

들이 참가해서 결성된다. 잇달아 다이쇼 13년 「일본여행문화협회」가 발족하고, 월간지 『여행』도 발행된다. 다이쇼 14년에는 현재의 국철 주유권의 전신인 「유람권」이 등장. 또, 쇼와 2년, 하쿠분칸博文館이 『고신사를 찾아서』, 『고적 순례』, 『전설을 찾아서』라는 "취미 여행 시리즈"를 출판한다.

로 여행했습니다. 형이 신혼여행을 갈 수 있게 해주고 싶었기 때문입니다. 그래서 이렇게 기차에 타면 그때의 일을 생각하게 된답니다. 그때도 오늘처럼 이 그림을 창에 세워서 형과 그의 연인에게 밖의 경치를 보여주고 싶었기 때문이지요.

란포의 작품에는 사진을 속임수로 이용하는 이야기가 많다. 「유령幽霊」(『신청년』, 다이쇼 14년 5월)은 원한을 가지고 죽은 남자의 모습이 주인공 기념사진의 배후에 찍힌 불가사의함이 이야기의 열쇠가 된다. 「무서운 착오恐しき錯誤」(『신청년』, 다이쇼 12년 1월)는 아내를 죽이고자 마음먹은 남자가 펜던트에 사진을 숨겨 증거를 남기지 않고 복수를 끝내려 했으나, 오히려 그 책략에 빠져 자기 무덤을 파고야 말았다는 이야기이다. 「입맞춤」(『영화와 탐정』, 다이쇼 14년 12월)도, 한 장의 사진이 일으킨 신혼부부의 희비극이다. 「무서운 착오」에서 남편은 타 죽은 아내의 유체를 다음과 같이 설명한다.

자네는 화성의 망원경 사진을 본 적이 있을거네. 화성의 운하라는, 이상한 표현과 같은 그물의 눈 같은 것을 알고 있겠지. 딱 그 느낌이었지. 새까만 덩어리의 표면이 갈라져 있고, 진하고 붉은 힘줄이 종횡으로 얽혀 있었지. 인간이라 느끼기엔 동떨어진, 정체를 알 수 없는 지독한 물체였네.

당시 처음으로 발표된, 현실에서는 누구도 육안으로는 본 적 없는 화성의 사진으로, 눈으로 직접 볼 수 있는 유체의 모습을 설명했다. 란포는 이 화성의 망원경사진이 마음에 들었는지, 「화성의 운하」[14](『신청년』, 다이쇼 15년 4월)라는 환상적인 시정詩情으로 가득 찬 작품을 발표하였다. 이 단편의 재미는 꿈속에서 주인공의 눈이 카메라의 렌즈처럼 광각, 망원, 접안으로 변해가는 것에 있다.

> 소리도 없고, 냄새도 없고, 피부가 닿는 느낌조차 없는 세계인 까닭일까? 그리고 그러한 청각, 후각, 촉각이 단 하나의 시각으로 집중된 탓인가? 하지만 다른 무언가가 있다. 하늘도 숲도 물도, 무언가를 손꼽아 기다리고 터질 듯 보이는 것이 아닌가. 그들의 탐욕스럽고 끝없는 욕정이 숨결이 되어 뿜어 나오는 것은 아닌가. 하지만 그것이 왜 이렇게 내 마음을 자극하는 걸까.

이 「화성의 운하」의 한 구절은, 현재, 우리를 둘러싸고 있는 사진의 세계를 그대로 나타내고 있다. 우리가 사진을 보고 욕망을 환기하는 건 아니다. 한 장의 사진에 찍힌 하늘, 숲, 물이 누군가를 기다리고, 탐욕스럽기 그지없는 욕망을 가지고, 우리에게 다가오는 것이다. 관심없는 풍경도 무심한 표정도, 사진이라는 미디어를 통해 욕망을 부여해, 우리를 욕망으로 유혹한다. 「화성의 운하」가 서술하는 것은 태어나기 전의 기억이며, 춤추며 다가오는 죽음에의 환혹이며, 도착적인 성을 향한 욕망이다. 화성의 운하를 찍은 사진, 그것이 다양한 욕망을 엿보게 한다.

20년대는 사진의 대중화가 시작된 시대이다. 사진의 대중화가 누구나 사진을 찍게 되었다는 것을 의미하는 것은 아니다. 사진을 찍지 않

14 란포는 「화성의 운하」의 원안을 다이쇼 6년에 집필했다. 사진이 그 이전에는 생각할 수 없었던 세계를 보여준 것에서 자극을 받은 것으로 생각된다.

아도, 마치 자신이 사진을 찍었다는 기분을 들게 하는 상황이 생겼다는 것이다. 대중의 욕망이 단 한 장의 사진에 의해 봉쇄당하기 시작하는 시대인 것이다.

「오시에와 여행하는 남자」의 최후는 다음과 같다.

> 노인은 액자의 꾸러미를 안고 갑자기 일어서서는, 그렇게 인사를 남기고 기차의 밖으로 나갔다. 창으로 보니, 홀쭉한 노인의 뒷모습은(어찌나 오시에의 노인 그대로의 모습인지) 엉성한 울타리 쪽에서 역무원에게 표를 건네는가 싶더니 그대로 뒤쪽의 어둠에 동화된 듯 사라졌다.

오시에를 긴 시간 보아온 남자는 자신도 모르게, 어느새 오시에가 되어 다른 세계에 있는 남자에 완전히 동화되어 버렸다. 그 때문에 남자의 모습에는 카메라(망원경)와 필름(오시에)을 가지고 피사체를 찾아 끝없는 여행을 하는 사진가도, 사진이 만든 욕망에 농락당해 사로잡혀 있는 우리들의 모습도 겹쳐 보이는 것이다.

도주의 실험

우리가 사진을 찍고 있는 것이 아니라 사진이 우리를 찍고 있다. 우리는 스스로 여행을 하고 기념으로 사진을 찍는다. 자신이 그 장소에 간 것을 확인하고, 추억을 위해 사진을 찍는다. 하지만 기념사진을 앨범에 넣고 볼 때 신경 쓰이는 건 어디의 풍경을 찍어도 비슷해 보인다는 사실이다. 자기가 처음 방문한 토지의 특징 있는 풍경을 찍은 것조차 이전에 어딘가에서 본 사진으로 느껴지는 경우도 있다. 자신이 찍은 사진조차 다른 사진과 비슷해 보이니까 타인의 기념사진을 봐도 각각의 사진이 다른 사람이 찍은 것과 대체 어디가 다른 건지 알 수 없게 된다. 우리는 단순히 사진을 찍고 있는 것이 아니라 그 전에 사진이 만들어낸 세계를 다시 한번 찍는 것이다. 그러므로 자신이 찍은 사진이 타인의 사진과 닮은 것도 당연한 것으로, 비슷해 보이는 사진을 자신의 손에 넣은 것으로 여행한 듯한 실감을 손에 넣는 것이다.

사진이 진실을 찍는 것이 아니라 사진에 찍힌 것이 모두 진실처럼 보이게 된다. 이러한 도착은 물론 사진만이 가져온 것이 아니라 20년대에 생긴 대중매체 전체에 통용되는 현상이었다. 육성보다도 마이크를 통해 이야기하는 소리나 레코드에 녹음된 소리가 더 진실처럼 들리고, 실제로 보이는 것보다 인쇄된 활자나 영화에 찍혀 꾸며진 사건 쪽이 보다 진실처럼 보이고 현실로 여겨진다. 이 도착은 인간의 생생한 감각이 주위 상황에 의해 변하기 쉽고, 반대로 기계에 의해 얻어진 상이나 음성이 지극히 객관적이라고 믿고 있기 때문이다. 대중매체의 발전은 사람들에게 객관적으로 사실을 파악하는 것을 요구했다. 미디어만이 아니라 마르크스 경제학은 사회 구조의 변화를 객관적으로 바꾸고, 정신분석학은 인간의 무의식적인 정동情動을 객관화한다. 통계학이나 계획학도 인간의 행동은 객관적 사실이 축적되면 사전에 다음 행동을 예측할 수 있다는 사고에 기인하고 있다. 탐정소설이 생긴 것도 역시 같은 사고의 결과다.

하지만 이 객관적인 사고방법이 사회의 모순과 정신의 갈등을 해독

했다고 해서, 그 해독이 사람을 당장 사회적인 모순과 내적 모순으로부터 해방시키지는 못했다. 모순을 설명해도 사회는 더욱 깊은 모순을 드러내, 인간의 정신도 모순이 가득한 것임을 알게 되었다. 그러므로 20년대에는 객관적인 사고가 중시된 것 이상으로, 사람들을 내성적인 사고로 내몰았다. 사회의 모순이 분명하면 할수록 사람들은 사회생활의 안에서 자기의 거점을 잃고, 자기의 내면에서 그것을 찾아내려고 했다. 니시다 기타로 『선의 연구』(메이지 44년), 아베 지로 『산타로의 일기』(다이쇼 3~7년), 구라타 하쿠조 『사랑과 인식의 출발』(다이쇼 10년)이 인기도서가 된 것도 그 저작들이 자의식의 모순을 고백적으로 다루고 있기 때문이다.

사진이 카메라라는 기계를 통해 객관적인 시선을 사람들에게 갖추게 했다고 한다면, 자기에게로 향한 시선을 사람들은 무엇으로 확인하려 했을까. 생각건대 그것은 거울이 아니었을까? 사람은 거울에 비추어 처음으로 자기의 모습과 만날 수 있었다. 다이쇼 말기에서 쇼와 초기에 걸쳐 카메라의 대중화와 같이 거울의 수요도 급증하고 있었다. 여성이 사용하는 경대가[15] 다이쇼 중기에는 소형이었지만, 다이쇼 말기부터 차차 대형화된다. 에나멜 칠의 작은 서양풍 꼬마경대도 이 시기에 오사카에서 발명되었다. 콤팩트도 다이쇼 10년(1921) 미국에서부

15 경대鏡台는 메이지 말부터 다이쇼 5년경까지 '척 2촌尺二寸', '척尺'이라는 소형이 팔리고 있었으나, 다이쇼 19년 전후부터 대형화되기 시작해 '척7尺七', '2척二尺'이 등장. 쇼와 2, 3년에는 '2척 5촌二尺五寸', '3척三尺'길이의 것이 나타난다. 꼬마 경대는 오사카 오구라 가쿠이치小倉角 상점이 일본식 경대가 아닌 서양식 래커 칠의 경대를 발매하자 폭발적으로 유행했다. 사키타 요스케, 『일본유리거울공업백년사』, 일본유리거울공업백년사 편찬회간, 쇼와 46; 先田与助, 『日本ガラス鏡工業百年史』, 日本ガラス鏡工業百年史編纂會刊, 昭和四十六年 참조.

터 수입되어, 화장품 회사가 백분白粉과 함께 세트로 구성해서 대대적으로 판매한다. 개인용 거울만이 아니다. 여관이 객실에 경대를 둔 것도 이 시기부터이다. 게다가 욕탕, 이발소, 미용원만이 아니라, 새로운 빌딩은 화장실에 거울을 설치했다. 사람들은 자신의 모습을 거울에 투영해 자기와 만나려 한 것이다.

란포가 다이쇼 15년 10월에 발표한 소품 「거울지옥鏡地獄」(『대중문예』)은 렌즈와 거울의 매력에 홀려서 최후에는 불가사의한 거울의 방을 만들어 자신을 망친 남자의 이야기이다. '장난감이라면 환등기계라든지 망원경, 확대경 등 그외 그것과 비슷한 팔각 안경将門眼鏡, 만화경, 눈에 대면 인물이나 도구 등이 홀쭉하게 되거나, 넓적해지는 프리즘 장난감 등'만으로 소년 시대부터 놀았던 남자가 중학교 상급에 이르러 물리학을 배우자 렌즈와 거울의 원리에 열중하게 되어 '렌즈 광'으로 변한다.

남자는 학교를 나와서 자택 정원에 있는 공지에 실험실을 신축하고, 그곳에서 아침부터 밤까지 두문불출하게 된다. 천체관측경과 잠수함의 망원경 같은 것으로 타인의 집 비밀을 엿본다거나, 현미경으로 벌레를 확대해서 본다든지, 환등장치를 궁리하는 것에 집중해서 방 전체에 새빨간 입술이나 코의 구멍, 하얀 이를 비춰, 사람을 놀라게 하고 즐거워하더니, 결국 실험실을 작게 구획 지어 상하좌우를 거울 한 장으로 덮은 거울의 방을 만든다. 방은 문까지 거울로 되어서 남자는 그 안에 하나의 양초를 들고 혼자서 긴 시간을 보내거나, 마음에 드는 하녀와 들어가거나 했다. 그즈음부터 남자의 건강은 쇠약해졌고, 그와 반비례해서 거울에 대한 그의 이상한 편애는 심해져 갔다. 평면, 철면, 요면, 파형, 원통형의 거울을 모으고, 넓은 정원의 중앙에 유리 공장을 지어 남자가 직접 설계한 불가사의한 거울을 만든다.

> 방 전체가 오목 거울, 볼록 거울, 파도형 거울, 원통형 거울의 홍수입니다. 그 가운데서 미쳐 날뛰는 그의 모습은 거대하게 혹은 작게, 홀쭉하게 혹은 납작하게, 또는 꼬불꼬불하게 보였으며, 혹은 몸통만이 있거나, 혹은 머리 밑에 머리가 연결되거나, 어떤 때는 하나의 얼굴에 눈이 4개 생기거나, 입술이 상하로 무한하게 늘어지거나 혹은 오그라들거나, 그 그림자가 또 서로 반복되거나, 교착되어 뒤섞이고 어수선해서 마치 광인의 환상 같았습니다.

또한 방 전체를 거대한 만화경으로 만들어 보여준다. 그리하여 남자가 최후에 다다른 것은 발로 굴리는 곡예에 사용하는 공을 더 크게 만든 것 같은 물건이었다. 외부의 한 면에 천을 붙인 그것은 널찍이 정돈된 실험실의 안을, 살아있는 것 같이 좌우로 구르는 구슬이었다. 바깥쪽은 수은으로 칠하고, 안쪽은 한 면의 거울로 만들고, 내부에는 강한 빛의 작은 전등을 여러 개 달았고, 공의 한 부분에 사람의 출입이 가능한 정도의 문을 설치하였다.

이 단편은 남자가 구슬 안에서 도대체 자신의 어떤 모습을 보았는지 알 수 없도록 내용을 서술한다. 하지만 남자는 구슬의 안에서부터 기어 나와서 마치 죽은 사람의 몰골처럼 얼굴 전체의 근육이 늘어져서, 머리를 흐트러트리고, 핏발이 선 채로 이상한 얼빠진 눈을 하고, 입을 칠칠치 못하게 벌려 껄껄 웃는 모습으로 변해있었다. 거울 안에서 사람은 자신의 있는 그대로의 모습과 만난다고 생각한다. 하지만 그것은 어디까지나 자기 자신이 아닌 거울에 투영된 상像일뿐이다.

「거울지옥」의 남자는 자기 자신을 거울에 투영해서 다양하게 변화한 상에 동화되려고 한 것일지 모른다. 축소되거나 확대되거나 분절된 상에 자신의 굴절된 심리를 반영하려고 하였지만, 자신의 모습이 무한하게 비치는 구슬 안에서, 마음이 산산이 부서지고 말았다. 란포는 이 구체球体 거울의 마력에 대해 다음과 같이 해설하고 있다.

> 우리에게 가능한 것은, 구체의 일부인 오목 거울의 공포를, 구체 전체로까지 연장해 보는 정도일겁니다. 당신은 오목 거울의 공포라면 잘 알고 계시겠지요? 자신을 현미경으로 들여다보는 것 같은 악몽의 세계, 구체의 거울은 그 오목 거울이 끝없이 이어져, 우리의 전신을 감싸는 것과 같은 것입니다.

「거울지옥」의 주인공은 다양한 거울을 사용해 '자신을 현미경으로 들여다보려고' 했다. 하지만 거울과 렌즈가 완성한 세계는 끝이 없다. 말하자면, 도대체 자신이 어떤 자인가를 자신에게 묻는 것 같이 끝이 없는 것이다.

「거울지옥」은 끝없이 거울과 렌즈의 실험을 반복하는 남자의 이야기이다. 하지만 란포가 이 작품을 발표했던 다이쇼 15년에, 작중의 발광한 남자처럼 거울을 자유자재로 사용하는 것이 현실적으로 가능한가를 따지자면 의심스러운 점이 많다. 남자가 자기의 정원에 유리공장을 세우고, 그 공장에서 제조한 것은 '일본에서는 유례가 없을 정도로 훌륭한 것'이었다. 하지만, 다이쇼 15년(1926) 당시는 거울용으로 나오는 양질의 두꺼운 마판유리는 전부 수입에 의지하고 있었다. 연마유리의 국산화는 쇼와 10년(1035)이 되어서부터이다. 판유리의 제조조차 기술적으로 충분치 않았기 때문에 곡면이나 파형 거울을 만드는 것은 지극히 어려웠다 말할 수 있다.[16] 만약 가능하다고 해도, 상상도 못 할 만큼의 비용이 들었을 것이다.

「거울지옥」의 다양한 장치를 실제로 건설하는 것은 불가능했을 것이다. 그러나 「거울지옥」의 이야기는 이 단편이 발표된 다이쇼 15년 10월로부터 반년 전, 현실에서 공사를 시작한 불가사의한 주거를 떠올리게 한다. 이 주거는 「거울지옥」이 쓰인 동시기에 착공된 이래 장장 십여 년에 걸쳐 총액 약 10만 엔을 들여서 공사가 계속되었다(「2전짜리 동전」에서 5만 엔이 직공 5천 명의 임금이었던 것을 생각하면, 이 금액이 얼마나 대단한지 알 수 있다).

이 주거는 도쿄・후카가와의 상점가에 세워졌고, 「거울지옥」 속 주인공의 실험실처럼 어떤 신문에서는 '광인이 세운 도깨비 저택'이라고 썼고, 근처의 사람들은 '감옥'이라 불렀다. 그리고 당시의 주인은 자택을 '니쇼테二笑亭'라 불렀다. 이 니쇼테에 관해서는 후에 시키바 류자부로가 『니쇼테 기담』[17] (쇼와 14년－1939)이라는 한 권의 책으로 정리해 소개한다. 시키바가 본 후에 그 건물은 해체되어서 그 저작이 유일하게 남은 자료라 해도 좋다. 이하 『니쇼테 기담』에 따라 그 불가사의함을 살펴보도록 하자.

---

16 판유리의 국산화는 메이지 42년 이후에 시작된다. 제1차 대전 중, 판유리의 주요 생산국이었던 벨기에가 독일군의 침입을 받아 수출이 불가능했기에, 유리의 가격은 급등, 일본은 판유리의 증산에 힘써 수입국에서 아시아 시장에의 수출국으로 바뀐다. 하지만, 대형 유리에 사용가능한 마판유리를 제조하는 기술은 없어서, 체코 등에서부터 수입하였다. 쇼와 10년 이후에 국산화된 마판유리의 다수는 군사용으로 사용되었다.

17 시키바 류자부로式場隆三郎著, 『니쇼테 기담二笑亭綺譚』, 쇼신사昭森社, 쇼와 14년.

이 주거는 후카가와의 상점가 안에 있고, 앞은 전차통로, 뒤는 약 3.6m(二間) 폭의 좁은 골목에 면해 있다. 부지는 95.7평, 건평은 약 67평. 정면 폭은 약 6.4m(三間半)로 전차 통로에서 바라보면 2층 부근에 세 개의 오각형을 맞춘 커다란 붙박이창이 있는 것이 인상적이다. 창의 큰 유리는 외국제로 그것을 닦기 위해 한 사람의 정원사가 고용되어 월 1회 다녀갔다. 정면은 두꺼운 자연목을 그대로 사용하고 있다. 왼쪽 끝에는 지붕에서 큰 철제의 빗물받이가 내려와, 빗물받이가 지면에 접하는 곳에는 지름 1.8m(6척) 남짓한 큰 반원형의 철판이 설치되었다. 골목에 면한 뒤쪽으로 돌면 정면 쪽 외관이 거대한 목재를 조합한 것과는 대조적으로 돌과 철로 구성되어 있다. 쪽문은 주위를 두꺼운 돌로 둘러싸고, 그 안에 철봉을 종횡으로 넣었다. 담은 높이가 2.7m(9척)나 되고, 돌의 기초위에 철관과 레일이 번갈아 늘어서 있다. 이웃집과의 경계에는 기초로서 원형의 석재를 세워 그 위에 두꺼운 재목을 토대로 설치였다. 다시 토대의 위에 철과 목재로 담을 짜고 있다. 담은 5.4m(3간)의 높이에 달한다. 뒷문은 오오야 돌大谷石에 두꺼운 철의 사각 봉을 묻었고, 담과 대문은 두꺼운 철판으로 테두리를 붙이고, 문을 열면 발밑에도 마름모형의 두꺼운 철판이 박혀있어서 신경을 써서 들어가지 않으면 위험하다. 외관은 큰 목재, 돌, 두꺼운 철판 등으로 구성되어 사람이 접근할 수 없는 인상이고, 실내는 더욱 기묘하다.

전찻길 쪽의 정면에서 내부에 들어가면 이층까지 크게 트인 홀이 있고, 그 상부에 길에서부터도 보이는 오각형을 조합한 붙박이창이 있다. 이 창 위에는 모자걸이의 쇠 장식이 몇 개나 고정되어 있지만, 위치가 높아서 모자를 걸 수 없었다. 이 홀은 좌측과 전면에 '돌(石)'이라는

문자를 변형한 부조가 놓여 있다. 오른쪽 끝에는 두 개의 창이 있고, 위의 창은 물결 모양의 철골로 만들어졌고, 아래쪽은 나무골조에 의한 비스듬한 격자무늬로, 큰 쇠경첩이 달려있으나 경첩의 용도는 불명이다. 이 홀은 오랫동안 사용하지 않아 도구나 건축 재료가 적재된 채라 공사 중에는 전찻길 쪽에서 안으로 들어가지 못했다. 보통은 쪽문에서 정원을 지나 중정에 면한 별도의 현관에서 들어간다. 하지만 이 현관의 좌우 벽은 평범하지 않다. 예스러운 황갈색을 하고 있지만, 이 흙벽 안에는 흑설탕과 제충국除忠菊의 분말을 혼합한 것을 넣고 칠했다. 여름이 되면 몰려오는 모기나 벌레를 물리치기 위한 주인의 독창적인 아이디어라고 한다. 미장이는 이 재료 때문에 재채기하고 눈물을 흘리며 일을 했다. 현관의 좌우는 넓은 덧문의 반침押し入れ으로 되어 있었으나, 열면 세로 길이는 30cm(1척)에도 미치지 못했다. 2층은 약 4.5평(9첩 1간)으로 선반 2개가 서로 다르게 급경사를 이루고 있는 도코노마床の間[18]가 있다.

현관 근처 중정에 면해서는 목욕탕이 만들어졌다. 이 목욕탕은 일본식의 고에몬 욕조五右衛門風呂와 서양식의 목욕통이 병치되어 있고, 두 개의 욕조의 사이는 홈이 패여 이어져 있다. 고에몬 욕조에 들어가면 물이 넘쳐서 서양식 욕조에 흘러들어 가는 장치가 되어있다. 그 외에도 정원의 한 모퉁이에 세워진 화장실의 문은 허리를 굽히는 커튼 식으로 있거나, 막다른 곳의 사다리나, 현관 위에 끼운 천칭봉이라든지, 거대한 것은 약 1m(3척)나 되는 수없이 수집한 나무공이 등, 니쇼테의 안에

18 일본 주택의 다다미방의 바닥을 한층 높게 만들어 족자를 걸거나 꽃을 장식하여 꾸며 놓은 곳.(역주)

는 우리들의 상식에 어긋나는 것이 잇달아 나타난다. 그중에서도 가장 니쇼테다운 장소는 그 중심에 있는 방이 아닐까?

그것은 천장이 높은, 안뜰에 면한 방이다. 방의 마루는 일부분만 오오야 돌이 깔려 있고, 그 외는 전부 지름 45cm(1척 5촌) 정도의 목재를 가로로 놓고, 콘크리트로 굳혔다. 정원에 면해서는 큰 말굽 모양 철문이 끼워진 미닫이와 큰 둥근 창과 한 장의 유리로 된 사각의 통풍창이 늘어서 있다.

> 하지만 이런 창이나 문은 아직 평범한 것이다. 그림 B의 미닫이 왼쪽에는 노송 판자를 대어 표현한 곳이 있다. 거기에는 놀라운 발명품이 설치되어 있다. 두터운 노송판은 한그루의 큰 나무를 두르고 있는데, 거기에는 아홉 개의 큰 옹이구멍이 늘어서 있다. 그 옹이구멍 하나하나에 두꺼운 유리가 끼워져 있었다.[19]

시키바 류자부로는 이 아홉 개의 옹이구멍에 대해 이어서 이런 감상을 말하고 있다.

> 옹이구멍을 들여다보는 심리를 상상해보자. 그의 음침하고 고독한 성격은 옹이구멍으로 사회를 관찰하고 인생을 엿보는 것이 틀림없다. 바로 문자 그대로의 관견管見이 아닌 공견孔見이 아닐까? 옛날 유리가 일본에 도래되었을 당시 한 조각이 도쿠가와 이에야스에게 진상되어 잔치 좌석의 장지에 작게 끼웠다고 한다. 노장군은 고타쓰에 들어가서 정원의 설경을 보면

19 시키바 류자부로, 앞의 책.

> 서 크게 기뻐했다는 이야기가 있다. 요즘 건물에는 유리가 많이 소비되어서, 전부 유리로 끼운 집까지 있는 시대에, 이런 옹이구멍에 끼워 정원을 조망하려는 조키치의 심리는 심상치 않다. 설령 그것이 전망 창이 아닌 채광의 재미를 즐기기 위한 것이라도 이상한 감각이 아닐까?[20]

시키바가 서술한 것처럼 아홉 개의 옹이구멍으로 안뜰을 바라보는 감각은 평범치 않다. 「거울지옥」의 남자는 점점 거울에 비친 자신의 모습보다 거울에 홀려갔기 때문에 그의 편벽된 기질은 알기 쉽다. 그에 비해 현실에 있는 니쇼테 안에 넘치는 것은 하나하나의 의미가 고립되어, 서로 관련이 없이 만들어지고 놓여있어, 니쇼테의 주인 이외의 사람에게는 아홉 개의 옹이구멍, 높은 위치에 있는 모자걸이, 변형된 창과 어긋나게 단 선반들이 대체 무엇을 의미하는지 짐작이 되지 않는 것이다.

이 니쇼테를 만든 아카키 조키치赤木城吉(가명)에 대해 역시 『니쇼테 기담』에서 간추려 뽑아 보자. 그는 메이지 10년(1877)에 규슈에서 사야마 신지(가명)의 서자로 태어났다. 상경해서 초등학교를 졸업한 후, 버선을 만드는 점포에서 고용살이를 하다 그 후 그 상점의 양녀와 결혼해서 아카키 가문을 잇는다. 조키치는 버선 직인으로 뛰어난 기술을 익혔지만, 33세에 버선 만드는 일을 그만두고 양품 잡화점을 시작한다. 44세가 되자 폐업하고 이후는 지주로 생계를 유지한다. 46세에 대지진에 휩쓸려 아카키 가의 가옥도 무너지고, 그 자리에 임시 건물을 급히 세운다. 그때부터 조키치는 단순한 괴짜에서 사람을 꺼리는 것이

20 위의 책.

점점 심해져서, 가족들의 말도 듣지 않는 사람이 되었다.

그리고 어느 날 돌연 가족 모두에게 세계일주 여행을 떠날 것을 선언한다. 가족은 이 계획을 단념하도록 설득한다. 하지만 조키치는 귀를 기울이지 않고 장남과 차남, 자신 3명의 여권을 신청해서 다이쇼 14년(1925) 10월 요코하마에서 출발한다. 하지만 괴짜인 아버지를 수행하며 마음의 고통이 계속된 장남이 심신 모두 지쳐, 요코하마에서 고베로 향하는 배 안에서 발광. 그것을 알게 된 집의 하인이 여행을 중지하거나 연기하기를 탄원했지만 들어주지 않고 차남과 동반하여 예정대로 유럽을 향한다. 이 여행 중에도 그는 기행을 반복한다. 일본식 옷이나 서양식 옷도 입지 않고 자신이 고안하고 바느질한 셔츠와 잠방이를 입고 격식을 차릴 필요가 있을 때에는 잠옷 위에 하카마를 걸쳤다고 한다. 어찌되었든 프랑스, 영국을 경유해 미국, 캐나다를 들러 다이쇼 15년 4월에 귀국한다. 일본에 돌아오고 난 이후에는 니쇼테의 건설에 몰두한다. 캐나다를 여행하는 중에 제재소를 보고 다녔기에 저택개조는 여행 중에서부터 현안이었을 것이다.

그 후 10년 동안 일설에 의하면 약 10만 엔의 자재를 쏟아 넣어 건설을 계속했다. 그런데도 미완성인 채 그대로 니쇼테는 헐렸다. 그 해체의 발단이 또 아카키 조키치다운 불가해한 행동 때문이었다. 조키치는 돌연 무상으로 전화를 반납한다고 신청한 것이다. 조키치의 전화번호는 '8번'이어서 아직 희소하고 재산가치가 높은 것이었다. 하지만 그는 집요하게 반환을 신청하여 전화국은 결국 전화를 떼었다. 함께 거주하지 않았기에 그 전화가 조키치와의 유일한 연락수단이었던 하인은 변호사의 중개로 전화를 되찾는 계획과 함께 그대로 조키치를 내버려두면 재산도 어떻게 될지 알 수 없다는 불안으로 금치산의 신청을 한다. 결국 조키치는 마취제를 맞고 정신병원에 갇히게 되어, 그의 꿈은 중단된 채 완전히 무너지고 말았다.

우리가 니쇼테에게 반복적으로 매혹되는 것은 외부에서 동떨어지고 싶다는 강렬한 소망과 동시에 그래도 여전히 외부와 연결되고 싶다는 격렬한 희구 때문이다. 니쇼테에는 외부와 동떨어진 장치만 있다고 생각할지도 모른다. 확실히 위압적인 외관, 높은 담, 큰 철봉, 벌레조차 들어오는 것을 거부하는 현관의 벽, 막다른 곳의 사다리, 모두는 외부로부터 자기를 가두기 위한 것이었다. 하지만 역으로 보면 아카키 조키치가 몹시 신경썼던 창, 문지방, 현관의 벽, 계단, 사다리들은 건축의 요소 중에 바깥과 연결되기 위한 것이다. 전찻길에 면한 홀은 분명히 손님來客을 고려한 살롱으로, 높은 위치에 늘어서있는 많은 모자걸이는 손님이 많이 올 것을 의식한 것이다. 그와는 반대로 놀랄 정도로 개방성을 보이는 것은 목욕탕과 변소 등 주거 중에서 외부로부터 더욱 폐쇄된 장소이다. 니쇼테의 주인이 욕실이나 화장실을 개방적으로 만든 것은 내부에 개방성을 의도한 것보다는 원래 폐쇄적인 공간이었기 때문에 오히려 얽매일 일이 없었던 것인지도 모른다.

즉 그는 니쇼테 안에 방을 만드는 것이 아니라 내부와 외부를 방과 방으로 잇는 장치만을 만들려고 한 것이다. 엿보는 구멍이나, 변형된 창, 중앙에 있는 안뜰 등에는 답답해하면서도 외부와 연결하려는 의지까지 느껴진다. 조키치가 평온하게 쉴 방은 보이지 않는다. 조키치의 외부에 대한 두 가지의 욕구는 다음의 문장을 미루어 볼 때 명확히 알 수 있다.

특히 음향의 침입을 막기 위해 몽상의 집은 석조여야 한다(석조와 통기 및 습도와의 관계는 전문가에게 상의하는 방법 외엔 없다). 적어도 외계의 압력을 막아내고 독립적인 세계를 형성하는 것을 버틸 수 있는 위엄 있는 재료로 구성해야 한다. 중요한 방에는 반드시 곁방次の間이 있다. 곁방과 복도의 경계에는 무거운 문이 있어 안에서부터 열쇠를 잠그도록 설비되어 있다. 망상의 집에 사는 사람은 무거운 문과 곁방을 사이에 두고 복도의 먼 소리를 들으면서 외계의 침입을 방어하는 석조의 방에서 독서하거나, 사색하거나 연애를 하는 것이다.[21]

이 문장은 란포의 것도 아니고, 시키바의 것도 아카키 조키치의 것도 아니다. 다이쇼 3년(1914) 4월에 발표되어 다이쇼부터 쇼와에 걸쳐 청년들의 필독서로까지 알려진 아베 지로의 작품 『산타로의 일기』중에서 「6. 몽상의 집」을 인용한 것이다. 이 『산타로의 일기』가 말하고 있는 것은, 메이지부터 다이쇼 초기의 어수선한 사회 속에서 자기를 직시하려는 남자의 내면의 세계이다. 자아와 사회 사이에 있는 모순에 고뇌하고 그 양자를 통일하려는 청년의 심리를 그려내고 있다. 아베 지로의 교양주의, 인격주의는 이 모순을 개인이 교양을 쌓고 인격을 높이는 것으로 극복하려고 한다. 『산타로의 일기』는 그 초극의 과정을 일기 풍으로 지은 작품으로, 독자는 글 속에 담긴 교양에 의해 마치 자기를 둘러싼 사회가 정화되는 것 같은 인상을 받는다. 이 카타르시스가 충족되지 않은 청소년의 심리와 대체로 공명했다. 하지만 현실 사

21 『아베 지로 전집』 제1권, 가도카와 쇼텐, 쇼와 35년; 阿部次郎, 『阿部次郎全集』 第1卷, 角川書店刊, 昭和三十五年.

회 속에서는 교양주의는 자신과 사회와의 모순을 막지 못했다. 그 모순을 해소하기 위해서 자기 혼자 생활하는 좁은 '몽상의 집'에서 답을 찾을 수밖에 없다.

> 서재의 벽은 녹색으로 빛나는 5월의 초목 색으로 칠하고 싶다. 침실의 벽은 북쪽 지방의 초승달과 닮은 푸른색으로 칠하자.[22]

위와 같이 아베 지로가 「몽상의 집」의 내부를 이야기 할 때, 그 심리는 현관 옆 벽에 흑설탕과 제충국을 칠한 니쇼테의 주인의 심리와 어느 정도나 거리가 있을까? 아베 지로의 「몽상의 집」을 읽는 동안은 일방적으로 자기를 외부와 차단하려는 주거만이 떠오른다. 그에 비해 아카키 조키치가 자기의 생각을 담아 현실 속에 만들어낸 주거에는 타자에 대해 이상할 정도로 신경쓰고 있는 긴장감이 드러난다. 그러나 두 개의 주거는 정반대로 보여도 실은 같은 뿌리에서 출발한 것이 아닐까? 니쇼테라는 특이한 주거에는 특수성만이 엿보이는 게 아니라 도시생활자에게 공통된 '주거에 대한 생각'이 포함되어 있는 것은 아닐까. 니쇼테는 그 이름부터 확실히 묘하다. 시키바에 의하면 아카키 조키치는 이 이름에 대해 아래와 같이 말했다고 한다.

> 내 부친의 사야마 신지佐山新二의 '니二'를 땄습니다. 또 그 집의 현관 옆에 다다미 2장二畳의 방이 있습니다. 거기에 난로를 피워 불사佛事를 행하고 풍

22 위의 책.

류를 더하기 위해 니쇼테二笑亭라고 이름을 붙였습니다. 처음 이 집은 덴빈도天秤堂라고 했으나, 그 후에 니쇼테라 변경하였고, 또 다이산大三이라고도 합니다. 이것은 아카키가의 선조가 오카와야 산베大川屋三兵衛 라는 것에서 연유했다고 합니다.[23]

이 발언에서 흥미로운 점은 아카키 조키치가 처음 이 집을 덴빈도라 이름을 붙인 것이다. 현관의 위에는 끼워 넣은 천칭봉이 있다. 그는 천칭봉을 수집했다고 하는데, 그가 천칭봉에 집착하는 모습을 그대로 엿볼 수 있다. 두 물건의 무게가 균형을 이룰 때 저울은 수평을 유지한다. '니쇼二笑'라는 단어도 두 사람이 사이좋게 웃고 있는 것으로 해석할 수 있고, 다른 의미로도 생각할 수 있다. 시키바 류자부로는 니쇼의 의미를 아카키 조키치가 입 밖에 내진 않았지만, 마음속으로는 '세인은 나를 비웃고, 나도 세상 사람들을 비웃고 있다. 니쇼테는 이 두 개의 웃음을 합한 나의 집이다'라고 생각했을 것으로 추측하고 있다. 시키바는 이를 사이 좋은 웃음이 아니라 비웃음이라고 이해한다. 그 두 개의 조소가 란포의 소설 속에도 등장한다.

잠시 후 뜻밖에도 그녀가 갑자기 웃었다. 하지만 그것은 피식하고 터지는 듯한 웃음이었다. 마사키는 평생 그렇게 긴 웃음을 경험한 적이 없었다. 그녀는 언제까지나 수상해 보이는 웃음을 계속 짓고 있었다. 단지 그녀가 웃었을 뿐이라면 아직 견딜 만했다. 더욱 좋지 않은 것은 그녀의 웃음에 따

23 시키바 류자부로, 앞의 책.

라 자신까지 웃은 것이다. 그것이 얼마나 혐오스러운 웃음인지. 만약 그가 저 창피한 행위를 농담으로 얼버무릴 작정이었다면, 그것이 오히려 더 부끄러운 일일 것이다. 그는 자신의 어수룩함에 진저리칠 수밖에 없었다. 그 충격이 강렬해서, 후에 그가 저 무서운 살인죄를 저지르게 한 최초의 동기가 실은 이 웃음에 있었다고 해도 과언이 아닐 정도였다.

「벌레」(『개조』 쇼와 4년 6・7월)의 한 구절. 어렸을 때부터 동경했던 여성의 무릎 위에 있는 손에 자신의 손을 겹친 순간, 그녀는 긴 조소를 짓고, 그 역시 자조한다. 맺어지고 싶었던 사람에게 배신당했을 때 자기모멸에 빠지는 것만큼 두려운 일은 없다. 그 굴욕을 견디지 못하고 「벌레」의 주인공은 연인을 죽인다. 그리고 연인의 사체를 영원히 자신만의 것으로 하기를 바란다. 하지만 그의 머릿속에는 사체를 좀먹는 벌레가 나타나고, 어찌해도 그 벌레를 지울 수가 없다.

"벌레, 벌레"

그의 하얀 뇌수에 있는 주름을 무수한 벌레 무리가 우글우글 기어 돌아다녔다. 온갖 것을 씹는 그들 미생물의 포동포동 씹는 소리가 이명처럼 울려 퍼졌다.

이 문장의 선명함鮮烈은 니쇼테의 주인이 현관의 벽에 흑설탕과 제충국의 분말을 넣고 바른 것을 떠오르게 한다. 「벌레」의 주인공은 사체를 영원히 보존하기 위해 약품을 입수해서, 사체에 주입한다. 하지만 그에게만 보이는 무수한 벌레는 없어지지 않고 사체를 좀먹어 간다. 「벌레」의 주인공은 연인의 시체와 함께 죽는다. 그리고 최후까지 "그의 추하게 일그러진 고통스러운 손끝이 연인의 썩은 옆구리 부분을 집요하게 파고들었다". 그 또한 니쇼테의 주인과 같은 모습으로, 타자와의 관계를 전부 자신의 영토 내에서 끝내려 한 것이다.

다이쇼기는 자기와 타자와의 이중의 관계성을 계속해서 추궁받는 시대였다. 어떤 사람은 자기의 껍데기에 틀어박히고, 또 다른 사람은 새로운 인간관계를 찾아 유토피아를 건설했다. 다이쇼 7년(1918) 무샤노코지 사네아쓰武者小路実篤가 휴가日向[24]에서 동지와 '새로운 마을'을 건설했다. 건축가 후지이 고지는 교토・야마자키에 광대한 토지를 얻고, 차차 실험주택을 세워 예술가 집단 거주지 건설을 목표로 했다. 영화 스타인 오코우치 덴지로가 후에 오코우치 산장이라 불리는 정원을 사가노嵯峨野에 만들기 시작한 것은 쇼와 초기이다. 문화학원의 창입자 니시무라 이사쿠는 오다와라에 예술가 집단거주지를 꿈꾸었다.[25] 문화인만이 아니라 그 시기 많은 신흥 종교가 생겨, 집단생활을 하기 시작했다.

란포도 역시 장대한 유토피아를 그렸다. 「거울지옥」을 발표한 같은 해, 다이쇼 15년 10월에 「파노라마 섬 기담」을 『신청년』에 연재하기

24 지금의 미야자키 현.(역주)

25 건축가 후지이 고지藤井厚二가 교토 오야마자키大山崎에 평당 22엔으로 만이천 평의 광대한 토지를 사서, 잇달아 실험주택을 만들기 시작한 것은 다이쇼 9년 이후이다. 그는 야마자키에 합계 4채의 자택을 짓고, 최후는 쵸치쿠쿄聴竹居라 명명한 저택에서 보낸다. 쵸치쿠쿄의 완성은 쇼와 3년. 오코우치 덴지로大河内伝次郎는 전후에도 광대한 정원 만들기에 몰두. 사후 개방 된다. 니시무라 이사쿠西村伊作는 다이쇼 10년 예술가촌을 오다와라에 계획한다. 니시무라와 동향인 사토 하루오佐藤春夫는 도쿄의 스미다가와, 나카가와에 오천 평의 예술가촌을 몽상하는 남자의 이야기를 『아름다운 마을』(다이쇼 8년)에서 그리고 있다.

시작해, 다음 해 4월에 완료한다. 유토피아를 꿈꾸는 가난한 학생이 자기와 용모가 판박이인 거대한 부를 가진 친구의 사후에, 죽은 자가 다시 살아난 사건을 꾸민다. 그리고 친구를 대신하여 거대한 부를 자유자재로 탕진하여 이상향을 건설한다는 것이 이 단편의 내용이다. 또한 사람의 자기가 지배하는 또 하나의 나라. 이 장편은 전반부에서 가난한 학생이 부호가 되었다가 파멸이 될 때까지의 과정을 면밀하게 묘사하고 있다. 하지만 주제는 후반부에 등장하는, 그가 상상력과 지식 전부를 구사해 완성한 인공낙원의 장대함과 화려함에 있다. 그가 건설한 파노라마 섬의 볼거리는 지상에서 상상할 수 없는 해저의 광경에서 시작된다. 유리 터널을 통해서 '상하좌우에 혜성의 꼬리를 그리며 수상한 인광燐光을 발하면서 엇갈리는' 물고기 떼, 거대 문어, 바위의 표면에 꿈틀거리는 새우의 그로테스크한 모습을 아주 가까이에서 볼 수 있다. 다시마로 된 갈색의 큰 삼림森林 안을 지나, 다음은 다양한 해조가 마치 '무수한 뱀의 머리처럼 서로 뒤엉켜 달라붙어 장난치고, 으르렁거리는' 모양을 응시한다. 해저를 지나면 풍경이 완전히 바뀌어 '시력이 닿는 일직선에 대단한 거대한 계곡이 가로놓여있고, 양쪽 기슭이 하늘에 닿을 듯 보이는 절벽이 눈을 압도하며 이어지고' 몇백 개인지 알 수 없는 계단을 오르면 길은 곧 울창한 큰 삼림에 들어간다. '거목의 줄기는 대가람大伽藍[26]의 둥근 기둥처럼 나란히 있고' 죽음과 같은 고요함에 둘러싸인 숲 속을 지나가면, 수은과 같이 무거운 물을 담은 늪에 다다른다. 깊은 숲을 빠져나가서 정신을 차리면 그곳은 '화창하게 반짝이

26 규모가 큰 절.(역주)

는 햇빛, 눈에 들어오는 것은 눈이 닿는 범위에 방해하는 것이 없는 초록의 잔디'에 봄의 백화가 큰 물결같이 핀 화원인 것이다. 파노라마 섬에서는 모두 주인공이 생각한 대로 된다. 대자연조차 인공적으로 만들어져 인공적으로 활동한다. 모든 것은 그의 의지대로인 것이다. 이 이상적인 모습을 실현시키기 위해서, 그는 어느덧 사랑하게 된 부호 친구의 아내마저 죽이고 만다.

파노라마 섬은 란포가 전에 유원지에서 본 박람회의 파노라마관의 기억을 최대한으로 확대해, 그의 유토피아에의 지식과 상상력을 융화시켜 나타낸 인공 낙원이다. 하지만 이 장편의 결말은 지극히 현실적이다. 인공낙원은 어디까지나 인공이기 때문에, 건설하고 유지해가는 데는 거액의 부를 소비할 수밖에 없다. 그 재화 전부를 잃게 되었을 때, 명탐정은 그가 진짜 부호가 아니라, 부호의 친구중 하나인 가난한 학생에 불과하다는 것, 그것을 안 부호의 처를 살해한 것을 폭로한다. 그리고 그는 웅장하고 아름다운 불꽃에 투신하여 몸소 육체를 산산이 부수어 버린다. 이 주인공의 최후는 무샤노코지 사네아쓰의 '새로운 마을'이 경제적 기반의 부족함으로 실패한 것을 상기시킬 뿐 아니라, 니쇼테의 주인도 생각나게 한다. 아카키 조키치 또한 전 재산을 탕진하기 전에 금치산자의 선고를 받아 니쇼테 건설을 미완인 채로 끝내고 만다. 「파노라마 섬 기담」의 주인공은 돈을 다 써버렸을 때 겨우 본래의 자기로 돌아올 수 있었다. 니쇼테의 주인 역시 니쇼테에서 멀어졌을 때 자기를 되찾았을까?

20년대는 자기와 타자와의 관계가 문제가 된 시대였다. 그것은 자신이 이상으로 하는 사회와 현실 사회의 모순이 명확했기 때문이다. 사람은 이상적인 자신의 모습과 현실 속 자신의 모습으로 분열되어 있다. 이 두 개의 자기를 통일시키기 위해 어떤 사람은 타자의 시선으로부터 도망쳐 자신의 모습만을 거울에 비춘다. 다른 사람은 거울의 세계처럼 현실과는 다른 차원의 세계를 찾는다. 하지만 현실의 세계는 꿈에 그린 이상적 세계까지도 확실하게 추적해서 포위하고 있다. 원래 두 개의 자신은 밀접한 관계에 있기에 한쪽을 버리는 일은 불가능하다. 자기와 타자 사이에서 방황하다 처음 만나는 자신만의 세계에 틀어박힌다면 두 개의 자신을 통일한 것처럼 보여도 실은 혼란을 초래할 뿐이다.

'니쇼二笑'는 자신과 타자가 사이좋게 웃는다는 의미도, 비웃는다는 의미도 아닐지 모른다. 도시 생활자의 웃음에는 조소가 어느 정도 담겨있어 자신의 기쁨조차 저울질하고야 만다는 뜻이 거기에 포함되어 있을지도 모른다.

번역 : 김경옥

아사쿠사 · 진탄 탑

모리시타 진탄(森下仁丹)은 다이쇼와 쇼와 시기 동안 광고탑을 세워 화려하게 광고를 전개. 진탄(仁丹)탑은 지진으로 붕괴한 아사쿠사 료운카쿠(浅草凌雲閣)를 모방한 것이다.

아사쿠사 6구 번화가에서 본 료운카쿠

메이지 23년 11월 개장해서 관동대지진까지 12층의 이름은 아사쿠사의 명물로 익숙했다. 버튼의 설계. 『도쿄명소사진첩(東京名所写真帖)』 메이지 43년 간행.

신토미초(新富町) · 고신샤(興進社) 인쇄소 아르데코풍의 스테인드 글라스

색유리는 사용하지 않고 마무리함.

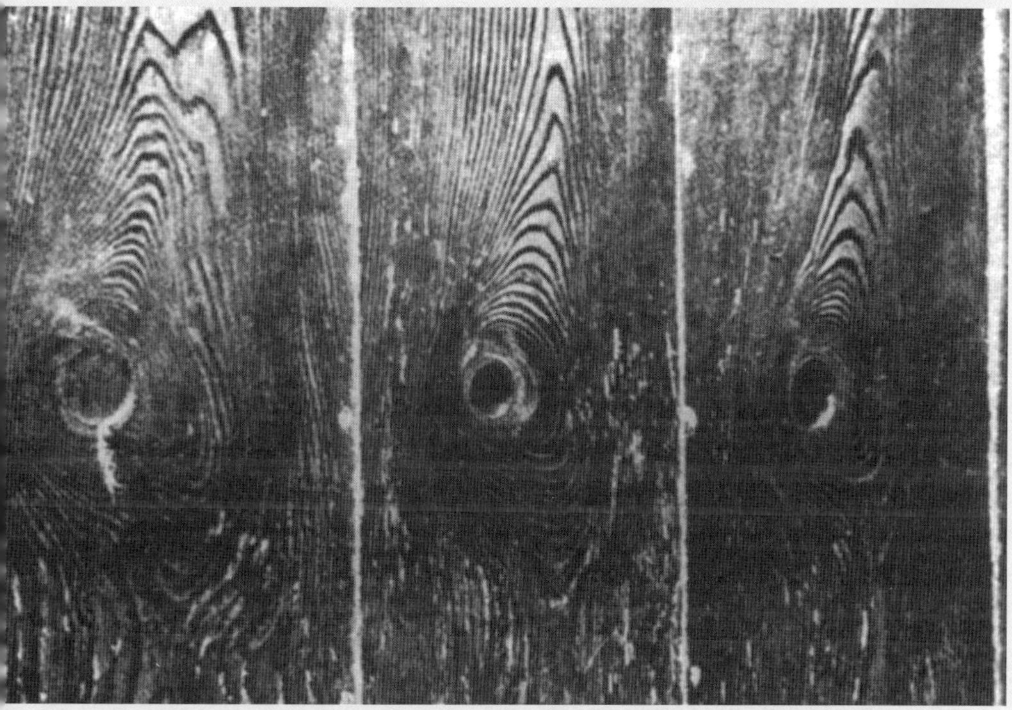

니쇼테 안뜰에 면한 방에 있는 끼운 판자
두꺼운 한 장의 노송 판에 있는 옹이구멍에는 유리를 끼워서 안뜰을 들여다 볼 수 있다.

니쇼테의 정면
오각형을 맞물린 채광창의 유리문은 외국산으로, 그것을 닦기 위해 달에 한번 정원사를 고용했다.

니쇼테의 쪽문
문의 입구에 두꺼운 철판을 마름모 모양으로 고정시켜, 일부러 들어가기 어렵게 했다.

닌교초(人形町) · 스이텐구(水天宮) 옆의 교차점
도로의 확장으로 사거리가 생겼다. 교차점에 인접한 건물은 각각 디자인에 공을 들였다.

참고문헌

先田与助,『日本ガラス鏡工業百年史』, 日本ガラス鏡工業百年史編纂会刊, 昭和四十六年.

鎌田弥寿治,『写真技術講座 写真発達史』, 共立出版刊, 昭和三十一年.

岩井寛,『境界線の美學』, 造形社刊, 昭和四十七年.

式場隆三郎,『二笑亭綺譚』, 昭森社, 昭和十四年.

日本写真家協会 編,『日本写真史一八四0ー一九四五』, 平凡社刊, 昭和四十六年.

神島二郎,『近代日本の精神構造』, 岩波書店刊, 昭和三十六年.

稲葉紀久雄,『下水道論の歴史的探訪』, 日本水道新聞社刊, 昭和五十五年.

阿部次郎,『阿部次郎全集』第1巻, 角川書店刊, 昭和三十五年.

鹿野政直,『大正デモクラシーの底流』, 日本放送出版協会刊, 昭和四十八年.

제5장

노지*에서 큰 거리로

또 하나의 실험실

아카키 죠키치赤木城吉의 지시에 의하여 니쇼테二笑亭가 후카가와深川의 몬젠나카쵸門前仲町에 건축되기 바로 직전의 일이었다. 거기로부터 걸어서 10분이 채 걸리지 않는 기요스나清砂 대로에 외관이 견고하고, 니쇼테처럼 중정을 가진 건물이 완성되었다.

니쇼테가 감옥방을 닮았다고 한다면, 이 건물의 정면은 교차점에 면한 각이 곡면으로 이루어졌으며, 사층 건물 위에 원형의 꼭대기 방을 얹은 모습이 5년 뒤에 완성된 경시청(쇼와 6년)과 아주 비슷했다. 주위에 작은 집家室들이 밀집되어 있어서 두드러져 보였다. 이 건물은 니쇼테와 같이 정신에 이상을 일으킨 자가 설계한 건물이 아닐 뿐 아니라

* 노지路地는 원래 露地로 표기되어 지붕따위로 덮여있지 않은 토지나 지면을 의미하지만, 좁은 의미로는 밀집시가지 등에서 형성된 좁은 도로나 집과 집 사이의 길, 통로 등을 말한다. 여기에서는 두 개의 의미를 모두 내포하고 있어 골목길이 아니라 포괄적인 노지로 그냥 번역하였다.(역주)

냉철하고 이성적인 판단에 근거하여 설계된 것으로, 도준카이同潤會가 다이쇼 14년(1925)에 건축한 663호의 가구를 포함한 철근 콘크리트(RC)조의 아파트다.

도준카이는 지진 후 제국의 수도 부흥을 위하여 내무대신 미즈노 렌타로水野練太郎를 초대 회장으로 하여 다이쇼 13년에 발족된 조직이다. 모임의 목적은 ① 주택의 경영 ② 불구폐질자 수용소 및 보호시설의 경영 ③ 그밖의 지진구호에 필요한 설비를 갖추려는 것이었다. 이 모임은 쇼와 16년(1941) 주택영단에 흡수되기까지 18년간 활동하였다. 목조주택의 건설, 주택상담소의 개설, 그밖에 동북 농산어촌의 조사, 주택 개선 컴피티션과 같은 연구 등 다방면에 걸친 활동을 하고 있었지만, 무엇보다 도준카이가 중심과제로 삼았던 것은 RC조의 아파트 건설이었다.

RC조의 아파트는 18년 동안에 16개의 장소에 총 2,800호가 건축되었다. 결코 많은 수는 아니다. 지진에 의하여 재해를 당한 세대는 69만을 넘어섰고, 피해를 입은 건물도 22만 동 이상에 달했다. 지진 후 1년이 지나, 도준카이가 발족될 당시 공원, 학교, 신사의 경내에는 11,000세대 가까운 가건물이 나란히 세워졌으며, 싼 가격으로 지을 수 있는 목조주거 형태의 집이라도 많이 지을 수밖에 없었다. 덧붙이자면 목조주거의 1호당 건설비는 RC조의 아파트 건설비의 십분의 일이었다. 지진과 불에 강한 아파트를 건설하지 않으면 안 된다는 지진에 의한 교훈에도 불구하고, 아파트의 건설 호수는 그저 부족한 정도가 아니라 재해 수량과 견주어 터무니없이 부족했다. 또 한 가지 마음에 걸리는 것은 도준카이에 의한 RC조의 아파트 건설 장소이다.

참고로 도준카이에 의한 RC조 아파트를 건축 연월 순으로 배열해 보자.[1]

아오야마青山 (시부야구澁谷區)	다이쇼 14년 138호 2층 건물
나카노고中之鄕 (스미다구墨田區)	다이쇼 14년 102호 3층 건물
다이칸야마代官山 (시부야구澁谷區)	다이쇼 14년 337호 2층, 3층 건물
야나기시마柳島 (스미다구墨田區)	다이쇼 14년 193호 3층 건물
기요스나 대로淸砂通 (고토구江東區)	다이쇼 14년 663호 3층, 4층 건물
미타三田 (미나토구港區)	쇼와 2년 68호 4층 건물
미노와三乃輪 (다이토구台東區)	쇼와 2년 52호 3층 건물
우구이스다니鶯谷 (다이토구台東區)	쇼와 3년 96호 3층 건물
우에노시모上野下 (다이토구台東區)	쇼와 3년 76호 4층 건물
도라노몬虎乃門 (미나토구港區)	쇼와 3년 64호 6층 건물
오쓰카죠시大塚女子 (분쿄구文京區)	쇼와 4년 158호 6층 건물
히가시쵸東町 (고토구江東區)	쇼와 4년 21호 3층 건물
에도가와江戶川 (신주쿠구新宿區)	쇼와 7년 260호 4층, 6층 건물

이밖에 요코하마시의 야마시타쵸山下町와 히라누마쵸平沼町에도 삼층

1 ( )안의 구區 이름은 현재의 것으로, 도준카이 아파트가 건설되었던 당시와 다르다. 또 도준카이는 아파트 건설 외에 ① 1호 8다다미 한 칸의 목조 단층 칸막이 집 형식의 임시주택을 2158호(다이쇼 13년) ② 두 칸 또는 3칸의 목조주택을 3522호 ③ 직장인용 분양주택 507호 직공용 분양주택 1122호를 건설, 경영하였다.

짜리 아파트를 다이쇼 14년과 그 다음해에 건설하였다. 이밖에도 도쿄부가 불량주택지구 개량사업으로써 RC조의 아파트를 지은 적이 있으며, 그것을 추가하면 다음과 같다.

사루에猿江 (고토구江東區)	다이쇼 15년 294호 3층 건물
니시스가모西巣鴨 (도시마구豊島區)	쇼와 6년 228호 3층 건물
미카와시마三河島 (아라카와구荒川區)	쇼와 7년 31호 3층 건물

위에 기술한 대로 가장 규모가 큰 것이 기요스나 대로清砂通 아파트로 두 번째로 호수가 많은 다이칸야마代官山의 337호의 배 가까운 663호이다. 또한 기요스나 대로 아파트 근처에 사루에猿江 아파트, 히가시쵸東町 아파트, 다른 구區에 있는 나카노고中之郷 아파트, 야나기시마柳島 아파트도 도보권 내에 있다. 도준카이 아파트의 건설지 중 몇 개는 니쇼테 근처에 있지만, 조금 더 범위를 넓혀서 니쇼테와 별개로 도준카이 아파트의 위치를 생각해보고 싶다. 이런 아파트들의 위치에 대하여 생각하기 위해서는 란포가 쇼와 3년(1928), 『신청년』 8월 증간호부터 10월호까지 연재했던 「음울한 짐승陰獸」을 살펴볼 필요가 있다.

「음울한 짐승」이 도준카이 아파트에 대하여 직접 언급하고 있는 것은 아니다. 「음울한 짐승」은 본래 잡지 『개조』를 위하여 쓰인 작품이지만 원고 매수가 의뢰받은 것보다 4배 가까이 되어 란포는 비교적 자기 주장이 잘 먹히는 『신청년』으로 바꿔 게재하였다. 그런데 이 작품은 『신청년』을 3판이나 인쇄하게 할 만큼 공전의 히트를 쳤다. 작품의 재미는 추리의 실마리와 더불어, 서스펜스를 만드는 구성에 있으며,

그것이 독자를 매혹시켰다. 실은 이런 서스펜스의 느낌을 자아내는 것은 트릭으로 이용된 란포 자신의 도쿄 지리학이며, 이 지리학이 도준카이의 아파트 위치와 밀접하게 연계되어 있다.

「음울한 짐승」의 줄거리는 탐정소설가인 '나'가 내 작품의 독자라는 실업가의 부인 시즈코와 서로 알게 된 뒤, 그녀가 이상한 편지로 괴롭힘을 당하고 있다는 사실을 알게 되는 것이다. 편지의 발신인은 시즈코가 예전에 버린 연인으로, 그는 현재 오에 슌데이라는 탐정소설가로서 성공했으나, 시즈코에게 돈과 시간이 허락하는 한 복수를 하겠다는 협박장을 보낸다. 복수의 계획을 쓴 편지에 가족 말고 누구도 알 수 없는 시즈코 신변에서 일어나는 집안의 온갖 사소한 일을 기술한다. 그는 마치 눈으로 보고 있는 것처럼 정확한 정황을 계속 편지에 적어 보낸다.

란포는 이 작품에서, 오에 슌데이를 자신의 분신으로 취급하며, 「지붕 밑의 산책자」의 트릭을 사용하기도 하고, 「인간의자」와 「D언덕의 살인사건」, 「2전짜리 동전」과 같은 과거 작품을 제재로 취급하기도 하는 등 란포 스스로 자신의 작가로서의 일단락을 지으려는 의도마저 드러낸다. 그것이 독자를 탐정으로 참가시키는 탐정소설의 수법과 겹쳐, 독자에게 또 다른 흥미를 자아낸다. 이 작품에서부터 『잇슨보시一寸法師』 이후 첫 번째 집필 휴식기의 1년 반을 지내고 난 뒤 자기 재생을 꾀하기 위해 다시 한번 탐정소설 그 자체를 검토하려는 란포의 의도를 엿볼 수 있다. 작품의 줄거리를 계속 살펴보면, 슌데이로부터의 협박장이 계속되던 중, 시즈코의 남편인 노실업가가 살해되는 사건이 발생한다. 경찰은 범인 오에 슌데이를 전력을 다해 수색했지만, 그의 소식은 묘연하여 알 수 없었다. 슌데이라는 탐정소설가는 소위 니쇼테의 주인과 같이 대인기피가 심하여 거의 사람들을 만나지 않았고, 소문에 따르면 낮이나 밤이나 늘 침상에서 누워있었으며, '낮에도 덧문을 닫고 일부러 오촉 전등을 켜고, 조금 어둑한 방 안에서 그가 잘하는 기분 나쁜 망상을 하면서 꿈틀거리고 있'는 모양이었다. 게다가 그에게는 이사벽이 있어, 사쿠라기쵸櫻木町를 떠나, 혼죠구 야나기시마쵸本所區柳島町, 무카이지마 스사키쵸向島須崎町와 같이 점점 거친 곳으로 옮겨가다 마지막에는 스사키쵸와 같은 판잣집이나 다름없는 공장과 공장 사이에 딱 한 채 껴있는 더러운 셋집으로 이사했다고 한다. 소식조차 짐작하기 어려운 슌데이가 어떤 사람일까 하는 것이 「음울한 짐승」 후반의 묘미로, 범인을 이끌어내는 수단으로 사용하는 트릭이 란포의 독자적인 지리학이다. 예를 들면 '나'가 하나의 추리로써 '살해된 실업가가 범인 오에 슌데이는 아닐까' 생각하게 되는 위상기하학적인topological 해법을 들 수 있다.

> 나의 몽롱한 영상 속에 커다란 U자가 떠올랐다. U자의 왼편 위쪽에는 '산 속의 집'이 있고 오른편 위쪽엔 고메마치(오야마다 씨의 바둑 친구 집이 있는 곳)가 있다. 그리고 U자의 아래쪽엔 아스마 다리가 있다. 그날 밤 오야마다 씨는 U자의 오른편 위쪽에서 나와, U자의 아래쪽에 이르러 슌데이에게 살해된 것으로 우리들은 지금까지 믿고 있다. 그러나 우리들은 강이 흐른다는 것을 잊어버렸다. 큰 강물은 U자의 오른편 위쪽에서 아래쪽을 향해 흐르고 있다.

이런 식의 사고는 당시의 도쿄가 스미다가와 부근에 자리한 '물의 도시'의 모습을 하고 있었다는 것을 재인식시킨다. 그리고 「음울한 짐승」의 결말에서 밝혀지는 트릭은 당시의 도쿄 지리를 보여주고 있어 무엇보다 흥미롭다.

나는 호주머니에서 준비해온 간단한 도쿄지도를 꺼내 펼친 뒤 손가락으로 가리키며 말했다. "나는 오에 슌데이가 전전하며 옮겨 다닌 주소를 혼다와 기사가다의 경찰서장으로부터 들어서 알고 있습니다. 그것은 이케부쿠로, 우시고메기쿠이쵸, 네기시, 야나가하쓰네쵸, 닛포리가나스키, 간다스에 히로쵸, 우에노 사쿠라기쵸, 혼죠 야나기시마쵸, 부고지 마스사키쵸 등 대체로 이런 곳들입니다. 이 중에서 이케부쿠로와 우시고메, 기쿠이쵸는 상당히 떨어진 곳이지만, 그 밖의 일곱 곳은 지도상으로 보았을 때 동북의 좁은 지역에 몰려 있습니다. 이것은 슌데이의 대단한 실수입니다. 이케부쿠로와 우시고메가 떨어져 있는 것은, 슌데이의 명성이 높아져 기자들이 밀어닥치기 시작한 것이 네기시에서 살던 때부터라고 생각해본다면 그 의미를 잘 알 수 있습니다. 결국 그자는 기쿠이쵸에 살 때까지는 모든 원고에 대한 것을 편지로 처리했습니다. 그리고 네기시 이후의 일곱 군데를 이렇게 선으로 연결해보면 불규칙한 원을 그리고 있습니다. 그 원의 중심을 구하면 그곳에 사건 해결의 열쇠가 숨어 있습니다. 왜 그런지에 대하여 지금부터 설명하겠습니다."

그리고 '나'는 시즈코에게 말한다.

자 시즈코 씨. 잘 들어주세요. 나의 추리가 틀린 것은 아닌지. 슌데이의 주소를 연결하는 원의 중심은 어디인가. 이 지도를 봐 주세요. 당신의 집입니다. 아사쿠사 산의 숙소입니다. 모두 당신의 집으로부터 10분 이내의 장소뿐입니다.

이런 식으로 지도를 사용한 란포의 수법은 훌륭했다. 그리고 란포가 슌데이의 주소로 선택한 지점에서 또 하나의 공통점을 찾아낼 수 있다. 이미 알아차렸겠지만 그것은 도준카이의 아파트 건설장소와 근접해있다는 점이다. 이를 살펴보기 위해 아래의 왼쪽에는 슌데이의 주소를 기록하고, 오른쪽에 도준카이의 RC조 아파트에 근접한 곳을 열거하였다.

이케부쿠로池袋	→	오쓰카죠시大塚女子 아파트,
		니시스가모西巣鴨 아파트
우시고메기쿠이쵸牛込喜久井町	→	에도가와江戸川 아파트
네기시根岸	→	미노와三ノ輪 아파트
야나가하쓰네쵸谷中初音町	→	우구이스다니鶯谷 아파트
닛포리가나스기日暮里金杉	→	미키와시마三河島 아파트
간다스에히로쵸神田末廣町	→	우에노시모上野下 아파트
우에노사쿠라기쵸上野櫻木町	→	우구이스다니鶯谷 아파트
혼죠야나기시마쵸本所柳島町	→	야나기시마柳島 아파트
부고지마스사키쵸向島須崎町	→	야카노고中之郷 아파트

이처럼 도준카이는 바로 슌데이의 주소 가까이에 RC조 아파트를 건

설하였다. 우구이스타니鶯谷 아파트가 중복되는 것을 제외하면, 흡사 한 쌍처럼 대응되고 있다. 도준카이 아파트 중 슌데이 전거지轉居地에 해당하지 않는 것은 아오야마, 다이칸야마, 미타, 도라노몬과 같이 서쪽에 분포하는 아파트와, 기요스나 대로, 히가시쵸, 사루에와 후카가와 가까이에 있는 것이다. 후카가와의 세 개 아파트는 위치상으로도 혼죠야나기시마에 가깝고, 아오야마와 다이칸야마 등 야마노테山ノ手에 지어진 것과 성격을 달리한다.

이 아파트군의 성격과 슌데이가 숨어 있을 만한 전거지의 성격은 중첩된다. 란포의 작가적 분신으로 보이는 슌데이는 사쿠라기쵸를 떠나고부터 혼죠구야나기시마쵸, 무카이지마스사키쵸와 같이 점점 후미진 곳으로 옮겨가는 이사벽을 지니고 있었다. 자연히 슌데이를 찾기 위해서는 깊은 밤 아사쿠사 공원을 헤매며, 어두운 나무그늘의 벤치를 하나씩 하나씩 감시하기도 하고, 노숙자가 묵을 만한 근거지 근처의 싸구려 여인숙에 일부러 잠입해 묵기도 하였다. 혹시 슌데이와 비슷한 남자를 발견할 수 있을까 해서 찾아다닐 필요가 있던 전거지는 당시 도쿄에 산재해 있던 빈민가(혹은 빈민가에 근접해 있는 장소)였다. 도준카이의 아파트도 빈민가나 그 근처에 지어진 것이다.

슌데이의 전거지를 잇는 원의 중심은 시즈코의 집이 있는 아사쿠사산의 숙소. 결국 범인의 주소는 그 당시 도쿄 최대 번화가라 할 수 있는 아사쿠사를 축으로 하여, 걸어서 십분 거리에 해당하는 원주상의 범위에 속하는 도시 빈민가가 있는 장소이다. 란포가 「음울한 짐승」에서 사용하였던 '지리의 트릭'은 도시 빈민가가 번화가를 중심으로 성립되었던 구조를 증명해주는 셈이다.

아사쿠사로부터 조금 떨어져 있는 이케부쿠로와 우시고메기쿠이쵸, 즉 쇼데이가 문명文名을 떨치기 전의 주소도 비슷했다. 도준카이의 니시스가모 아파트는 사루에와 미카와시마와 함께 도쿄부가 쇼와 2년(1927)에 제정했던 불량주택지구 개량법에 의하여 건축되었다. 각각의 아파트가 건설되기 이전의 쵸는 1,000채의 공동판잣집千軒長室[2]과 터널공동주택,[3] 걸식공동주택乞食長室으로 불렸던 빈민가였다. 그 거주 상태는 반다다미에 한 사람이 거주해야 할 만큼 인구 밀도가 높았으며, 전등을 사용하는 자는 적었고, 램프, 종유種油, 양초조차 사용할 수 없는 자가 있을 정도였다고 한다. 집세는 2엔부터 29엔. 한 세대 평균 6~7엔의 싼 가격으로, 전염병의 발생지라고도 할 만큼 열악한 빈민가였다.[4]

쇼와 7년(1932), 에도가와 아파트[5]는 엘리베이터와 중앙난방을 설치하고, '아시아의 맹주가 될 만한 일본의 중산계급자의 거주지로써, 지도적인 아파트'라는 이름을 내걸고 도준카이에 의해 건설되었다. 그 에도가와바시 근처를 란포는 「음울한 짐승」 속에서 엿보는 오두막이 서 있는 장소로 설정하고 있다. '우시고메의 에도가와바시. 그 다리를 호국사 쪽으로 건너면 보이는 귀퉁이의 공지' 부근도 빈민가가 여기저기 흩어져 있던 점을 분명히 밝힌다.

2 공동판잣집千軒長室은 판잣집 천 채가 나란히 서 있다는 의미다.(역주)

3 터널공동주택은 따로 세탁물을 널 공간이 없어 바깥에 널어놓은 기저귀가 터널을 이룰 정도로 좁았던 빈민들의 공동주택을 의미한다.(역주)

4 다이쇼 14년 6월의 불량 주택지구의 조사에 의하면 빈민으로 간주되는 곳은 전국에서 217개, 663의 헥타르(약 2백만 평), 41,777동이며, 이에 대하여 쇼와 2년 이래 건설되었던 개량주택(반드시 RC조는 아니며)은 전국에서 약 4천호였다.

5 다른 아파트에서 월수입 100엔 내외의 사람들이 거주했던 것에 비하여, 에도가와 아파트의 거주 대상자로 120~130엔의 월수입이 있는 자를 기준으로 하고 있었다. 그 때문일까 거주자로는 저명인사가 많았으며, 주말에는 댄스파티가 자주 열렸다고 한다.

도준카이의 아파트 건설은 도쿄 각지에 존재했던 빈민가 정화의 역할을 담당하고 있었다. 정부는 이를 위하여 그때까지 없던 새로운 주거, RC조의 아파트 건설에 매달렸다. 도준카이가 RC조의 아파트 건설을 계획하고 건설한 것은 수년 전이었지만 지진의 피해로 공사가 중단되어 겨우 다이쇼 14년(1935)에 준공된 오차노미즈(문화) 아파트를 살펴 보자.[6]

오차노미즈 아파트는 중류계급의 주택문제를 해결하기 위한 일본 최초의 '본격적인 아파트'로서 모리모토 고키치森本厚吉[7]가 기획했던 것이다. 모리모토는 다이쇼 10년 이래, 아리시마 다케오有島武郎, 요시노 사쿠조吉野作造와 함께 문화 생활연구회를 조직하고, 잡지 『문화생활』을 그 다음 해부터 간행하여, 중류계급의 생활개선을 위한 계몽에 힘을 써왔던 인물이다.

모리모토에 의하면 인간의 욕망에는 육체적 생존에 불가결한 욕망, 사회적 지위를 유지하기 위한 욕망, 경제적 능률을 높이기 위한 욕망 및 불필요하며 사치스러운 욕망의 4가지 종류가 있다고 한다. 그리고 마지막 욕망을 제외한 3개의 욕망을 만족시키는 생활이 가능한 계급이 중산 계급이고, 이 계급이야말로 사회를 개선하는 중추적인 역할을 담당한다고 주장한다. 그러나 모리모토 자신이 인정하고 있듯이, 1가

6 오차노미즈 아파트의 건설은 W. H 보리스. 보리스는 건축가로서가 아니라 그리스도교 전도자로서 방일来日. 전도하는 비용 염출을 위하여 근강형제사를 설립. 형제사는 건축설계 외에, 멘소래담과 가정용품의 제조판매를 하였고, 문화생활연구회와 제휴하였다.

7 모리모토 고키치森本厚吉(메이지 9~쇼와 20)는 동북대학농학부 졸업 후 존홉킨스대학 대학원에서 경영학 학위를 받고 귀국, 홋카이도 대학 교수가 된다. 다이쇼 9년, 문화생활연구회를 조직, 다이쇼 11년 문화 보급회를 설립. 다이쇼 13년 문화 아파트를 완성하고, 그 뒤 여자문화고등학원을 창립한다. 쇼와 20년 도쿄문화 단기대학 개교. 저작은 『일본의 생활수준』, 『사라져 가는 보급』, 『창조의 생활』, 『아파트먼트하우스』 등 다수.

구 4인의 중류 계급이 3개의 욕망에 만족하며 도쿄에서 사는 데에 최소 연간 2천 엔이 없으면 안 된다. 이 수입을 얻는 층은 도쿄 거주민 중 불과 2%에 지나지 않는다. 따라서 현실에서 모리모토가 말한 중류계급은 상위 2%인 상류계급에 해당하며, 오차노미즈 아파트는 이 2%의 층이 살도록 실현되었던 것이었다. 그는 이 아파트를 굳이 '문화'라는 두 글자로 부르며 '능률이 뛰어난 진보적 생활을 하며, 혼자서 보통 2, 3인 분량의 일을 하도록 해주는 문화생활의 개척자'를 위하여 건설되었다고 자부하고 있다.[8]

지하에는 자동차 차고, 세탁장 등을 설치하고, 1층에는 점포, 사교실, 대식당, 공개식당이 들어가 있고, 주거 내부는 모두 양식으로, 침대, 책상, 의자, 전화, 가스요리대, 스토브 등이 갖춰져 있으며, 실내에는 벽난로마저 설치되어 있었다. 사교실과 대식당에서는 다양한 연회와 파티가 개최되었다고 한다. 오차노미즈 아파트, 즉 모리모토가 말한 '문화'는 상류계급의 살롱이었다. 모리모토의 꿈은 그대로 '일본 중류계급자의 주거로서 지도적인 아파트'인 에도가와 아파트를 정점으로 한 도준카이의 건축가들이 달성하려고 했던 새로운 삶을 계몽하는 꿈으로 연결된다.

그리고 동시기에 란포가 썼던 2개의 연재물 「마술사」(『강담구락부』 쇼와 5년 7월~6년 5월)와 「흡혈귀」(『報知新聞』 쇼와 5년 9월~ 6년 3월) 속에서 아케치 고고로는 이 모리모토가 건설한 오차노미즈 아파트에 살게 된

8 모리모토 고키치森本厚吉, 「문화생활의 새로운 홈, 재단법인문화보급회에 대하여」, 『문화생활』, 다이쇼 12년; 森本厚吉, 「文化生活の新しいホーム, 財團法人文化普及會に就いて」, 『文化生活』, 大正十二年五月号.

다. 무엇보다 아케치가 사는 아파트는 작중에서 오차노미즈에 있는 개화아파트로 설정되고 있다. 개화아파트라는 이름은 모리모토의 '문화'로부터 착안한 것이다.

아마추어 탐정 아케치 고고로는 개화아파트의 2층 바깥쪽 3호를 빌려, 그곳을 주거와 사무소 겸용으로 사용하고 있었다. 미타니가 문을 두드리면 13, 14세의 사과처럼 붉은 뺨을 지니고 스탠딩 칼라의 옷을 입은 소년이 손님을 맞이하러 나갔다. 명탐정의 작은 제자이다. 아케치 고고로를 잘 알고 있는 독자들에게는 이 소년도 처음으로 등장하는 인물이겠지만, 그 밖에도 이 탐정사무소에 또 한명의 묘한 조수가 늘어났다. 후미요 씨라는 아름다운 여자다.

—「흡혈귀」의 1절

13, 14세의 소년은 뒤에 「소년탐정단」으로 활약하는 고바야시 소년이고, 또 한명의 조수인 후미요라는 여성은 「마술사」에서 여성 범죄자로 등장하여, 그 뒤 바로 그 아케치의 연인이 된다.

아케치는 객실의 큰 팔걸이 의자에 기대어 애호품인 이집트 연초 휘가로를 피우고 있었다. 그 보랏빛 연기 사이로 덥수룩한 머리와 수염 대신 어쩐지 애교있는 혼혈아 같은 얼굴과 예리한 눈동자가 빛났다.

예전에 「D언덕의 살인사건」에 처음 등장했을 무렵, 아마추어 탐정은 가난한 학생처럼 야담가 하쿠앙伯庵을 닮은 외모를 하고 있었지만

'개화아파트'에 살 즈음에 이르러 '애교가 있는 혼혈아와 같은 얼굴'로 변모해 버린다. 이 아케치의 변화된 모습은 놀랄 정도지만 「흡혈귀」라는 작품을 「음울한 짐승」이 변모된 것으로 읽으면 아케치의 변화도 당연하게 여겨질 것이라 생각된다.

「흡혈귀」가 「음울한 짐승」에 가까운 구성을 취하고 있다고 말할 수 있는 것은 두 작품 모두 미녀와 접촉한 남자(「흡혈귀」의 경우는 그 제자)의 복수가 배경에 있다는 점과 란포 자신을 닮은 탐정 소설가(「흡혈귀」의 경우는 소노다 구로니지園田黑虹)가 등장하고, 이야기 중간까지 범인으로 여겨지는 점, 더욱이 란포의 과거 작품의 트릭이 섞여 있는 점, 그리고 두 개의 소설이 커다란 서스펜스의 재미를 가지고 있으며, 사건 현장이 도쿄 각지를 전전하며 이사를 통하여 바뀌는 구성으로 되어 있기 때문이다. 「음울한 짐승」의 경우 현장은 모두 아사쿠사 산에 있는 숙소로부터 걸어서 10분 정도의 거리에 있는 장소로 정해져 있으며, 그것이 소설 전체의 트릭으로 되어 있지만, 「흡혈귀」에는 이렇게 독자를 놀라게 하는 트릭은 없다.

「흡혈귀」의 서두 장면은 시오바라온천에서 시작하지만 후반부는 모두 도쿄를 배경으로 한다. 사건의 장소를 순서대로 쫓아보면 기쿠쵸麴頂, 우에노 공원, 아오야마靑山, 요요기代代木, 료코쿠兩國, 시나가와品川, 요요기, 메쿠로目黑로 숨 가쁘게 전개된다. 물론 이러한 장소들은 하루가 걸리는 만큼 「음울한 짐승」의 무대와 같이 달려서 도주할 수 있는 거리는 아니며, 란포는 자동차로 범인과 수사대원을 태우고 도쿄의 한가운데를 달린다. 자동차뿐 아니라 료코쿠의 고쿠기칸國技館[9]의 반구형으로 된 지붕 위에서 흔들리는 애드벌룬에까지 범인을 태우고, 그 로

프를 끊어 시나가와 중심으로 이동시킨다. 추적하는 수사대는 작은 증기선을 타고 스미다강을 내려간다. 이렇게 란포는 하늘과 대륙, 강을 이동하는 세 개의 시점을 교묘하게 이용한다. 범인과 탐정의 추격전은 영화와 같이 박진감 넘치는 볼거리가 충분하여, 독자에게 생생한 현장감을 불러일으킨다. 또한 고지쵸麴町의 양옥에서 주인공 모자가 남의 눈을 피하여 화장터(아마도 기리가야桐ヶ谷)[10]로 향할 때에는 당시 유행하기 시작했던 장의차마저 타게 된다. 그리고 란포는 이러한 장소에서 사건이 일어나고, 일단락되자, 고지쵸 여주인공의 양옥집으로 장면을 바꿔, 그 양옥집 내에서도 반드시 작은 사건이 일어나도록 하는 구성을 취한다.

결국 「음울한 짐승」의 사건현장이 주인공의 집인 아사쿠사 산의 숙소를 중심으로 도보 10분 내의 사이클 안에서 구성되고 있는 것에 반하여, 「흡혈귀」의 사건현장은 여주인공이 사는 고지쵸의 양옥집을 중심으로 하여 우에노, 요요기, 료코쿠, 시나가와, 기리가야桐ヶ谷, 메쿠로와 반경 5킬로미터로부터 7킬로미터 정도의 원 위에 구성되어 있었다.

「흡혈귀」가 「음울한 짐승」과 다른 점은 범인과 탐정의 행동반경을 확대하고 중심 위치를 서쪽으로 이동한 것이다. 이 소설의 중심 이동은 다이쇼 8년 중앙선(도쿄-나카노 구간)이 개통되고, 다이쇼 14년 야마테선과 중앙선의 환승역인 신주쿠가 생긴 것과 동시에 이루어진다. 또 아사쿠사 주변의 도시 빈민가에 건설된 도준카이 아파트에, 아오야마,

---

9 고쿠기칸國技館은 스모대회를 위한 시설 중 하나였다.(역주)

10 당시 화장터는 기리가야 외에, 요요기, 오치아이, 마치야, 오기신뎅, 가메아리에 있었다. 「우울한 짐승」의 무대는 요요기, 오치아이의 화장터로 추정되지만, 다음 사건 현장이 시나가와인 것으로 미루어 기리가야로도 생각할 수 있다.

다이칸야마代官山, 미타三田, 도라노몬虎ノ門을 합쳐보면, 도준카이 아파트 분포도의 중심도 아사쿠사로부터 서쪽으로 이동한 것이 확실하다.

도쿄부가 도준카이에 위탁하여 미카와시마三河島, 사루에猿江, 니시스가모西巣鴨에서 시행했던 불량주택지구 개량사업은 '위생, 풍기문란風紀, 보안 등에 관한 유해 또는 위험에 대한 염려가 있는' 단지를 개량한다고 하는 융화 대책을 포함하는 것이었다. 이것은 지진 직후, 계엄령이 선포되고, 사회질서의 붕괴와 혼란을 두려워하여 군대와 경찰이 혈안이 되어 보안 대책을 강화했던 것과 관계가 있다. 융화대책은 불량주택 개량사업뿐 아니라, 모든 도준카이 아파트 건설 계획에 공통된 것으로, RC조 아파트가 양적으로는 적었지만, 새로운 풍습을 지닌 사람들의 공동체 전시장으로써의 큰 의미를 가지고 있었던 점을 시사한다. 새로운 공동체를 위하여 어울리는 장식을 가졌던 건물을 필요로 한 것이다.[11]

도준카이의 RC조 아파트 건설은 내진내화의 주택 건설 이상의 의미를 가지고 있었다. 그것은 빈민 해소이며, 빈민 주민의 선도였다. 왜냐하면 다이쇼 말기부터 쇼와의 초기, 도시 주민의 사회 불안은 니쇼테의 주인처럼, 어떤 사람은 자기 도피의 꿈을 좇을 수 있었지만, 그런 꿈조차 꿀 수 없었던 층이 빈민가의 주민을 위시하여 저변으로 확대되었

11 불량주택지구 개량사업에 의한 RC조의 아파트는 빈민가에 사는 하층노동자가 건축 전에는 그대로 거주하기로 했지만, 건물만 가능하고, 직업 지도 등 기본적인 생활 개선의 방책이 별로 없었다. 이 때문에 차츰 집세를 지불할 수 없는 자가 속출하였고, 그 결과 빈민 거주자가 대부분 쫓겨나게 되어, 샐러리맨 층이 거주자의 태반을 점하게 된다. 이러한 동향에 대납 집세면제와 주택 관리에의 거주자 참가, 실업, 질병의 대책을 청하여 탄원 운동을 일으키는 자도 있었지만, 당국은 '관리권을 침해하는 것'이라며 퇴짜를 놓았다. 도준카이 아파트와 거주자의 대응에 대해서는 졸저 『환영의 인테리어まぼろしのインテリア』 수록, 참조.

기 때문이다.

지금도 남아 있는 도준카이의 아파트를 방문하면, 연대별로 그 주동柱棟 구성이 변화하고 있는 것을 알 수 있다. 다이쇼 시기의 것은 그다지 명확하지 않지만, 쇼와에 들어 건설된 것은 중정을 'ㄱ'자(일본어 'コ')와 'ㅁ'자(일본어 'ロ')로 감싸듯이 하여 바깥과 단절된 인상이 강해진다. 아치형의 입구, 나선계단(기요스나 대로, 사루에), 위압적인 정면(기요스나 대로)을 만든 점으로 미루어보아, 주위의 빈민가와 단절시켜, 유사 공동체를 만들려고 한 의도가 보인다. 도준카이 아파트는 소위 새로운 풍속을 지닌 사람을 만드는 실험실이었다.[12]

이런 시점을 조금 더 논하자면, 점재하는 빈민이 핵을 이루고 있는 아사쿠사로부터 도쿄의 중심을 다른 곳으로 이동시키려는 것은 사회질서를 지키려는 측에서 보자면 당연히 생각할 수밖에 없는 과제였다. 중심을 아사쿠사로부터 서쪽으로 조금 옮겨 보면, 야마노테선의 고리의 중앙에 위치하는 오차노미즈 부근이 된다. 사회로부터 일탈한 자였던 아케치 고고로가 혼혈이와 닮은 풍모로 변화하고, 오차노미즈 아파트에 사는 것을 본 독자는 도쿄 중심의 이동을 인지하게 되었다. 사회질서를 지키는 측의 과제는 계속하여 결실을 맺었다.

그리고 풍속을 선도하는 자였던 아케치는 「흡혈귀」의 에필로그에서 다음과 같이 묘사된다.

---

12 도준카이에 의한 RC조의 아파트는, 쇼와 7년에 준공했던 미카와시마三河島 아파트 이후로 건설되지 않았다. 도준카이는 이후 계속해서 주택 부족해소를 위하여 주택 건설을 행하였지만, 전부 목조장실형식이다. 도준카이는 쇼와 16년 주택 영단에 흡수되었지만, 영단에 의한 주택도 모두 목조. RC조의 아파트가 다시 건축된 것은 전후 주택공단이 발족된 이후다.

여느 때처럼 신문들은 아케치 고고로에 대하여 사건의 수훈자로서 떠들썩하게 다루고 있었다. 아케치 팬들인 독자들은 그 기사의 마지막에 머지않아 명탐정과 그 연인인 후미요 씨가 결혼식을 올릴 것이라고 암시되어 있는 것을 발견하고, 고소를 금치 않을 수 없었다. 동시에 신혼인 아케치 고고로가 아마 잠시 동안은 피비린내 나는 탐정 사건으로 인해 손에 피를 묻히지 않으려 할 것을 유감으로 여기지 않을 수 없었다.

마지막으로 란포가 쓴 '유감'의 두 글자는 물론 아케치가 탐정 일을 잊어버린 것을 가리킨다. 하지만 란포가 독자의 목소리를 빌려, 아케치 고고로의 이름이 작자가 당초 아케치에게 부여한 모습으로부터 멀어져 어느 사이엔가 소시민이 되어버린 것을 혐오스러워했다고 읽는다면 지나친 일일까?[13]

거리의 예인藝人들

나는 탐정소설의 줄거리를 떠올리기 위해 여기저기 거닐 때가 있는데 도쿄를 벗어나지 않는 경우에는 대개 행선지가 정해져 있는 편이다. 아사쿠

13 아케치 고고로는 「인간표범」 속에서 결혼 후 개화 아파트를 빌려서 아사부쿠 료지초麻布區龍土頂의 '아담한 하얀 양옥'에 살았다. 더욱이 전쟁 후 「흉기」(『산케이신문』 연재, 쇼와 29년)에서 초로가 된 아케치는 다시 아파트에 살고 있었다. 그 아파트는 호텔과 같이 호화로웠다. 고지초 우네메마치麴頂采女町에서 '도쿄 유일'의 서양풍 '고지초麴頂 아파트'가 건설되었을 때, 아케치는 그 이층의 한 구획을 빌려서 사무소 겸 주택으로 썼다. 아파트는 제국 호텔을 닮은 외관을 지닌 건축물로 삼층 건물이었다. 아케치가 빌린 한 구획에는 넓은 객실과 서재와 침실 외에 욕조가 있는 화장실과 작은 부엌이 붙어 있었다. 식당을 서재로 바꿔버려, 손님과 함께 식사를 할 때는 가까운 레스토랑을 사용하도록 했다고 한다. 삶은 완전하게 서구화되었다.

사 공원, 꽃집, 우에노 박물관과 동물원, 스미다가와의 승합 증기선, 료코쿠의 고쿠기칸國技館(그 둥근 지붕이 왕년의 파노라마관을 연상시켜서 나를 매료시킨다). 지금도 고쿠기칸에서 **괴물대회**라는 것을 보고 돌아가는 참이었다. 오랜만에 미로를 빠져나오느라 어린 시절의 그리운 추억에 잠길 수 있었다.

「메라박사目羅博士」(『문예구락부』, 쇼와 6년 4월)의 서두 한 구절에는 란포가 도쿄 풍경에 대해 갖는 이미지가 그대로 드러나 있다. 그가 걸으며 묘사한 세계는 의외로 범위가 그리 넓지 않아, 아사쿠사 즉 우에노 공원과 료코쿠 반경 2킬로미터부터 3킬로미터 이내의 범위에 해당된다. 「메라박사」의 무대는 바로 이곳을 기점으로 한 원 안의 빌딩가이다. 란포는 아사쿠사를 중심으로 한 이 작은 세계를 이전부터 그리운 것으로 다루고 있었다. 그리고 그 그리움 때문인지 란포는 몇 번이나 다른 방식으로 이 세계를 작품 속에 등장시키고 있다. 파노라마관과 요지경에 대한 그리운 추억은 「파노라마섬 기담パノラマ島奇談」, 「거울지옥鏡地獄」, 「오시에와 여행하는 남자押繪と旅する男」 등의 작품 속에 표출되었다. 이러한 세계를 그리며 란포가 관심을 기울인 것은 구경거리의 세계와 거리의 예인들이다.

그런 사람들은, 그가 알고 있는 사회 예를 들면 야마노테에 살고 있는 어느 유복한 친구의 가정, 당시에 막 생긴 제국극장, 미쓰코시 백화점 이런 것들과는 완전히 다른 세계에 살고 있었다. 노점의 양식당, 경매 방식의 셔츠가게, 알래스카 금으로 만든 반지, 덴키브란電気ブラン,[14] 10전 씨름마당의

나니와부시[15]와 같은 세계가 그들에게 어울리는 것이었다. 그것은 예를 들면 공을 굴리는 아가씨의 때가 묻은 살색 타이즈에서 풍기는 매력과 같은 것이었다. 호사스러움과 현란함 같은 것과는 완전히 달랐다. 별세계의 아름다움이었다. 뿐만 아니라 그곳에서는 도시 중앙지구도, 상업지구의 화류계의 흔적도 찾기 어려웠다. 에도의 향기만이 짙게 감돌고 있었다. 검술기예, 두꺼비 기름장수, 고보 다이시弘法大師의 돌고구마, 용왕의 문신을 새긴 늙은이, 비둘기 콩을 파는 할멈, 쭈글쭈글한 손을 한 중, 이러한 에도시대가 감돌았다.

「어둠에서 꿈틀거리다闇に蠢く」(『고락苦樂』 다이쇼 15년 1월~11월)에 묘사된 풍경은 지진 전의 아사쿠사의 모습이다. 검술기예, 두꺼비 기름장수, '에가와 극단의 풍각쟁이와 난쟁이', '둥둥둥 울려퍼지는 커다란 북 아래 토실토실 살찐 어부 같은 딸들이 육체를 비비꼬며 손님을 유인하'는 여자 장사, 여자 씨름이 활개치며 인기를 얻었던 길거리 예인과 구경거리의 세계였다. 아사쿠사는 메이지, 다이쇼에 걸쳐 거리 예인과 구경거리의 메카였다. 거기에는 란포가 말한 대로, '에도의 냄새가 농후하게 감돌고 있었다'.

그렇지만 아사쿠사 공원은 메이지 이래 길거리 예인과 구경거리로 넘치는 장소가 되도록 계획되고 건설된 것은 아니었다. 메이지 정부는

---

14 덴키부란電気ブラン은 1882년 도쿄 아사쿠사의 가미야 바에서 탄생한 칵테일로 브랜디에 진, 와인, 큐라소와 약초를 넣어 만든 혼성주로, 당시 도쿄의 모던함을 상징하는 칵테일이다.(역주)

15 의인, 열사, 협객 등의 설화로써 무사도 정신을 고취하기 위한 일본 전통적인 창의 하나다.(역주)

서유럽화의 일각으로 도쿄의 각지에 공원을 만들 계획을 세웠다. 그렇다고는 해도 사람들이 산책하러 모일 만큼 넓은 부지를 적절한 위치에 새삼스레 얻을 리 없고, 간신히 아스카산과 시바노아타고산이라는 에도의 경승지를 고쳐 공원으로 지정한 것에 지나지 않았다. 아사쿠사 공원도 마찬가지로 메이지 4년(1871)에 아사쿠사 절 경내를 지상지地上地처분으로 관수官受하고, 동 6년에 부령府令을 통하여, 그 토지의 일부를 공원으로 지정하였다. 하지만 그것으로도 좁았기에 아사쿠사 일대 밭을 매립하여 공원으로 만들었다. 서구화를 위하여 오픈된 정원을 만들 의도를 지니고 있었기에 에도의 냄새가 남아 있는 길거리 예인과 구경거리는 어울리지 않았다. 메이지 원년의 2월 21일에 나온 선정적인 공연을 금지하는 명령을 시작으로, 흥행장 무료입장 금지, 불구자 공연 금지령 등을 포고하는 등 정부는 길거리 예인과 공연에 자주 간섭한다. 하지만 이러한 오락은 결코 쇠퇴하지 않았으며, 오히려 일본을 방문한 외국인 곡마단, 기예단의 기예와 연출을 흡수, 이전보다 수가 많아지며 메이지 시대에 인기를 끌게 된다.

그러나 메이지 이후 다이쇼에 들어와 길거리 예인의 세계는 차례로 쇠퇴하게 된다.[16] 이에 대한 몇 가지 이유를 생각해볼 수 있지만, 전쟁 전의 오락연구의 제일인자였던 곤다 야스노스케權田保之助는 다이쇼 중기부터 오락의 질이 변화한 것을 다음과 같이 파악하고 있다.

16 곤다 야스노스케는 아사쿠사에 남아 있던 길거리 예인으로써 파문자(길거리에서 오색 실을 사용하여 그림을 그린다), 보화중, 아미타라경, 시미요시춤, 검술기예단의 이 닦기, 이빨차력, 일인씨름, 길거리 야담, 그리고 천상의 곡조, 호니호로, 가마쿠라 엿장수 가락, 밤떡 곡조를 들고 있다.

오늘날 민중 오락생활의 규준은 '염가', '기성품', '직관적', '찰나적', '강렬한 쾌감'과 같은 것으로 일관한다. 그들은 상응하는 연습을 하여, 예비지식을 쌓고 난 뒤에 체험을 할 만한 그런 여유가 도저히 없었다. 소문으로 들은 곳이 재미있고, 눈으로 본 것이 유쾌한 야기부시[17]와 도쿄 쓰쿠이[18]가 그들이 애호하는 표적이 되었다. 즉 아마추어적인 감상이 주가 된 시대이다. 실생활에 있어서의 심지를 그대로 작동시켜, 실생활의 이치대로 오락생활을 영위하는 게 오늘날 민중의 상태이다. 노동자는 노동자다운 감격으로써, 상인은 주판셈의 논리로써, 봉급생활자는 머리로 걱정하는 심지를 품고, 학생은 시험에 벌벌 떠는 기분을 그대로 가져와 향락생활에 대하는 것이 오늘날의 상태이다. 그것은 실로 '정통'의 세계에서는 통용되지 않는 '입석관람자'의 세계이다.[19]

곤다의 지적은 이 시기 민중오락의 세계에 커다란 변화가 일어났다는 점, 그리고 이 변화가 긍정과 부정의 양면을 지니고 있다는 점을 분명히 한다. 예비지식 없는 채로 예술을 즐기는 아마추어적 감상의 세계는 오락을 정통의 세계에 한정 짓지 않고, 입석관람자의 세계로까지 해방시킨다. 그것은 민중오락에 있어서 커다란 플러스의 의의를 가진다. 그러나 그것은 오락을 아마추어에게 모두 해방시켰다는 사실과는 관계가 없으며, 오히려 아마추어를 프로화시켜버리는 마이너스적인

17 야기지방에서 시작된 민요.(역주)

18 미꾸라지를 소쿠리로 건져 올리는 듯한 야스기 지방의 민속춤.(역주)

19 「민중오락의 기조 제2장—새로운 민중오락의 탄생」, 『곤다 야스노스케 저작집』 제1권, 문화서방, 쇼와 49년; 「民衆娯樂の基調 第二章—新しき民衆娯樂の誕生」, 『權田保之助著作集』 第一卷, 文和書房刊, 昭和四十九年.

면도 있다. 이러한 아마추어의 프로화현상을 예인들의 메카인 아사쿠사 공원 또한 피할 수 없었다.

란포가 「어둠에서 꿈틀거리다」 직후에 쓰기 시작했던 「잇슨보시一寸法師」는 다이쇼 15년(1926) 12월 8일부터 쇼와 2년(1927) 2월 2일까지 『도쿄 아사히신문』에 연재되었던 작품이다. 대 신문이 조간에 탐정소설을 연재하고 나서야 비로소 란포도 탐정소설도 문단에서 소위 시민권을 획득했다. 「잇슨보시」 역시 서두는 아사히 공원의 풍경으로 시작된다. 다만 등장하는 것은 여자 스모선수나 곡예사 아가씨가 아닌 야스기 민요다.

> 고바야시 몬조小林紋三는 잔뜩 취하여 비틀비틀 야스기부시安来節가 상연되는 미소노관御園館을 나왔다. 불가사의한 합창이 — 무대 아가씨들의 필요 이상의 고성과 그에 호응하는 관람석의 엄청난 고함이 — 왕왕 머리를 마비시켜, 작은 건물을 나와 배멀미를 느끼듯 발걸음을 비틀거렸다.

야스기부시[20]의 인기는 여자 스모선수와 같은 기묘함이나 곡예 아가씨의 기술에 있다기보다는 여자들이 기모노를 걷어붙이고, 맨발을 보이며, 붉은 허리띠를 질끈 끌어당기면서 여태껏 없는 빠른 템포의 리듬에 맞춰 허리를 좌우로 흔드는 모습에 있었다. 도죠쓰쿠이 춤[21]의 동작에서 관객은 유사 성행위 동작을 연상하고, 그에 맞추어 소리를 질렀다. 이 정도를 위해서라면 야스기부시에 있어 춤에 대한 소양이 그다지 필

20 시마네현의 대표적 민요.(역주)
21 야스기 지방의 민요에 맞춰 추는 춤.(역주)

요해 보이지 않는다. 야스기부시는 민요에 어울리는 춤 덕택에 전통적인 예藝와 같이 보이지만, 실은 에로티즘 · 그로테스크 · 넌센스의 시대가 낳았다고 하는 게 적합하다. 이는 그야말로 지진 후의 아사쿠사를 말할 때 반드시 입에 올리는 카지노 · 폴리의 예와 연계된다.[22]

카지노 폴리의 인기가 높아진 것은 카지노 폴리가 등장하는 「아사쿠사코단淺草紅団」(가와바타 야쓰나리)이 신문에 연재된 덕분이다. 후에 신카지노 폴리의 문예부장이 된 시인 사토우 하치로에 의하면 '카지노 폴리가 번창하게 된 것은 바로 모든 연극이 대사만으로는 관객을 만족시킬 수 없었기 때문이다. 이곳의 관객은 대사로는 웃지 않았고, 저질스러운 몸짓 하나에 웃었다고 한다'. 추신구라忠臣藏[23]에 등장하는 사다구로定九郎가 골프 바지를 벗기도 하고, 강페이勘平가 피스톨을 꺼내기도 하는 저속한 유머가 먹혔으며, '금요일 밤은 무희가 팬티를 벗는다'는 소문이 인기를 부추겼다. 경연극이라 불리듯 그 가벼움이 먹혔고, 당사자들은 공연을 자조적으로 사이비 리뷰라 칭했다.

이런 아마추어 예의 인기는 곤다 야스노스케의 지적대로, 관객층이 양극화되어 일상생활을 하기 시작한 점에 대응된다. '정통' 밖에 모르는 예도, '난쟁이'와 같은 신체적 결함을 판매하는 예도 차츰 하루하루의 생활에 쫓기는 소시민, 비장애인들의 세계로부터 경원시되기 시작했다. 아마추어 예의 위태로움이 자신들의 친근한 세계와 같다고 느껴

22 카지노 폴리는 쇼와 4년, 수족관에서 닻을 올린다. 이미 아사쿠사 오페라는 대지진과 함께 쇠락하고, 다이쇼 14, 5년경 사와다 쇼지로의 인기로 수없이 생긴 검극단도 수그러들었다. 에노켄 극단를 일러 〈경연극〉이라 부른 것은 『미야코 신문』의 히지카타 마시미로, 그밖에도 〈희극폭소대〉, 〈야판 · 모컬〉, 〈그랑 텟커르〉 등 경연극단이 배출되었다.

23 당시 유행하던 연극 제목.

졌으며, 또 참신한 예로 비치기 시작, 예인의 숙련된 기는 케케묵고, 김빠진 것으로 보였으며, 기형아들의 예는 저속하여, 차츰 보기 싫은 추한 것으로 느껴지기 시작했다.

신문에 연재된 탐정소설 「잇슨보시」는 아사쿠사에서 야스기부시를 관람하고 돌아가던 한 남자가 '10세정도 아이의 몸통 위에 빌린 것 같은 당당한 성인남자의 얼굴이 얹혀 있는' 난쟁이가 보자기에 창백한 인간의 손목을 싸서 들고 걸어가는 모습을 우연히 보고, 뒤를 밟는 부분에서 시작된다.

남자는 난쟁이의 뒤를 밟아, 아즈마바시吾妻橋 건너 "주변에 빈민굴이 있으며, 도쿄에도 이런 곳이 있었나 싶을 정도로 복잡한 미로를 가"진 나카노고中之鄕 절까지 미행한다. 나카노고는 도준카이 아파트가 건설된 슬럼가이다. 이 소설은 아사쿠사와 혼쇼, 나카노고와 피해자집이 있는 무코지마 고메쵸向島小梅頂까지 불과 1킬로미터의 범위가 무대다. 이야기 속에 긴자의 백화점에서 인간의 한쪽 팔이 발견되는 장면을 넣는 등 헌징김을 불이넣고 있지만 기본적으로 사건이 일어나는 현장은 걸어서 20분을 넘지 않는 범위 내에 있다.

이야기의 줄거리는 토막 난 실업가 따님의 시체를 둘러싸고 다수의 용의자가 차례로 등장하며, 마지막에 아케치 고고로가 진범을 지목하는 것이다. 란포는 난쟁이를 유력한 범인처럼 등장시키고, 그 기형성과 아사쿠사, 혼슈 나카노고의 뒤얽힌 미로를 대응시켜 외설스러운 기형성을 자아내고 있다. 그러나 란포라 해도 기형과 거리의 세계를 플러스의 세계로 그리기는 불가능했으며, 이 두 개의 세계가 마침내 쫓겨나고 배제되는 것을 그린다.

범인으로 지목된 난쟁이는 경찰과 탐정에게 쫓겨 길거리를 뛰어다니다 지붕에서 지붕으로, 집에서 집으로 도망다녔지만, 결국 포위되어 마지막에 목욕탕 굴뚝 위로 올라간다. 난쟁이는 아사쿠사에서 활약했던 곡예사다. 란포는 이 기형아에게 막다른 곳까지 몰려 위태로운 예藝 그 자체를 연기하도록 한다.

> 굴뚝의 정상부터 두꺼운 쇠막대가 마치 돛대처럼 세 방면으로 뻗어있었다. 그 중 하나가 좁은 공터를 넘어 저쪽 편의 너저분한 주택 기와로 뻗어 있었다. 그는 케이블카처럼 그 쇠막대를 타고 저편으로 건너갈 심사였다.
>
> 목숨을 건 곡예가 시작되었다. 흰옷을 입은 괴물이 공중에 떠올랐다. 쇠막대를 지탱하던 발을 떼자 앗 하는 사이에 주르륵 5~6칸을 미끄러졌다. 쇠막대가 부웅하며 굴뚝의 철판이 화살처럼 휘었다. 쇠막대가 손바닥으로 파고들어가 줄판처럼 뼈를 찔렀다. 기형아는 반도 못가 통증을 참기 힘들었다. 또 쇠막대를 쥘 힘이 없었다. 갑자기 아래를 보자 저쪽 공터에는 어느 사이엔가 5, 6인의 사람이 하늘을 쳐다보며 놀라워했다. 가령 저편으로 도착한다고 해도 무사히 도망칠 가망은 없었다. "안되겠다" 그는 손가락을 폈다. 일순간 기형아의 눈앞에서 세계가 혼란스럽게 돌았다.

곡예의 하나하나까지 세부적으로 현장감 있게 묘사한 란포의 문장을 접하면 그가 얼마나 예인의 세계에 애착을 품고 있었는가를 느낄 수 있다. 문장의 현장감에 의해 독자는 기형의 세계, 거리 예인의 세계가 골목과 함께 쫓겨나 배제될 수밖에 없다는 사실을 확인하게 되는 건 아닐까? 「잇슨보시」의 결말은 이 기형아에게 매우 잔혹하다. 아케치 고고로는 난쟁이가 살인범이 아니라고 추리할 뿐, 쇠막대에서 지상으로 떨어져 죽은 난쟁이는 심신에 장애가 없는 진범이 저지른 죄의 일체를 짊어지게 된다.

그런데 「음울한 짐승」의 줄거리를 빌려 「흡혈귀」가 뒤에 창작되었듯이, 「잇슨보시」와 비슷한 줄거리를 지닌 작품이 있다. 「거미남蜘蛛男」은 쇼와 4년(1929) 8월부터 다음해 6월까지 『강담구락부』에 연재되었던 것으로, 「잇슨보시」로부터 2년 정도 후의 작품이다. 이 제목도 「잇슨보시」와 같이 아사쿠사의 구경거리를 상기시킨다. 작자는 일부러 "옛날, 아사쿠사 6구역에 거미남이라는 괴기한 구경거리가 있었다. 사지의 길이가 불과 네 마디 남짓, 손이 가늘고 길며, 발이 주름지고 짧아서 그 모습이 거미 그대로라는 어쩐지 기분 나쁜 장애인이었다. 과연 괴이한 점에 있어서는 이 이야기의 주인공도 위의 괴물에 뒤지지 않았지만 그러나 작가의 의미는 좀 다른 데 있다"고 예고한다. 확실히 이 작품에는 아사쿠사의 '구경거리 집'으로부터 튀어 나왔다고 할 만큼 '기분 나쁜 신체 불구사'는 등장하지 않는다. 범인은 발이 하나뿐인 불구자이기는 하지만 천한 거리의 예인이 아니라 법의학자다. 하지만 제목이 서로 유사한 것처럼 두 개 작품의 줄거리는 아주 비슷하다.

「거미남」은 거미남이라고 불리는 살인 예술가가 그가 말하는 "사악한 아름다움"을 위하여 「푸른 수염」처럼 미녀를 죽이고, 그 사체를 토막낸다고 하는 이야기다. 「잇슨보시」와 같이 범인이 사체를 토막 칠 필연성이 없어 작품으로써는 상당히 재미를 반감시키고 있지만 「잇슨보시」처럼 토막 사체의 범인과 탐정의 기싸움이 이야기의 줄거리다.

「음울한 짐승」의 무대는 아사쿠사산의 숙소가 중심이고, 「음울한 짐승」의 줄거리를 빌려온 「흡혈귀」는 고지쵸麴町가 사건의 중심지였다. 이런 두 개 장편의 무대가 된 장소를 비교해 보면, 「잇슨보시」가 아사쿠사 주변을 무대로 하고 있는 것에 비해 「거미남」 에필로그의 무대는 쓰루미鶴見인 점에 주목할 필요가 있다.

「거미남」의 사건 장소는 고지쵸, 아오야마, 긴자로 전개되고, 「잇슨보시」의 무대인 아사쿠사와 혼쇼의 작은 세계로부터 떨어져 나온다. 그리고 최후에 거미남은 49인의 미녀를 쓰루미 유원지의 파노라마관에 모아 "비린내 나는 피의 연못 지옥, 소용돌이치는 열탕 지옥, 철의 산, 검의 산, 무수한 뱀의 혀 같이 검붉게 타오르는 업화業火의 불길, 거기에 끝없이 평범한 여자의 남색 핏기를 잃은 나체가 발버둥치는" 광경을 나타내려고 한다. 거기에서도 란포의 아사쿠사에 대한 연모가 나타나고 있지만 그렇다고 해도 도쿄가 아닌 나라가와 현의 쓰루미라는 먼 장소를 선택한 것은 어떤 이유에서일까? 긴자, 고지쵸, 아오야마도 아니고, 요요기, 시부야澁谷도 아니고, 다마가와多摩川 넘어 「잇슨보시」의 무대로부터 직선거리로 3킬로미터 떨어져 있는 장소다.

호평을 받은 「거미남」의 연재 종료 후, 「마술사魔術師」가 그 다음 달부터 같은 『강담구락부』에 연재된다. 「마술사」에서도 범인인 마술사가 오두막에 걸려 있는 장소는 스미다가와 근처의 마을이 아니라, 다마가와 부근 도쿄의 남단에 위치하는 오모리大林다. 오모리 건물을 란포는 다음과 같이 묘사한다.

> 극장 처마에 나란히 있던 그림간판을 응시하자 다양한 흑마술의 장면이 독살스러운 유화로 자못 기괴하고 끔찍하게 그려져 있었다. 고풍스러운 해

골춤, 수중미인, 인간의 몸통에 몽둥이를 박아 매어 놓은 그림, 테이블 위에서 웃고 있는 방금 자른 목, 온통 1세기 전 요술 전성시대의 어쩐지 그리운 장면 투성이였다.

여기에 묘사된 건물 벽의 풍경은 란포가 「어둠속에서 꿈틀거리다」에 묘사한 것과 같은 메이지기 아사쿠사에서 융성했던 모습이라고 할 수 있다. 란포는 이 아사쿠사적인 광경에 계속 구애받고 있으면서도 왜 쓰루미와 오모리라는 다마가와를 끼워 이런 풍경이 연출되도록 한 것일까? 그것은 아사쿠사를 메이지 중엽부터 다이쇼기에 걸쳐 지탱해 온 직공층이 다이쇼 말부터 쇼와에 들어와 쓰루미와 오모리로 이주했기 때문이다.

메이지 중엽, 청일, 노일 전쟁을 계기로 스미다가와 동쪽, 혼죠本所구와 후카가와深川구 강동 일대는 모두 공장이 급증하고 도쿄의 공장지대를 형성한다. 그리고 이곳의 공장 노동자가 아사쿠사를 오락의 중심지로써 지댕하게 만들었다.[24] 하지만 지진 후 이곳의 공장지대로부터 다마가와 하류로 공장을 이전하는 기업이 나온다. 그 대표가 아사노淺野시멘트로, 사주 아사노 소이치로淺野總一郞는 유럽 시찰 후, 메이지 411년(1908)에 쓰루미가와 하구, 5백만 평방미터의 매립을 나라가와 현에

24 혼죠本所 후카가와深川의 양구에는, 메이지 30년대 이후, 도쿄 공장 수의 7할이 모이고, 그 주변에 인력거꾼, 넝마주이, 막벌이꾼, 날품팔이 등 슬럼을 형성하는 직종의 인간들이 거주하고 있다. 다이쇼 7년, 곤다 야스노스케權田保之助가 도쿄시의 만담よせ을 조사한 결과에 의하면, 시내의 나니와부시浪花節 자리 31석 중 10석이 이 두 구에 집중되고 있다. 이 지구의 주민이 얼마나 나니와부시라라는 메이지말에 새롭게 등장한 "촌스러운" 예를 좋아했는가를 알 수 있다. 자시키게이座敷藝는 선호되지 않았다.

출원한다. 그가 쓰루미 매립에 열심이었던 것은 후카가와의 아사노 시멘트 공장의 낙진 문제가 있었기 때문이다. 생산증대에 따르는 시멘트 분말의 비산飛散이 문제시되고, 후카가와구회에서 그곳을 공해 공장으로 결정한다. 물론 이 공해 공장의 진출은 오모리로부터 쓰루미에 걸친 연해에서 어장, 김양식장을 하는 어민이 반대했지만, 다이쇼 3년(1914)에 아사노는 쓰루미 매축회사를 창립하고 쇼와 3년(1928)에 예정대로 5백만 평방미터의 매립을 완료한다.[25]

이 매립과 공장 진출에 따라서 쓰루미 소지지總持寺 앞부터 가와사키 다이시川崎大師까지 다이쇼 14년(1925)에 노면전차가 달리고, 그 전년에는 현재의 국철 쓰루미선의 전신 쓰루미 임항철도가 개업한다. 어느 정도 공장이 진출했는가는 이 쓰루미 임항철도(현 쓰루미선)의 역 이름을 보면 잘 알 수 있다. '아사노淺野'는 아사노 소이치로, '야스다安田'는 야스다 젠지로, '무사시 시라이시武藏白石'는 일본 동관의 초대 사장 시라이시 모토지로白石元治郎, '오가와大川'는 2대째 오가와 헤사부로大川平三郎, 그리고 '오기마치扇頂'는 아사노 가문에서 유래하고, 도쿄 시바우라 전기東京芝浦電氣, 쇼와덴코昭和電工를 기념하기 위한 역 이름도 있었다. 쓰루미뿐 아니라, 오모리, 하네다, 가마타, 가와사키가 공장지대로 변해가며, 아사쿠사를 지탱하고 있었던 공장 노동자 무리도 공장의 주변에서

25 아사노 소이치로淺野總一郞(가에이원년-쇼와 5년)의 계획을 자금면에서 지지했던 것은 야스다 젠시로.安前善次郎 야스다安田는 도쿄가 거대 도시화되어 가는 속에서 대개조의 필요를 예견했다. 이를 위하여 다이쇼 9년 도쿄 시장으로 취임한 고토 신페後藤新平에 의한 신도쿄 건설 구상에의 원조를 아끼지 않고, 같은 후지산 현 출신의 아사노의 계획에도 협력했다. 메이지 32년 아사노와 야스다는 도쿄만축항계획을 정부에 신청하였다. 오모리 해안으로부터 시나가와에 걸쳐 일만톤급의 선박을 직접 댈 수 있는 해안벽을 건설할 계획이었다. 그러나 정부가 이 계획을 부결했기 때문에 아사노는 도쿄만 매립계획을 단독으로 신청했다.

살게 된다. 그리고 란포가 그려냈던 아사쿠사적인 풍경도 아사쿠사로부터 수십 킬로미터 떨어진 곳에서 부상하게 된 것이다.

도쿄는 30년대에 들어와 이제까지 사람들이 생각도 할 수 없었던 위상학적 공간으로 변모한다. 공간의 변모를 초래한 것은 교통기관의 발달이다. 아사쿠사 시멘트가 후카가와로부터 쓰루미로 이전할 수 있었던 것 또한 그 주변에 란포가 아사쿠사의 풍경에서 보았던 것처럼 수, 륙, 공 교통기관에 진전이 있었기 때문이다. 그뿐 아니라 지하까지 철도가 달렸다. 지하철의 탄생은 지상의 도로망과는 달리 아사쿠사로부터 우에노, 우에노로부터 신바시, 신바시로부터 시부야를 연결하였다.[26] 그리고 그때까지 상업상 가치가 없었던 백화점 지하가 지하철역과 연계되어 판매 객으로 홍청거리는 일용잡화품, 식료품 판매장으로 변화하였다.[27] 엘리베이터는 건물을 고층화하고, 사람들은 돈을 지불하지도 않고 12층같이 높은 옥상을 올라갔다. 야마노테선은 거리를 둥글게 연결시켰으나, 아사쿠사는 이 고리에서 벗어나 있었기 때문에 결국에는 힘이 약해졌다.

다이쇼 말부터 쇼와 초기에 걸쳐 대중오락의 변화를 '정통'에서부터 '입석'으로의 변화로 본 곤다 야스노스케는 관객 취향이 변모했을 뿐 아니라, 예인들의 예를 공연하는 장소도 좁아졌다고 하였다.

---

26 지하철이 개통했던 것은 쇼와 2년 12월 30일, 아사쿠사와 우에노 사이. 불과 한 냥 편성. 2.2킬로의 구간을 4분 50초로 완주했다. 란포는 지하철이 도쿄 지하를 달리는 것에서 발상, 「대암실」을 집필하였다.

27 우에노역과 간다역에 지하철 스토어가 생긴 이유는 인기 있는 지하철이 불경기로 인하여 이용객이 줄자 그 위기를 구제하기 위한 것이었다. 승객에게 일용잡화를 판매, 식당을 세웠다. 지하가에서 판매하였던 일상용품이 10전이었기 때문에 '10전 스토어'라고 불렸다.

근대 도시의 발달은 푸른 하늘이 펼쳐진 큰 길을 공연장으로 하는, 소위 길거리 예인을 구축하게 되었다. 전차가 문자 그대로 사통팔달이 되고, 시속 20마일 이상의 속력으로 질주하며, 오락 자동차와 택시 버스가 눈에 띌 정도로 복잡해진 거리에는 회고적인 길거리 퉁소와 퇴폐적인 길거리 호카이야(오우카이라 소리치며 연가를 부르던 자)의 유유자적하는 생활이 허락되기 어려웠다.[28]

란포의 「잇슨보시」가 길바닥에서 큰 거리의 예인으로 필사의 줄타기를 하면서도 실패했듯이 거리 예인도, 거리 예인이 생활했던 길바닥도 없어지지 않을 수 없었다. 노지路地로부터 시가지로 그리고 시가지로부터 도쿄, 쓰루미, 가와사키를 연결하는 게이힌 공업지대를 만들어 주었던 게이힌 국도로, 길은 작은 길에서 큰길로 변화하였다.[29] 이 시기 큰길과 예가 강제로 분리되고, 푸른 하늘 아래로부터 벗어나 극장 시설로 둘러싸이게 된 길거리 예인들은 안전하고 청결한 아마추어素人에 가까워졌다. 이러한 변화의 철도에 올라타지 않았던 예인들은 스스로 거리를 구하여 도쿄를 벗어나, 혼잡함 속으로 사라졌다.

노지가 시가지로 변화할 때, 사라진 것은 거리 예인뿐만이 아니었

---

28 곤다 야스노스케, 『오락업자의 무리－거리 예인』(곤다 야스노스케 저작집 제2권), 문화서방, 쇼와 49년; 權田保之助, 『娯樂業者の群－大道藝人』(權田保之助著作集 第二卷), 文和書房刊, 昭和四十九年.

29 노지의 폭은 다이쇼 8년에 시가지 건축물법에 의하여 구척 이상으로 정해졌지만 그 이전은 메이지 14년 제정 방화노선의 규정으로 6척 이상으로 개정되었다(다만 장실長室의 전면은 9척 이상의 통로를 확보하지 않으면 안 된다는 장실구조법이 정해진 것은 메이지 40년) 현재의 폭 4미터 이상으로 하는 규정은 쇼와 13년 이래다. 소방과 교통상의 문제를 넘어서 군사, 방위상의 이유를 위한 것이었다.

다. 노지로부터 노지로 돌아다니던 산책자들도 사라졌다. 아케치 고고로는 유타카와 일본식 게타의 야담가다운 모습에서 다음과 같이 변화한다. 「잇슨보시」에서는 상해로부터 귀국하여 '자랑스럽게 중국옷을 입고, 중절모를 썼으며, 「거미남」에 이르러서는 중국에서 인도로 여행하여 3년 만에 귀국한 뒤, '목닫이의 마로 된 흰 옷에 백구두, 새하얀 헤르멧 모자, 눈에 익숙하지 않은 형태의 스틱, 모자 아래 코가 높고 태양에 탄 얼굴, 손가락에는 한 마디 정도의 폭을 지닌 이국풍의 반지 그 속에 대두 정도 되는 돌이 반짝반짝 빛나고 있었다. 키가 크고 발 모양이 보기 좋아서 흘낏 보면 미국이나 인도의 식민지에서 본 영국 신사 같기도 했고, 또 유럽에 살았던 인도 신사 같은 느낌'으로 변모한다. 예인풍에서 스파이풍으로, 「거미남」에 이르러서는 이방에서 온 탐험가풍으로 변모한다.[30] 도쿄는 평상복 차림으로 산책하는 마을에서 위엄있게 격식을 갖춰 탐색해야 하는 장소가 되어버렸다.

번역 : 김지선

30 아케치 고고로가 상해로부터 인도까지 여행했다고 하는 설정은 20년대 말부터 급하게 현실성을 띠게 된 일본의 아시아 진출, 남방진출과 타이밍이 맞아 아케치가 뭔가 정부의 중요한 사명을 띠고 활약하였던 인상을 만들고 있다. 쇼와 6년의 만주사변 이후 근위내각의 '아시아 신질서' 그리고 쇼와 15년의 '대동아공영권'의 구상에 걸친 국가의 움직임을 아케치는 밀정의 임무를 띠고 사전에 알고 있었다는 인상을 독자에게 준다.

도준카이(同潤會) 오쓰카(大塚)여자아파트 입구(쇼와 4년 준공)
RC조 6층 건물. 총세대수 158호.

도준카이(同潤會) 기요스나 대로(淸砂通) 아파트(쇼와 1년 준공)
파사드가 구경시청사와 비슷하다.

도준카이(同潤會) 히라누마쵸(平沼町)
아파트 방위와 관계없이 각 방의 거실은 중정에 면하도록 배치되었다.

도준카이(同潤會) 기요스나 대로(淸砂通) 아파트의 탑장식
기요스나 대로(淸砂通) 아파트는 거주수 663호로, 도준카이가 건설했던 RC조 아파트 중에서는가장 큰 규모이다.

도준카이(同潤會) 히라누마쵸(平沼町)의 표찰. 히라누마쵸 아파트는 쇼와 2년 준공
야마시타쵸 아파트와 함께 요코하마에 두 곳에 건설되었던 RC조 아파트의 하나이다.

부영 사루에(府營猿江) 아파트
도쿄부가 도준카이에 건설을 위탁. 커다란 중정을 둘러싸듯이 각 호들이 배치되어 있다.

도준카이(同潤會) 야마시타쵸(山下町) 아파트
모퉁이에 둘러있는 파사드는 곡면으로 만들어졌고, 주위의 거리에서 보면 눈에 띄게 인상적이다.

부영 사루에(府營猿江) 아파트의 나선형 계단
공유부분의 계단에 디자인을 집중하여, 주거자들의 일체감을 강조했다.

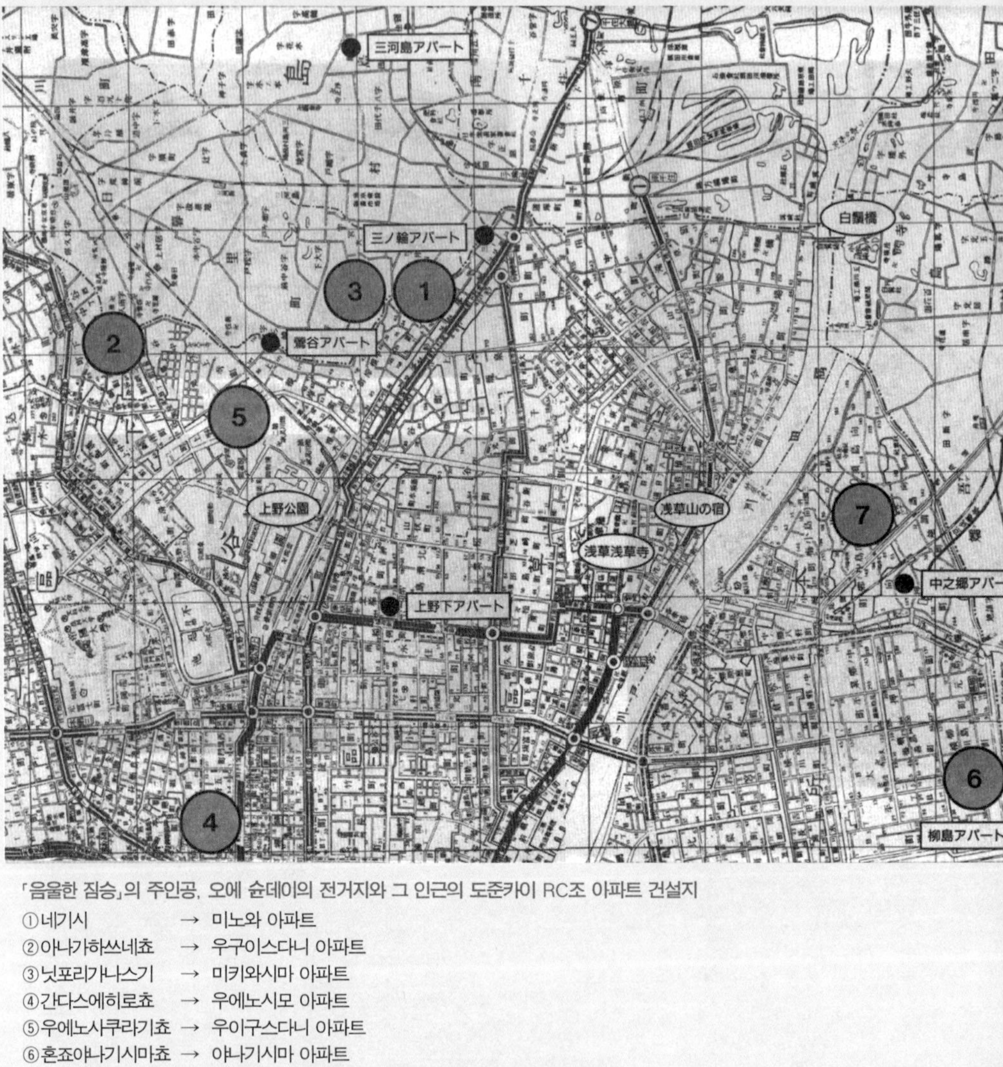

「음울한 짐승」의 주인공, 오에 슌데이의 전거지와 그 인근의 도준카이 RC조 아파트 건설지

①네기시 → 미노와 아파트
②야나가하쓰네쵸 → 우구이스다니 아파트
③닛포리가나스기 → 미키와시마 아파트
④간다스에히로쵸 → 우에노시모 아파트
⑤우에노사쿠라기쵸 → 우이구스다니 아파트
⑥혼죠야나기시마쵸 → 야나기시마 아파트
⑦부고지마스사키쵸 → 나카노고 아파트

아사쿠사(淺草) · 도키와좌

쇼와 6년에 완성했던 금룡관, 도쿄클럽, 도키와좌는
각각 독립된 극장내부 통로로 이어져, 관람객의 왕래는 자유였다.

아사쿠사 · 도쿄클럽(쇼와 6년 준공)의 뒤편

지붕이 투구풍뎅이 같은 형태를 띠고 있다.

아사쿠사 · 도쿄클럽과 도키와좌가 늘어선 6구역 상업가

아사쿠사 · 도쿄클럽 정면
표현주의의 디자인을 생각나게 하는 설계. 설계는 국제극장과 같은 마쓰나리(松成) 설계사무소.

오차노미즈 · 문화 아파트(다이쇼 14년 준공)
현재의 일본학생회관. 모리모토 고키치(森本厚吉)가 문화생활의 모범으로서 기획한 아파트. 보리스 설계.

참고문헌

논문 및 단행본

中西建一,『日本私有鉄道史研究』, ミネルヴァ書房刊, 昭和五十四年.

倉田喜弘,『明治大正の民衆娯樂』, 岩派書店刊, 昭和五十五年.

同時代建築研究會 編,『悲喜劇1920年代の建築と文化』, 現代企劃室刊, 昭和五十六年.

山田操,『京浜都市の問題史』, 恒星社厚生閣刊, 昭和四十九年.

森本厚吉,『生存より生活へ』, 文化生活研究会出版部刊, 大正十年.

權田保之助,『權田保之助著作集』1～3, 文和書房刊, 昭和四十九年.

浅香勝輯・八木澤壯一,『火葬場』, 大明堂刊, 昭和五十八年.

石川弘義 編,『娯楽の戰前史』, 東京書籍刊, 昭和五十六年.

鶴見俊輔他,『日本の百年6 震災にゆらぐ』, 筑馬書房刊, 昭和四十九年.

제6장

노인과 소년

'30년대에서 60년대로'

매장

탐정소설이라고 해도 유난히 란포 작품에는 시체를 희롱하는 묘사가 많다. 「D언덕의 살인사건」, 「심리시험」, 「지붕 밑의 산책자」 등, 초기 단편에서는 시체 그 자체를 묘사하는 것은 피하고 있다. 시체 묘사에 관해서는 「백일몽白昼夢」이 예외적이다. 이 소설은 약국 주인이 아내를 토막내서 그 머리를 가게 앞에 인체 모형으로 전시하고 지나가는 사람들에게 자신이 아내를 죽였다고 고백하지만, 그 누구도 그 이야기를 믿지 않는다는 줄거리이다. 란포 자신도 이 작품이 호평을 얻은 덕에 정통 탐정소설에서 점점 멀어지게 되었다고 회상하고 있듯이 확실히 「백일몽」 이후 란포의 장편소설에서는 시체가 마구잡이로 등장하기 시작한다. 「백일몽」에서는 약국 가게 앞에 전시된 여성의 머리가 약국 주인이 말하는 것처럼 진짜인지 아니면 그가 이야기 하는 것이 전부 거짓이고 매우 잘 세공된 머리 모형인지 알 수 없는 채로 이야기가 끝난다. 이러한 애매한 결말이 환상적인 느낌을 자아내고 있지만, 란포의 중, 장편작품에서는 그러한 환상성이 사라져 버린다.

란포의 최초 장편인 『어둠속에서 꿈틀거리다』의 후반부에 인육 기호를 지닌 자의 이야기가 추가되고 무덤을 파헤치는 장면에서 결말이 나는 것이 그 전형적인 예다. 란포의 통속장편에서는 반드시 토막난 시체나 무덤을 파헤치는 에피소드가 삽입되어 있다. 『잇슨보시一寸法師』,[1] 「거미남」은 미녀를 죽이고 토막내어 시체의 각 부분을 도쿄 각지에 뿌리는 것에서 시작되고 있다.

이야기 전개는 점차 황당무계해지고 「눈 먼 짐승盲獣」(『아사히』, 쇼와 6년 2월~7월 3일)에는 탐정은 거의 등장하지 않고 맹인 살인 성욕자가 여성들을 '희롱하고, 죽이고, 손과 발을 토막 내서, 그 사체를 이 세상에서 보지 못한 기괴한 방법으로 대중들의 눈앞에서 구경거리로 만드는, 너무나도 기분 나쁜 마지막 전말을 써내려간' 내용이 등장한다. 이 작품에서는 란포 자신도 줄거리를 따라가는 것에 싫증이 나서 지쳐버렸는지 맹인 살인 성욕자가 그 후에도 악행을 계속 쌓아가는 상황에서 "어떤 여자를, 어떠한 방식으로 장난치고 처분했는지 등에 대해서 장

---

1 일본의 옛날 이야기에 등장하는 소인 영웅. 『오토기조시御伽草子』에 의하면 잇슨보시는 쓰노쿠니난바津國難波(오사카) 태생으로 열두세 살이 되어도 키가 1촌(약 3센티미터) 정도밖에 되지 않아서, 부모조차 도깨비가 아닌가 의심했을 정도였다고 한다. 그 후 보시는 바늘칼과 보리짚 칼집 차림에 밥그릇 배를 타고, 젓가락을 노 삼아 저어서 상경하여 귀鬼를 퇴치했다고 한다. 이 귀신이, 원하는 것이 무엇이나 나오는 신기한 요술방망이를 갖고 있어서 이것으로 잇슨보시는 정상 크기로 돌아와 재상의 딸과 결혼했다고 한다. 『환상동물사전』, 들녘, 2001(역자주 참조).

황하게 기술했어야만 했다. 하지만 그것은 이미 사족에 불과하다. 작가도 지쳤다. 독자들도 필시 질려버렸을 것이다"라고 마지막 부분에 기술하고 있다.

무덤을 파헤치거나 생매장을 모티프로 한 작품은 많다. 「파노라마섬 기담パノラマ島奇談」은 주인공이 자신과 꼭 닮은 부호가 죽은 것을 좋은 기회로 삼아, 무덤을 파헤치고 시체를 꺼내 부호가 다시 되살아난 것처럼 꾸미는 장면으로 시작된다. 「흡혈귀」에는 산 채로 모자가 화장되는 아이디어까지 들어가 있다.

탐정소설은 그 주요 테마인 살인사건을 쫓는 구성을 취하는 것이 많다. 그 때문에 '죽음'과 필연적으로 관련되는 것도 많다. 란포의 장편작품에서는 시체가 완전히 사물로 취급되고 있다. 그것은 란포 작품만이 아니라 탐정소설의 공통된 폐해이다. 시체를 사물로 취급하는 것은 시체 너머에 존재하는 죽은 자의 세계인 피안을 보지 않다는 의미다. '죽음'을 사이에 두고 '저승', '피안'이란 세계가 전혀 존재하지 않고, 시체의 배후에서 죽은 자의 시선을 느끼지 못하는 것. 이는 이승과 저승을 왕복하는 '유령'이 등장할 여지가 없어져 버렸다는 것이다. 그 때문에 토막난 시체 이야기가 반복해서 등장하면 「눈 먼 짐승」처럼 작가 자신도 처참한 세계에 마취되어 질려버리게 된다. 점차 공포감을 잊어버리게 되는 것이다.

「백일몽」이 독자에게 공포감을 부여하는 것은 실제로 약국 주인이 자신의 아내를 죽이고 인형으로 만들어 전시해 놓는 장면이 아니라, 가게 앞에서 약국 주인의 고백을 듣는 군중이 여자의 머리가 납세공이라는 것을 확신하고 장난처럼 웃어버리는 장면이다. 「백일몽」의 공포를 만들어내는 것은 피안의 세계를 보려하지 않기 때문에 시체를 사물로 믿어버리는 군중들의 웃음에 있다. 죽음이 자신들하고는 전혀 상관없는 것으로 존재한다고 믿는 군중들의 웃음이야말로 공포스러운 것이다. 그것은 란포의 「백일몽」 이후 장편들에서 빈번히 등장하는 시체들에 질려버린 작가와 독자에게도 통하고 있는 것이다.

더욱 무서운 것은 란포가 묘사하는 토막 살인을 그대로 모방한 사건이 현실에서도 일어난 점이다. '1932년의 괴기'[2]라고 신문을 떠들썩하게 했던 사건은 『잇슨보시』나 「거미남」과 같이, 범인인 하세가와 삼형제가 피해자의 시체를 토막내서 데라지마 마을에 팔과 다리, 오우지에 몸통, 도쿄 제국대학 교실에는 팔과 발을 남긴 것이다. 란포가 『잇슨보시』를 쓴 것은 다이쇼 15년(1926), 「거미남」은 쇼와 4년(1929), 「눈 먼 짐승」도 쇼와 6년(1931)부터 연재를 시작해서 현실의 토막사건보다 이전의 작품들이다. 완전히 허구의 세계에서 묘사된 엽기사건을, 현실이 이후에 따라한 것이다. 익숙해질 리 없는 죽음의 공포에 어느 순간부터 마취되어, 현실과 허구의 세계가 뒤집혀 버렸다.

사람은 자기 자신이 죽음에 직면하지 않으면 죽음의 세계를 경험할 수 없다. 그러나 죽음은 언젠가는 누구에게나 찾아온다. 살아있는 한 경험하는 것, 보는 것이 불가능한 죽음. 하지만 언젠가는 경험하게 되고 볼 수밖에 없는 죽음에 대해서 사람들은 두려워하고 경외해왔다. 사람들은 그런 죽음에 대한 두려움을 장례식과 무덤에 의탁했다. 그

---

2 이 사건은 하세가와長谷川 가문의 식객이던 치바 류타로千葉竜太郎가 하세가와 형제의 친여동생과 내연관계였다는 것이 발단이 되었다. 치바의 광폭한 성격에 골머리를 앓던 형제가 치바를 살해하고 시체를 여덟 조각낸 사건으로 하세가와 삼남매는 쇼와 7년(1932) 10월 19일에 검거된다.

때문에 죽음에 대한 사람들의 의식 변화는 장례식이나 무덤에 대한 사람들의 의식 변화와 상보적인 관계에 있다고 할 수 있다. 다이쇼 말기부터 쇼와에 걸쳐서 장례식 방법과 무덤의 모습에도 큰 변화가 있었다. 장례식에 변화를 가져온 것은 화장의 일반화이고, 무덤의 모습이 변화한 것은 묘지가 절에서 분리되어 성립하기 시작한 이후부터다.

화장은 메이지 이전부터 이미 에도의 시가지에서는 일반적인 장례법이었다. 그러나 에도에서 도쿄로 이름이 바뀌었어도, 매장의 풍습이 남아 있는 지역은 도쿄 주변에도 많았다. 그런데 다이쇼에 들어서 도쿄의 인구가 증가하자, 그에 따른 사망자 수도 당연히 늘어나갔다. 그런 한편 인구의 증가는 시가지도 확대시켰다. 사체 처리가 제대로 되지 않고 매장의 풍습이 남아있던 지역까지도 화장 방식으로 바뀌어가게 되었던 것이다. 덧붙여서 화장 방법까지도 변화해갔다. 화장용 연료로 장작을 사용하고 있던 당초에는 소각에 긴 시간을 필요로 했다. 또한 낮 시간 때의 소각은 악취 때문에 주변 주민의 혐오감을 불러일으켜서 화장은 오직 밤 시간 때의 일이 되었다. 습골拾骨은 그 다음 날 일이었다. "우리나라에서 낮 시간의 화장이 경시청으로부터 정식으로 허가되어 당일 습골이 가능하게 된 것은 의외로 매우 뒤늦은 시기인 쇼와 2년(1927) 6월로, 도쿄 마치야 화장터에서 두 기의 중유로가 완성되면서부터"라고 한다.[3] 중유의 등장으로 화장은 더욱 크게 변화하였다.

「흡혈귀」는 쇼와 5년(1930)에 쓰여진 작품이다. 그 작품 속에서 모자母子가 산 채로 화장당하려 할 때의 묘사가 나온다. 그 묘사는 그대로

3 아사카 가쓰스케 · 야기사와 소이치, 『화장터』, 다이메이도, 1983.

화장의 변화를 따르고 있다.

> 자세하게는 모르지만, 밤이 되기를 기다려 석탄을 때서 아침까지는 완전히 재가 되어 버리게 하는 일이었다.
>
> 요즈음에는 그 외에 편리한 중유소각장치가 생겨났다. 소각로 안에 관을 넣자마자 사방에서 불이 나와서 장례식에 참석한 사람들이 기다리는 동안에 순식간에 재가 되어 버린다고 한다. 그러나 지금까지 어떤 특이한 일도 일어나지 않은 것을 보아 이는 석탄로임이 틀림없다. 가만히 고요해진 상황을 볼 때 장례식 참석자 모두 돌아가 버린 것이겠지.

「흡혈귀」 속에서 모자母子는 화장터 연료가 석탄으로, 소각에 시간이 필요했기 때문에 오히려 목숨을 건졌다. 중유로重油爐만이 아니라 코크스로, 전기로의 출현으로 화장 시간은 눈에 띄게 단축됨과 동시에 장례식 그 자체도 간소화되고 있었다. 「흡혈귀」에서 화장터로 모자를 옮긴 것은 영구차이다. 이 차의 보급도 장례식이 간소화되는 과정에서 출현한 것이다. 자동차의 속도는 장송葬送의 시간을 줄이고, 이러한 간소화된 의례의 보상심리로 수입차 상부에 일본풍의 궁宮 모양을 씌운 이상한 혼성품을 만들었다. 장례식에서 거행되는 과정을 사람들은 죽은 자가 피안에 다다르는 여정으로 바라봤다. 장례식 시간 단축이 죽은 자의 공양을 손상하는 것이라 한다면, 그것을 보완해야만 한다. 그런 의미에서 영구차 장식은 새로운 공양이었다.[4]

죽음에 대한 풍속의, 또 하나의 큰 변화는 지진 후, 구획 정리를 위한

4 장례사업이 개인 영업의 직종에서 기업화된 것도 다이쇼 중반의 일이다.

205개소의 절이 어쩔 수 없이 이전하게 되고 절 안에 있었던 묘지 또한 교외로 이전한 것이다(지진의 다음 해 계획된 구획정리시행 구역 내에 묘지는 8만 7,627평, 또한 도로 정비나 공공용지를 위해 이전된 묘지는 5만 3,000평에 이른다). 또한 교외에 공영 묘지도 늘어나고 종교와 분리해서 장례식이 거행되게 되었다. 다마多磨 묘지(다이쇼 12년－1927)와 마쓰도松戸의 야바시라八柱 묘원(쇼와 10년－1935)은 도쿄 근교의 새로운 공영 묘지의 전형이었다. 이러한 묘지들의 특색은 공원적인 분위기를 지니고 이른바 죽음의 분위기를 느끼지 않게 만든다는 점이다. 묘지는 현세적인 유람의 장소로 바뀌어 버린 것이다.

화장이 도시뿐만 아니라, 도시 주변부에서도 일반화된 것은 사망자의 급증 때문이라 생각할 수 있겠지만, 또 다른 이유로 다음과 같은 일을 들 수 있다. 고향을 떠나서 도시에 올라온 노동자가 사망한 경우, 화장하는 편이 유족에게 보다 편리했기 때문이다. 탈향자는 유골이 되어 작은 유골함에 들어가 조상을 모시는 무덤으로 귀향한 것이다. 게다가 공원 묘지의 출현은 '죽음'조차도 돌아가야 할 '집'을 소실시킨 것이었다. 사람들은 조상을 모시는 무덤, 다시 말해 피안 세계도 무시하기 시작하고, 공원 묘지는 현세의 행복한 장소로 바뀌어 공원 장식을 꾸미기 시작했다. 장례식의 단축화와 묘지의 공원화는 사람들에게 죽으면 끝이라는 생각을 납득시키고 사후 세계와의 관계를 더욱 희박한 것으로 만들고 있었다.

이러한 생사관이 생겨난 것은 바꿔 말해서 죽음에 가까워지는 노인이나 환자를 바라보는 시선에도 변화를 주었다. 노인이나 환자가 어떤 가치도 없는 죽음에 다가간다고 본다면, 노인이나 환자는 죽음에 이르는 과정에서 어떤 도움도 되지 않는 인간으로 비춰진다. 아니, 오히려 가혹한 산업사회가 성립해서 노인이나 환자를 생산에 종사할 수 없는 자, 노동력으로서 가치가 없는 도움이 되지 않는 자로 바라보았을 때, 그들의 죽음 또한 단순한 죽음으로 바라보기 시작했다고 생각 할 수 있다. 그렇다고 해서, 노인이나 환자를 도움이 되지 않는 자로 사회가 바라보게 되었다고 하는 것이 사회가 노인이나 환자를 방치하기 시작했다는 것을 의미하는 것은 아니다. 오히려 반대로 사회에 도움이 되지 않는 자로서 포섭하기 시작했다는 것을 나타낸다.

일본의 의료정책, 의료제도는 다이쇼부터 쇼와에 걸친 시기에 명료한 분기점을 가진다. 그것은 다이쇼 5년(1916)에 시행된 공장법과 다이쇼 15년(1926)에 시행된 건강보험법으로 상징된다. 이 두 제도는 노동자 건강관리의 중요성을 국가가 인식하기 시작했다는 증거지만, 그 표면과 실질에는 상당한 간격이 존재한다. 공장법 그 자체는 메이지 44년(1911)에 공포되었다. 공장법 제정의 목적은 여자 및 15세 미만의, 모든 보호직공의 심야노동을 금지하는 것에 있었지만, 이 법에 대해서는 고용자 측의 반대가 강해 시행되는 연도가 연기되었다. 게다가 항상 15명 이상의 직공을 사용하는 공장만으로 적용이 한정되어, 완전히 유명무실한 법이 되어버렸다. 작은 영세공장이야말로 문제시해야만 했다. 내용면에서도, 보호직공의 심야업무(오후 10시~오전 4시)는 금지되었지만, 2교대 체제의 경우는 법 시행 후 15년간 적용을 연기한다든지, 12시간이란 보호직공의 노동시간 제한도 가장 많이 일을 해야 하는 기기, 제사製絲업, 견직업의 공장에서는 특례를 인정하고 13시간, 14시간 노동을 허가하고 있었다. 다이쇼 15년(1926)에 시행된 건강보험법도 공장법과 같은 상황이었다. 업무상의 상해에 대해서는 수당으로 평균 급여의 6할이 180일을 한도로 지불하도록 했지만, 대상이 되는 것은 15명 이상의 직공이 근무하는 공장, 사업장의 노동자로 연 수익 1,200엔 이하의 직원으로 정했다. 그렇기 때문에, 당시 노동자 총 470만 명 중, 보험법은 180만 명밖에 적용되어 있지 않았다. 환경도 열악한 장소에서 저임금으로 장시간 노동을 하는 자는 처음부터 빠져 있었다.

이러한 공장법이나 건강보험법은 노동자의 인권을 옹호한다는 표명을 겉으로 드러낸 것에 불과했다. 공장법 성립에 반대해서 노동자 측에서 데모도 일어났다. 지금까지의 공장법으로는 직무상의 재해에 의한 상해 수당은 고용자 전액부담이었지만, 새로운 법에서는 노동자가 일부 부담한다고 되어있었기 때문이다. 게다가, 건강보험이 사용된 상황에 관해서 다음과 같은 분석이 이루어지고 있다.

> (건강보험의 상태별 통계의) 총 건수 중, 실로 84.1%가 극히 단기간(평균 요양 일수 10.4일)에 치유되었고, 폐결핵, 뇌졸중, 악성종양도 마찬가지였다. 심한 경우에는 노환이 이틀 만에 치유된 것으로 다루고 있었다. 물론 노환이 이틀 만에 나을 리 없다. 아마도 나이를 먹어 비틀거리고 있는 수위나 사환을 명목상 이틀 정도 공장안의 의국에 다니게 하면서 서서히 해고시켰을 것이다.[5]

본래 노인이나 환자를 돕고, 생활을 보장해야 할 법 제도가 전혀 다른 형

5 노무라 다구, 『국민의 의료사』, 산세이도, 1977; 野村拓, 『國民の医療史』, 三省堂刊, 昭和五十二年.

태로 사용되어 버린 것이다. 노동자로서 도움이 되지 않는 노인이나 환자가 '치유'라는 명목으로 사라지게 되고 가는 최종 목적지는 죽음뿐이다. 다이쇼나 쇼와 초기 노동자의 인권이 주장되었지만, 오히려 노동자는 경제효율적인 틀 안에 갇히게 된 것이다.[6]

란포 작품 중 가장 그로테스크한 것으로 여겨지는 「애벌레」를, 업무상 상해를 일으켜, '치유'라는 명분하에 사라진 노동자와 그 아내의 이야기로 읽어보자. 이 단편은 쇼와 초기, 중국 대륙의 전쟁에 참가해서 양팔과 양다리를 잃었을 뿐 아니라, '부상으로 귀가 들리지 않게 되고 소리를 내는 기능에도 묘하게 이상이 생겨서 말조차 할 수 없게 된' 시각만이 유일하게 남은 전쟁 병사와 아내의 생활을 묘사한 작품이다.

그 책상 앞에는 모슬린 염색의 이불을 동여맨, 실용신안특허新案特許라든지 좌식 의자 등이 놓여 있었지만, 그 위는 텅 비었고, 그 곳에서 멀리 떨어진 다다미 위로 약간 색다른 물체가 뒹굴고 있었다. 그 물건은 낡은 오시마 비단大島銘仙으로 만든 옷을 입고 있음에 틀림없었지만 사실상 입고 있다기보다는 천에 둘러싸여 있다고 하는 편이 맞았다. 또는 그곳에 오시마 비단의 큰 보자기에 담긴 것이 내팽개쳐져 있다고 하는 편이 맞을 듯한 실로 이상야릇한 느낌의 것이었다. 그리고 그 보자기에 담긴 것 끝에서 불쑥 인간

6 다카하시 미노루高橋実, 『순농촌의 의학적 분석純農村の医学的分析』, 쇼와 1년(1941)에서 "단지 한 가지 온전한 사실을 보고하겠다. 그것은 '집단검진'에 의해 발견되는 결핵환자 외에 가끔 진료소 외래에서 발견되는 결핵환자는 거의 대부분이 최근에 고향에 다시 돌아온 귀향자(질병을 이유로 한)란 사실이다"라고 밝혔다. 당시, 고향을 떠난 사람은 가혹한 노동조건 아래서 결핵에 감염되어 직장을 잃고 귀향하는 사례가 많았다.

의 머리가 튀어나와서,

그 옷을 벗기면,

그것은 마치 거대한 노란색 애벌레였다 또는 도키코가 항상 마음속에 형용하고 있었던 것처럼 매우 기괴하고 기형 같은 고기 경단이었다. 그것은 어떤 경우에는 팔다리의 흔적을 지닌 네 개의 고기 덩어리를(그 맨 끝에는 마치 손가방처럼 사방으로 껍질이 조여, 깊은 주름을 만들고 그 중심에는 기분 나쁜 작은 구덩이가 움푹 파여져 있지만), 그 살점 돌기물이 마치 애벌레의 다리처럼 이상하게 떨면서 둔부를 중심으로 머리와 어깨로 진짜 경단처럼 다다미 위를 뱅글뱅글 돌고 있었기 때문이다.

「애벌레」라는 작품은 주인공 아내의 묘사를 빌리자면 고기 경단화된 병사와 아내의 육욕을 대상으로 한 것으로, 발표 전부터 곡절이 있었다고 한다. 원래 이 작품은 잡지 『개조』를 위해 쓰인 것이지만, 란포 자신의 회상에 의하면,

당시 좌익적인 평론 등으로 정부에서 특별히 주시당하고 있는 개조사改造社는 아무리 자체 검열을 해도 이래서는 도무지 위험해서 실릴 수 없다고 해서 또 다시 『신청년』에 넘기게 되었다. 『신청년』은 오락 잡지이기 때문에 사상적으로 주시당하고 있다는 걱정도 없었기 때문이다. 그런데도 우익의 입장에서 『개조』에 실을 수 없다고 알렸기 때문에 편집부는 삭제투성이로 책을 발표했다.

잔뜩 삭제된 상태로 발표된『신청년』잡지상의「애벌레」(같은 잡지 지면에는「악몽」)와 후에 란포의 원문대로 발표된 전집의「애벌레」를 비교해 보는 것도 재미있다. 아내의 성욕과 팔다리가 없는 병사의 모습으로 '공적 5급에 준한 무공훈장이 수여되었다'는 지점, 다시 말해 여성의 정조와 병사의 충성심에 관련된 지점이 검열로 삭제되었던 것이다. 오늘날 우리들의 시각에서 보면 특별히 삭제될 정도의 것은 아니라고 생각할 수 있다. 하지만,「애벌레」는 발표 후 좌익 사상에 의한 반전소설로서 읽혀졌다고 한다. 란포는 그 평가에 대해서 다음과 같이 이야기하고 있다.

> 나는 그 소설을 좌익 이데올로기로 쓴 것이 아니다. 나는 물론 전쟁은 싫어하지만, 그런 것보다도 더욱 강한 저항이 내 가슴속에는 꿈틀거리고 있었다. 예를 들면 '왜 신은 인간을 만든 것인가'라는 저항이 나에겐 전쟁이나 평화나 좌익사상보다도 근본적으로 훨씬 더 강렬했다. 이러한 것들은 내던져 두고, 정치가 인간 최대의 문제인 것처럼 활동하고 있는 문학자들의 속마음을 알 수 없다.「애벌레」는 탐정소설은 아니다. 극단적인 고통과 쾌락과 참극을 그리고자 한 소설로 그것이 전부다. 굳이 말하자면, 그 소설에는 일본 전통의 '모노노아와레物のあわれ'라는 것도 포함되어 있다. 반전보다는 그 쪽이 오히려 의식적이다. 반전과 같은 것을 도입한 것은 우연히 그것이 이 비참함에 가장 안성맞춤인 재료였기 때문이라는 데 불과하다.

「애벌레」는 단순히 이데올로기에 의한, 반전소설로는 읽을 수 없다. 읽는다고 한다면, 란포가 이야기하는 것처럼 '왜 신은 인간을 만든 것인가'라는 의문과 '모노노아와레'[7]를 키워드로서 읽어야 할 것이다. 좁은 의미에서 반전소설로 읽히는 것은 주인공이 조국을 위해서 싸웠던 병사였기 때문이지만, '고기 경단'화된 주인공에게서 전직 병사라는 신분을 떼어버리면 이 소설은 일하는 중에 몸을 상하고, 두 번 다시 일터로 돌아갈 수 없는 환자와 그를 간호하는 아내의 이야기로서 읽을 수 있을 것이다.

이 이야기 속에서 부부 사이에 암묵적으로 이해되고 있는 것은 언젠가 찾아올 환자의 죽음이다. 또한 죽을 때까지 이와 같은 생활이 이어지는 것도 납득하고 있다. 남자는 아내를 통해서만 외부 세계와 이어져 있을 뿐으로, 사회적으로 어떤 역할도 하지 못하는 인간이다.「애벌레」가 묘사하는 비참한 세계는 기형과 같은 성욕에 말려든 남녀라기보다 기형적인 성의 모습에 의해서만 관계를 맺고, 죽음까지의 거리가 얼마나 남았는지 매일 생각할 뿐인 남녀의 삶에 있다. 란포의 '왜 신은 인간을 만든 것인가'라는 의문은 뒤집어 말하면 '인간은 그 이후 아무것도 없는 죽음까지의 시간을 매일 지내고 있는 것은 아닌가'라는 의문도 된다.

이러한 의문에 대해서 종교인 이외에는 당연히 대답할 수 없을 것이다. 그러나 이러한 의문이 생겨난 유래를 생각하는 것은 그리 어렵지 않을 것이다. 그것은 개인의 신체를 둘러싼 사회적인 공간이 경제적인

---

7 일본 헤이안 시대의 왕조문학을 이해하는 데 있어서 중요한 문학적 미적 개념, 미의식의 하나이다. 직역 또는 의역하여 사물의 슬픔, 비애의 정 등의 의미를 갖는다. 보고 듣고 만지는 사물에 의해 촉발되는 정서와 애수, 일상과 유리된 사물 및 사상과 접했을 때, 마음의 깊은 곳에서 흘러나오는 적막하고 쓸쓸하면서 어딘지 모르게 슬픈 감정 등을 말한다.(역주, 위키백과 참조)

효율로 얽매이기 시작하고, 경제적인 부를 창출해내지 않으면, 그 육체는 마치 죽은 것과 같은 것이라는 사실. 동시에 죽음 자체는 의미를 지니지 않고 모든 것이 끝나버리는 한순간이라는 사고방식으로 변했기 때문이다.

「애벌레」의 결말은 남편의 외부를 향한 유일한 회로인 두 눈이 아내로 인해 망가지고, 몸통의 촉각만을 지니게 된 남자가 낡은 우물에 스스로 몸을 투신하면서 끝이 난다. 무슨 이유로 아내는 남편의 의사표시가 가능한 유일한 기관인 두 눈을 해한 것일까. 그것은 때때로 가만히 천장을 응시하는 남편의 모습에 아내가 불안감을 느꼈기 때문이다.

> "또 생각하고 있군요"
>
> 눈 외에는 그 어떤 의사 표명을 할 수 있는 기관을 지니지 않은 한 사람의 인간이 가만히 한 곳을 응시하고 있는 모습이 한밤중 갑자기 그녀에게 기분 나쁜 느낌을 주었다. 어차피 둔해져 버린 머리라고 생각하면서도 이처럼 극단적인 불구자의 머리 속에는 자신과는 좀 다른 세계가 펼쳐지고 있을지도 모른다. 지금 그는 또 다른 세계를 헤매고 있을지도 모른다고 생각하자 오싹한 기분이 들었다.

아내는 '볼품없는 장애인 주제에, 혼자서 깊이 생각에 심취해 있는 모습이 상당히 밉살스럽게 여겨져' 갑자기 남편에게 덤벼들었다. 남편의 '언제까지고, 언제까지고 커다랗고 튀어나올 듯이' 응시하는 그런 눈길에 견딜 수 없게 되어 결국 아내는 "뭐야, 그런 눈은"이라 외치며 남편의 두 눈에 상처를 입힌다.

불구의 남편이 보고 있는 또 다른 세계란 어쩌면 자신이 매일 살아가고 있는 시간이 아무것도 아니라고 깨달았을 때, 처음으로 볼 수 있게 된 피안의 세계는 아니었을까. 죽음에 가까워지고서 그는 죽음 앞의 세계, 타계를 보기 시작했다. 그러나 아내에게는 피안을 보는 것이 불가능하다. 그보다는 무의식 속에 현실의 세계가 무의미하다는 사실을 회피하고 있었다는 것이 맞을 것이다. 그녀는 자신이 범한 남편에 대한 과거의 의미를 알고 있다. 가장 확실한 것은 그녀는 남편이 자신을 표현하는 두 눈을, 그들이 안이한 짐승이 되기에는 대단히 방해가 된다고 생각했던 것이다. 이따금 그곳에 떠오르는 정의의 관념이라 말할 수 있는 것을 밉살스럽게 느끼고 있던 것이다. 이러한 '정의의 관념'이란 현실 생활이 아무리 인간답지 못하다고 해도, 인간으로서 살고 싶다고 하는 보편적인 감각이다. 그러나 자신의 신체 모두를 타인에게 내맡겨버린 이상, 이 '정의의 관념'도 타인에게는 '거치적거리는' 것에 불과하다.

란포가 「애벌레」 창작 동기로서 이야기한 '모노노아와레'란 인간답게 살고 싶다고 하는 바람과 그것이 불가능하다는 딜레마를 가리키고 있다. 남편에게는 현실의 모든 것이 체념의 대상에 불과하고, 그 체념을 통해서 현실세계가 아닌 피안을 바라보고 있는 것이다. 그러므로 남편은 '용서한다'는 말을 남기고서 스스로 타계로 향해갔다. 그는 살기 위해서 죽음을, 한편 아내는 살기 위해서 결코 피안의 세계를 보려 하지 않았던 것이다.

「애벌레」는 죽음의 세계를 이상화해서 볼 것인가 또는 전혀 가치 없는 세계로서 볼 것인가와 같이, 관념이 두 개로 분리되어 버린 상황을

이 작품의 심연에서 담아내고 있다. 당시 노동자를 둘러싼 환경은 군화 소리가 울려 퍼짐에 따라서 더욱더 가혹하게 변하고 있었다. 국가가 경제에 개입하고 생산은 확대되어 간다. 쇼와 6년(1931), 만주사변이 시작되고 군수 인플레는 노동자의 수를 증대시켰다. 하지만 그렇게 늘어난 노동자의 대부분은 미성년자나 임시공이었다. 노동조건으로는 공장법 적용 외에 있는 사람도 대상이 되는 노동자재해보조법이 쇼와 6년에 제정되지만, 현실은 보다 비참한 방향으로 나아갔다. 노동시간의 규정은 지켜지기커녕, 만주사변 이후, 연장 경향을 드러내고 노동재해도 늘어났다. 탄압이 격해짐에 따라 노동쟁의도 감소해갔다.[8]

전화戦火의 냄새를 느끼고, 높아지는 긴장감 속에서 사람들은 생과 죽음의 경계를 간단히 넘나들고 있었다. 쇼와 7년(1932), 가나가와현神奈川県 오이소大磯에서 게이오慶應 대학생과 그 연인이 결혼 반대에 비관하여 동반자살한다. 이 '사카다산 동반자살坂田山心中'은 곧 「천국에서 맺어진 사랑天国に結ぶ恋」이라는 제목으로 영화화되고 주제가도 또한 크게 흥행했다. 동반자살의 노래나 영화의 흥행뿐만이 아니라 자살도 그 해부터 급증해 간다. 이 해만 20쌍이 '사카다산 동반자살'과 같은 장소에서 동반자살을 한다. 다음 해 1월 9일, 도쿄의 '짓센実践여자전문학교'의 학생이 미하라산三原山에서 투신자살하고, 그로부터 1개월 후인 2월 12일, 같은 학교 학생이 또 미하라산에서 자살한다. 두 명의 자살자는 같은 학교 학생이라는 이유로 화제가 되고 이 두 자살사건 이후, 미하라산

8 니시노 리쿠오는 제1회(다이쇼 9년-1920)의 국세조사에 있어서 노동자의 평균연령을 제3회(쇼와 5년-1930)의 국세조사시의 연령과 대비해서 전체 유업자에 있어서는 0.3세, 공업 종사자에 있어서는 0.5세 내려가고 있는 것을 지적하고 이 시기에 노동강화가 "인간기계의 노망현상발현에 박차를 가하고 있다"고 한다.(노무라 다구, 앞의 책 참조)

은 자살의 명소로 바뀐다.[9] 이 해, 남자 804명, 여자 140명, 통계 944명이 미하라산에서 자살한다. 사람들의 마음속에는 앞이 보이지 않는, 어찌할 수 없는 허무가 떠돌고 있었다.

같은 해 여름, 도쿄에서는 '도쿄춤곡東京音頭'이 대유행한다. 각지에서 '도쿄춤곡'은 외치듯이 불리고, 사람들은 둥글게 모여 춤을 췄다. 영원히 살아가야 할 타계를 추구하며 어떤 자는 죽음에, 어떤 자는 생존하기 위해서 죽음의 냄새를 피하듯이 방종 속으로 몸을 던졌다. 쇼와 12년(1937), 전면적인 중일전쟁에 들어가고 국민정신 총동원이 내려져 모든 면에서 통제 강화가 진전되어 간다.

「애벌레」 속 남녀의 삶은 전시 하에 들어가서 현실감을 한층 더해가고 있었다. 쇼와 14년(1939) 3월 「애벌레」는 전편 삭제를 명받고 쇼와 16년(1941)에 이르러서는 란포의 대부분 작품이 금서가 된다. 인간의 삶을 응시하는 「애벌레」는 진정한 의미에서 반전소설인 것을 당국은 간파한 것이다. 나라 그 자체가 갈 곳을 잃고 오감이 망가진 채 손발을 잃어 「애벌레」 그 자체로 깊고 어두운 우물로 향하고 있었던 것이다.

9 「천국에서 맺어진 사랑天国に結ぶ恋」을 보면서 음독자살자가 나타나고, 또한 미하라산에서 자살지원자 동지가 우연히 만나 함께 투신한다는 사례도 있었다. 덧붙여서 도쿄 자살자의 해가 경과함에 따라 변화를 알아보니, 쇼와 원년(1926) 401명, 2년 471명, 3년 473명, 4년 424명, 5년 466명, 6년 507명, 7년 1,424명, 8년 1,511명, 9년 1,356명으로 쇼와 7년(1932)에 급상승하고 있다.

소년 유괴

노인이나 환자를 둘러싼 환경이 마냥 거세지기만 하는 시대 속에서 또 다른 약자, 아이들을 둘러싼 세계는 어떻게 변하고 있었는가? 소년 소녀들을 둘러싼 세계 또한 거세져, 가혹한 환경 속에서 그들을 두려움에 떨게 만들었던 것이다. 란포가 소년물을 처음으로 다룬 것은 쇼와 11년(1936)이다.[10]

> 오락잡지에 내가 쓴 성인물은 줄거리도 유치하고 문장도 쉬운 것이 많았으니까, 소년 구락부의 편집자가 이 사람은 분명 어린이물에 어울리겠다고 눈 여겨 보았을지도 모른다. 진작부터 의뢰는 들어오고 있었지만, 그다지 열렬한 의뢰도 아니었기 때문에 진지하게 생각하고 있지 않았지만, 최근 들어, 내 입장에서도 어차피 성인 잡지에 유치한 것을 쓰고 있으니까 소년잡지에 쓴다고 해도 같은 이치가 아닌가라는 마음이 되었던 것이겠지.

라고 란포 스스로 인생 후반에 회상하고 있다. 늘 같은 줄거리의 통속 장편만을 요청하는 출판계와 늘 같은 줄거리밖에 쓰지 못하게 된 자기 자신에 체념을 품고 있었던 것이다. 란포라는 작가는 초기 단편군에서

10 어린이를 둘러싼 문제 중 하나로, 쇼와 시대에 들어서 급증한 부모-자녀 동반자살이 있다. 중앙사회사업협회는 쇼와 7년(1932) 7월부터 다음 해 6월까지 1년간의 조사결과를 발표하고 있지만, 동반자살한 총 수는 280건, 성인 308명에 비해서 희생된 어린이의 수는 426명이다. 동반자살 주체의 대부분은 생모(208명)으로 원인은 '생활고'였다. 이러한 모자의 동반자살 방지를 목적으로 여성운동가는 '모성보호연맹'을 결성(쇼와 9년-1934)하고 쇼와 12년(1937)에는 '모자보호법'을 제정시키기에 이른다.

알 수 있듯이 언제나 새로운 줄거리, 속임수의 발견을 스스로의 사명이라 생각하고 있었다. 그러므로 늘 같은 줄거리의 작품을 쓰는 것은 란포에게 있어 견디기 힘들었다고 생각된다.

란포는 새로운 탐정소설을 창작하기 위해서 여러 번 집필활동을 쉬는 기간을 갖고 재기를 꾀해왔다. 그러나 쇼와 11년(1936)에 이르러 소년물에 손을 댄 이유는 자기 재능의 고갈에 대한 깊은 체념이 있었기 때문은 아니었을까. 다시 한번 란포에게 이러한 생각을 가지게 한 것은 작가의 내적인 문제의식만이 아니라 「애벌레」 게재 때 일어난 검열 삭제로 보이는, 표현에 대한 제한이 노골적으로 진행되고 있는 상황이 계기가 되었을 것이다. 작가 란포도 또한 애벌레처럼 손발을 잃어버리고 목표를 상실했기 때문에 무난한 소년물로 향할 수밖에 없었던 것이다.

그런데 란포의 생각과 반대로 『소년구락부少年倶楽部』에 쇼와 11년(1936) 1월부터 연재된 「괴인20면상怪人二十面相」은 획기적인 성공을 거뒀다. 란포의 이런 소년물 영향으로 이후, 소년잡지는 빠짐없이 탐정소설을 게재하기 시작했다고 할 정도였다. 하지만 이런 소년물조차도 후에 당국의 검열을 받아 전전戰前시기에 20면상이 활약한 작품은 겨우 세 작품에 불과하다. 쇼와 24년(1949)에는 결국 「애벌레」 작품 전체가 삭제되기에 이른다. 표면에 드러난 금서는 이 한 편에 불과했지만 사실상 금서는 쇼와 16년(1941)까지 나온 란포의 모든 작품이었다. 그로 인해 란포는 쇼와 17년(1942) 1월부터 고마쓰 류노스케小松龍之介라는 필명으로 소년과학물 「지혜의 이치타로智恵の一太郎」를 쓰고 쇼와 18년(1943)에는 잡지 『일출日の出』에서 반미색이 짙은 과학 스파이 소설 「위대한 꿈偉大なる夢」을 연재하기에 이른다.

전후戰後시기가 되어 란포 작품은 해금되지만 란포는 전전시기의 통속 장편 소설 세계로도, 그리고 초기 단편소설 세계로도 돌아가지 않았다. 아마 돌아갈 수 없다는 것이 맞았을 것이다. 란포가 전후에 집필한 작품은 그 수는 적고 란포 자신이 실패작이라 인정한 것뿐이었다.

란포의 이력을 추리해 볼 때, 후배 작가 발굴과 지도를 위해 바쁘게 움직였다는 인상을 지울 수 없다. 란포의 전후시기 주요한 업무는 탐정작가 클럽 회장(쇼와 22년(1947) 취임) 등의 명예직과 『탐정소설 40년』 등의 자서전 집필에 있었지만 유일하게 전후시기에도 창작 활동을 멈추지 않았던 분야가 있었다. 그것은 전전시기 세 작품만 집필했던 소년물이었다. 「청동마인青銅の魔人」을 쇼와 24년(1949)부터 『소년』에 연재한 이래로 정력적으로 소년물을 집필해 나갔다.

도가와 야스노부戸川安宣의 「란포 · 소년물의 세계乱歩 · 少年ものの世界」[11]에 의하면 란포의 소년물은 세 종류로 크게 구별할 수 있다고 한다. 첫 번째는 란포가 순전히 집필한 오리지널 작품들. 두 번째는 란포의 성인 취향 소설을 소년물로 개작한 것으로 이중에는 란포 자신이 손을 댄 것과 여러 명에 의해 개작 · 대필된 것이 있다. 세 번째는 외국의 소년물을 번역 소개한 것으로 이것은 대필가가 썼다고 한다. 세 종류 중 첫 번째, 란포 자신이 집필한 소년물은 장 · 단편 합쳐서 44편이 된다. 전전시기에 란포가 성인 취향으로 집필한 장 · 단편물은 다 합쳐도 70편 정도이기 때문에 전후시기의 소년물이 55세가 지나고 나서 집필한 것임을 생각해 봤을 때 놀랄만한 작품 수라 할 수 있을 것이다. 이 작품

11 「에도가와 란포의 세계」, 『환영성』 증간호, 현영사, 1975 수록; 「江戸川亂歩の世界」, 『幻影城』, 絃映社, 昭和五十年七月.

수는 소년들에게 이상 현상이라 할 정도의 인기를 얻었다는 것을 증명하고 있다.

그래서 나카이 히데오中井英夫는 란포가 집필한 이런 소년물 중에서 20면상이 등장하는 장편 25작품을 하나로 이어서 읽고 『매우 고독한 괴인孤独すぎる怪人』에서 특이한 시점을 제시하고 있다. 간단히 요약하자면, 20면상의 작품 안에서 사건이 일어나는 장소에 주목하고 그 장소가 대부분 몇 군데로 한정되어 있다는 것을 지적하고 있다. 첫 번째 작품 「괴인 20면상」이 '아자부麻布의 어느 고급 주택가에 있는' 대저택을 무대로 하고 있고 아케치 고고로 사무실도 야자부 류도쵸龍土町, 그리고 도둑들의 소굴이 도야마가하라戸山ヶ原, 요요기代々木의 나무숲이라는 점, 두 번째 작품 「소년탐정단少年探偵団」에서는 세타가야구世田谷区의 다마가와玉川 전찻길 무대가 되고 있다는 점을 근거로 한 것이다.

> 그런데 「괴인 20면상」과 「소년탐정단」에 묘사된 '아자부'와 '세타가야'는 주변의 '고지마치麴町'와 '시부야渋谷'를 연결하면서 그 후 오랫동안 오리지널 작품이 끝날 때까지 계속해서 등장한다. 그 다음 사건의 무대라고 하면 보석상이 있는 긴자銀座' 외엔 '도시마구豊島区'와 '시노바즈노이케不忍池'가 두 번씩 등장하는 정도로 마치 도쿄에는 다른 마을이 없는 것처럼 보인다. 하지만 이는 란포가 배경 조사에 게을러서 그런 것은 아니다. 오히려 이러한 아자부 지향, 세타가야 지향, 그리고 긴자 지향에는 숨겨진 또 하나의 꿈, 도쿄라는 잡다한 마을에 대한 깊은 애도가 숨겨져 있다.[12]

12 나카지마 가와타로中島河太郎, 『에도가와 란포—평론과 연구江戸川乱歩—評論と研究』, 고단샤講談社, 쇼와 55년(1980) 수록.

확실히 나카이의 지적대로, 란포가 쇼와 35년(1960) 『소년』에 연재한 「전기인간M電人M」의 무대가 '미나토港구의 쓸쓸한 마을, 길게 콘크리트가 깔려있는 인기척 없는 거리'로 묘사되고 있듯이 아자부, 세타가야, 고지마치, 시부야는 반복해서 소년물에 등장한다. 그리고 이러한 마을들은 쇼와 10년대(1930~1940)에는 무슨 일이 일어나도 이상하지 않을 정도로 변두리였고 쓸쓸한 장소였다. 그 정체를 알 수 없는 공간은 당시 소년들의 두려움과 공명하고 있었다.

소년들은 두려워하고 있었다. 그 두려움을 상징하는 듯한 사건도 있었다. 빨간 망토라 불리는 괴인이 소년을 유괴하거나 소녀를 강간하고 초등학교나 여학교의 여자화장실에 출몰한다는 소문이 쇼와 14, 5년경(1939~1940) 도쿄뿐만 아니라 다른 대도시에도 퍼졌다. 가타 고지加太こうじ에 따르면 쇼와 15년(1940) 여름, 그가 만든 그림 연극이 빨간 망토 소문을 퍼뜨린 원인으로서 오사카大阪 경찰에 압수되어 소각되었다고 한다. 경찰이 가타의 그림 연극을 헛소문의 원인으로 지목한 것은 빨간 망토의 "소문은 도쿄의 닛포리日暮里역 근처 야나카谷中 묘지 인접한 곳에서 소녀가 강간당해 살해된 사건에서 시작되고 있다. 그때, 그 주변에서 나는 빨간 망토 마법사가 거리의 구두닦이 소년을 유괴해서 마법사 제자로 만드는 이야기의 그림 연극을 하고 있었다"[13]는 구절 때문이었다. 그림 연극의 그림이 도쿄에서 요코하마横浜, 그리고 도카이도東海道의 주요도시를 거쳐 오사카로 갔다는 경로와 시간이 '빨간 망토의 유괴 소문이 유포된 경로와 시간에 정확히 일치'했다는 것도 경찰이

13 가타 코지, 『그림 연극 쇼와사』, 입풍서방, 쇼와 46년(1971); 加太こうじ, 『紙芝居昭和史』 立風書房刊, 昭和四十六年.

주목한 원인이 아니었을까 가타는 추측한다.

그림 연극의 그림과 함께 빨간 망토 소문이 이동한 것은 소년들의 두려움이 란포의 소년물처럼 그림 연극과도 공명하고 있었기 때문이다. 그림 연극에 아이들이 매혹된 것은 연속활극 이야기의 재미와 함께 파는 불량식품 때문만은 아니었다. 같은 시각, 같은 장소에 난데없이 나타나 이야기가 끝나면 또 어딘가로 사라져버리는 그림 연극 장수에 끌리고 있던 것이다. 호객꾼도 기묘한 분장을 하고 악기를 치며 이 마을에서 저 마을로 흘러갔다. 아이들에게 그림 연극과 호객꾼은 색다른 세계의 사람으로 생각되었을 것이다. 그림 연극 장수도 호색꾼도 다이쇼 시대부터 존재했지만 쇼와 시기에 들어와 실업자가 늘어나서 급격하게 성행한 장사였다. 아이들은 이 두 새로운 장사의 알 수 없는 정체에 이끌리고 그 뒤를 쫓아다녔다. 아이들은 자신이 사는 마을과 다른 세계가 있다는 것을 두려워하면서도 그림 연극과 호색꾼을 따라가 알지 못하는 마을로 유괴당하고 싶어 했던 것은 아닐까.

왜 소년들은 그렇게 두려워했던 걸까? 쇼와 6년(1931) 만주 사변 발발 후 앞으로 펼쳐질 전쟁의 기운을 느끼고 거기서 생기는 막연한 불안감이 소년들의 마음을 뒤덮고 있었다는 것을 충분히 생각해 볼 수 있다. 하지만, 소년들의 불안을 북돋운 것에는 15년 동안 이어진 긴 전쟁과는 다른 또 하나의 전쟁이 다이쇼 말부터 일어나 소년들을 말려들게 했다는 것도 크게 작용하고 있음을 알 수 있다.

또 하나의 전쟁을 생각하기 전에 다시 한번 란포의 소년물 세계로 돌아와서 왜 아자부나 세타가야가 무슨 일이 일어나도 이상하지 않은 마을이 되었으며, 쓸쓸하면서 무서운 장소가 되었는지에 대해 의문을 가져보고 싶다.

> 아자부의 어느 주택가에 사방이 백 미터나 되는 대저택이 있습니다. 사백미터정도 될 듯한 매우 높은 콘크리트 담이 매우 아득하게 보입니다. 삼엄한 철문 안으로 들어가면 커다란 상록수가 심어져 있고 그 무성한 잎 건너편에는 훌륭한 현관이 보입니다. 방이 몇 개인지 알 수 없을 정도로 넓은 일본식 집과 노란색 벽돌로 덮인 이층식 큰 양옥이 기역자로 세워져 있고 그 뒤편에는 공원처럼 넓고 아름다운 정원이 있습니다.

이 글은 란포의 최초 소년물 「괴인 20면상」의 서두 부분, 무대가 되는 하시바羽柴 저택의 모습이다. 소년들에게 아자부가 쓸쓸하고 무서운 장소인 것은 어느 집이나 담으로 둘러싸여 내부를 볼 수 없는 주택가였기 때문이다. 「괴인 20면상」은 이 하시바 가문의 차남 소지壮二 군이 유괴된 사건에서 시작된다. 두 번째 작품인 「소년탐정단」은 유괴된 소지의 사촌인 가쓰라 쇼이치桂正一 군이 온통 검은 복장을 한 인물과 만나고 소년탐정단원으로서 숨바꼭질하듯이 추적하는 이야기가 시작 부분이다.

> 가쓰라 군은 학교에서는 소년 스모 선수를 하고 있을 정도로 실력에 자신이 있는 대담한 소년이기 때문에 뒷골목 지름길을 터벅터벅 걸어갔습니다. 양쪽엔 긴 판자나 콘크리트 담장, 울타리뿐으로 가로등도 어두컴컴해서 한밤중도 아닌데 전혀 사람이 다니지 않는 쓸쓸한 골목이었습니다.

장소는 세타가야의 다마가와 전찻길로, 사건은 가쓰라 군의 동급생으로 소년탐정단원이기도 한 시노자키 하지메篠崎始 군의 집에서 일어난다. 시노자키 군 집의 보석을 노리고 여동생인 미도리緑를 납치하려고 하는 20면상과 그를 저지하려는 탐정단과의 머리싸움이 맨 처음 절정을 이루고 있다. 세 번째 작품인 「요괴박사妖怪博士」는 앞선 두 작품에서 비참하게 패배한 괴인 20면상이 소년탐정단과 아케치 고고로에게 복수하는 이야기이다. 맨 처음 희생양이 된 것은 탐정단 단원인 아이가와 다이지相川泰二 군으로 롯폰기에 있는 친구 집에서 야자부의 고가이쵸笄町 자택으로 돌아가는 도중에 이상한 노인을 만나 추적하지만 반대로 붙잡히게 된다. 하지만 결말 부분에서 아케치의 활약으로 다시 풀려나게 난다. 20면상이 다음으로 노린 대상은 시부야구 사쿠라가오카쵸桜丘町에 사는 탐정단원 고이즈미 노부오小泉信雄 군, 20면상은 그를 유괴해서 인질로 붙잡고 풀어주는 조건으로 노부오 집에 대대로 전해 내려온 국보 셋슈雪舟의 산수화를 요구한다.

어쨌든 소년탐정단과 아케치 탐정의 승리로 끝나지만 이 전전시기의 소년물 삼부작을 보면 소년탐정단 단원의 성격이 상당히 명확히 드러나 있다. 하나같이 좋은 집안의 소년들로 구성되어 있다. 「괴인 20면상」 속 하시바 소지羽柴壮二 군은 자동차로 학교를 통학하던 소년이다. 「요괴박사」 속 아이가와 다이지相川泰二 군은 자신의 공부방을 가졌다고 묘사되어 있다. 다른 소년들도 저택의 모습에서 봤을 때 독립된 공부방을 가지고 있음이 틀림없다. 초등학교 상급반 정도 된 이 소년들의 삶을, 예를 들어 「음울한 짐승陰獣」의 무대가 된 아사쿠사浅草 주변에 사는 소년들과 비교해보면 그 차이점은 명확할 것이다. 무엇보다도 그들은 변두리에 사는 아이들과 비교하면 외부와 격리된 생활을 보내고 있다.

덧붙여서 소년들의 생활에 격리감을 느끼는 하나의 원인은 아버지가 일하는 모습이 보이지 않는 마을에 살고 있기 때문은 아닐까. 장인, 상인, 농민의 집이라면 일터와 주거가 분리되어 있지 않다. 그에 비해 탐정단 소년들 부모의 직장은 아이들의 눈에 보이는 범위에서 완전히 분리되어 있다. 이는 공무원이든, 회사원이든, 또는 대저택이든 문화주택이든 상관없이 주거는 일과 분리되고 그들이 사는 마을은 사생활을 영위하는 장소로만 기능한다. 변두리가 지닌 개방성은 일과 생활을 일체화하고 있다는 점에서 생기고 주택가의 폐쇄성은 이웃 주민이 무엇을 생업으로 삼고 있는지 모른다는 점에서 생겨난다.[14]

소년탐정단 소년들이 사는 주택은 전용 주택 중에서도 극단적으로 폐쇄된 거주지이다. 농가에서는 사랑방出居이라 불리던 공간이 있었다. 응접실하고는 다른 편하게 이웃 사람들과 앉아서 이야기를 하는 장소였다. 상가의 경우 격자문을 열고 집에 들어가면 시멘트 바닥과 이첩 정도의 작은 객실 현관이 있어 이웃은 그 작은 객실 앞에 붙은 일 척 너비의 현관 마루에 걸터앉아 일상적인 대화를 나눴다.[15] 그에 비해 주

---

14 란포가 소년물의 무대로서 선택한 아자부나 세타가야는 다이쇼 말부터 쇼와에 걸쳐 부동산 업자에 의해 주택지로 개발된 장소이다. 특히 아자부는 메이지 초반에 구 다이묘大名 주택을 정치가나 부호가 손에 넣어 주택가로 되어 있었지만 다이쇼 말기부터 주택지 개발이 성행하게 된다. 하코네箱根토지주식회사에 의한 주택지 개발은 눈부실 정도였다. 그 대상이 된 지역은 아자부 사쿠라다쵸桜田町, 아자부 잇폰마쓰一本松, 후지미쵸富士見町, 고지마치 히라가와쵸平河町, 고지마치 산반쵸三番町, 아자부 히로오쵸広尾町, 아카사카 히토츠키赤坂一ツ木, 우시고메 가와다쵸牛込河田町, 기쿠이쵸喜久井町, 신센쵸神泉谷, 메지로다이目白台, 핫켄다나百軒店, 고노에쵸近衛町, 신주쿠엔新宿園 등이다. 란포가 소년물의 무대로 한 장소와 겹친다.

15 야나기다 구니오柳田国男는 「메이지 다이쇼 역사 세태편世相篇」에서 메이지 다이쇼가 되어 사랑방出居이 쇠퇴했다는 것을 지적한다. 사랑방出居이란 일상적으로 '나가서 외부 사람과

택가 대저택은 집 내부에 이웃을 일상적으로 응대하는 장소를 따로 갖지 않았으며, 그 앞에 높은 담과 거대한 대문으로 외부와 고립되어 있었다.

이렇게 강한 배타성이 '무슨 일이 일어나도 이상'하지 않은 마을을 만들었고, 쓸쓸하고 무서운 양상을 띠게 한 것이다. 그리고 소년들은 각자 공부방을 가지게 되어 더욱 격리되고 갇히게 되었다. 소년들의 자립심을 키우기 위한 개인 방도 다른 측면에서 보면 소년들을 공부 속으로 폐쇄시키려는 부모들의 장치이다. 소년탐정단의 소년들은 쇼와 초기, 가장 독립적이면서도 한편으로는 가장 폐쇄된 생활을 하고 있던 아이들이었다. 그에 반해 시리즈를 읽던 소년 독자들 중에서 공부방을 가지고 있던 사람은 적었을 것이다. 그림 연극이나 호객꾼을 쫓는 아이들에게 주택가도, 양옥식 집도, 공원처럼 아름다운 정원도, 공부방도, 학교를 바래다주던 승용차도, 완전히 꿈의 세계였다. 그런 색다른 세상에 둘러싸여 있는 같은 나이 또래의 소년들이 어른들에 의해 갇힌 틀에 나와서 활약하는 이야기는 소년 독자들이 안고 있던 누군가에게 감금당하는 두려움과 그냥 막연하게 울타리에서 탈출하고 싶다는 조바심에 강하게 공명한다.

다이쇼 말기부터 쇼와 초기에 있어서 소년들의 세계를 생각해보면 그들의 세계 또한 큰 변모를 이룬다. 그 큰 변화란 소년탐정단원이 공부방 속에 갇혀 있었던 것처럼 진학열이 증대한 것이다. 앞서 서술한

함께 있는 장소'이자 "더 안쪽의 밝은 곳에 방석등을 깔고 맞이했던" 장소로 여겨 '사회와의 관계'를 엿볼 수 있는 장소였다. 사랑방이 쇠퇴했기 때문에 "일본의 접객방식이 있는 자에게는 농후하게 지낼거라 평가되고 또는 다른 관측자에게는 냉담하게 해석되는 원인이 있다"고 한다.

소년들을 두려움에 떨게 했던 또 하나의 전쟁이란 진학 전쟁이었다.

일본은 메이지明治 시대 이후 식산흥업殖産興業(생산을 늘리고 산업을 일으킴)을 외쳤다. 그러기 위해서 국가를 이끌어 갈 엘리트를 양성해갔다. 다이쇼가 되어 일본이 자본주의 국가 대열에 들어가자 고등교육 기관 확충은 한층 국가 정책상의 요구가 되었다. 다이쇼 7년(1918)에 '대학령大学令'과 '고등학교령高等学校令'을 공포하고 사립 전문학교를 대학으로 격상시켰다. 관공립 대학을 다수 창설하고 7년제 고등학교를 전국 각지에 설립했다. 다이쇼 시대의 15년 통치 기간 동안에 대학은 4개에서 37개로, 고등학교는 8개에서 31개로 급증했다. 하지만 그럼에도 고등학교는 입학난에 시달렸다. 입신양명을 위해 학생은 제국대학을 목표로 하며, 제국 대학에 들어가기 위해서 관립 고등학교를 희망했다. 고등학교는 늘어났지만 입학경쟁률도 20배(다이쇼 11년－1922)에 달했다. 제1차세계대전 후의 불황으로 인해 학력은 더욱 중시되었지만, 진학의 코스는 한정되어 있었다. 덕분에 부모들에게 교육은 필수적이며 유리한 투자의 대상이 되어버렸다. 진학열이 올라갈수록 학부형들은 자신의 아이가 다른 아이와 손색없는 학력을 얻기를 바라고 다른 아이보다 조금이라도 높은 학력을 주고자 하였다. 그 때문에 진학열은 눈 더미처럼 계속 쌓이게 된다. 고등학교를 향한 수험전쟁은 중학교와 초등학교로 그 영향이 파급되었다.[16]

국민의 교육열 상승은 문부성文部省이 "초등학교 재학 중 오로지 보다

16 수험전쟁의 격화를 묘사한 소설로 구메 마사오久米正雄, 『어느 수험생의 수기或る受験生の手記』, 다이쇼 7년(1918)이 있다. 도쿄대에 두 번 떨어진 주인공이 바로 합격한 동생에게 애인을 빼앗겼다고 여겨 자살한다는 내용이다.

나은 실력을 준비하는 데에 몰두하여 부지불식간에 그 심신 발달에 악영향을 일으키는 것은 국민의 장래를 생각해볼 때 참으로 한심하기 그지없다"고 한탄할 정도였다. 공립府立중학교→관립官立고등학교→제국대라는 엘리트 코스가 생기고 중학교도 입학시험을 시작했기 때문에 초등학교 중에는 중학입시와 관련 없는 과목은 수업을 하지 않는 곳마저 생겼다. 그 때문에 문부성은 쇼와 2년(1927) 11월에 공립 중등학교 입시를 폐지, 내신 성적과 구두시험, 신체검사를 선택기준으로 하도록 통달하였다.

내신 성적 제도는 이 때 이후 중단을 겪으면서도(쇼와 4년(1929), 오사카에서 내신 성적표위조 사건이 일어나 다음해부터 쇼와 13년(1938)까지 필기시험이 부활하지만 다시 문부차관의 통보 "준비 교육의 폐해를 일소하고 초등학교 교육의 본지本旨 관철을 도모한다"는 내용 때문에 내신 성적 제도로 돌아감) 전시戰時교육과 전후戰後교육의 어수선한 급전환에도 불구하고 오늘날까지 이어지고 있다. 그보다는 교육제도가 변하는 고비마다 내신 성적은 그 중요도가 늘어나서 입학자 선발의 중추적인 기능까지도 가지게 되었다. 초등학생까지도 말려들게 한 수험전쟁은 사회가 높은 학력을 얻지 못하면 살아갈 수 없다는 신화를 만들어냈다. 이런 신화 때문에 소년들은 공부방 속에 갇히게 되었다.

장인, 상인, 농민의 자식 할 것 없이 가업을 잇지 않고 모두가 하나같이 학력사회의 파도에 휩쓸려 갔다. 학력사회가 목표로 한 인간은 일본을 지도하는 엘리트, 다시 말해 사람을 관리하는 능력이 뛰어난 인간형이었다. 자신이 자신의 기술을 가지고 일을 하는 장인, 상인, 농민이라는 직업은 부정되어갔다. 말하자면 주택과 직장이 일체화 되어있는 직업은 기피되고 소년탐정단 단원의 아버지상이 그대로 학력사회의 목표가 되는 것이었다. 소년들 아버지의 삶은 거주하는 지역과 긴밀한 연관성을 가지고 있지 않다. 거주지는 직장의 통근시간에 따라서 선택된 장소였다. 근무지와는 떨어진 자폐적인 삶이 미래의 생활상이 되었다. 소년탐정단원들은 공부방에 갇혀있을 뿐만 아니라 그 미래의 모습에 있어서도 갇혀있다. 그때 그들은 이를 두려워하고 갇힌 환경에서 탈출하고자 한다.

그 뿐만이 아니라 란포가 소년물을 집필하기 시작한 쇼와 11년(1936)에 소년들의 세계는 또 다른 위기에 직면하고 있었다. 그것은 쇼와 10년(1935) 청년학교 제정에서 쇼와 16년(1941)의 국민학교 제정에 이르는 대규모의 교육제도 개혁이다. 심상尋常 소학교, 고등 소학교를 다시 초등학교, 초등과와 고등과로 분류하고 고등과를 졸업한 자는 청년학교에 진학한다. 청년학교는 남자 5년, 여자 3년에서 쇼와 14년(1939)부터 남자 5년을 의무제로 했기 때문에 남자는 누구라도 19세까지는 교육제도의 진로에 얽매인 채 군대에 입영하게 되었다. 소년들의 진로는 모든 가능성을 배제하고 유일하게 병사가 되도록 한정되었다.

란포 소년물조차도 신체제新體制에 적합하지 않다고 하여 모두 절판되었다. 란포는 필명을 고마쓰 류노스케라고 바꾸고 건전하고 교육적인 소년물 「지혜의 이치타로」를 집필하지만 이는 소년들이 느끼는 캄캄한 미래의 모든 것을 이야기하고 있다(쇼와 13년(1938) 10월 26일 내무성內務省은 「아동 도서 개선과 관련된 지시 요망」을 발표하고 아동 도서의 검열을 강화한다).

전시하에 들어가면 소년들은 '소국민少國民'으로 불려 건전한 병사가 되는 것이 의무화된다. 교육제도는 어디까지나 소년들을 병사로 만들기 위해서 재편성한 것처럼 보였지만 실은 병사가 되기 위한 교육조차 명목상으로 기능할 뿐이었다. 수업 시간은 단축되고 중등학교 이상의 학생은 노동력을 보충하기 위해 동원되었다. 쇼와 13년(1938)에는 동원 작업의 기간이 여름방학 3～5일이었던 것이 쇼와 16년(1941)에는 연간 30일로, 쇼와 18년(1943)은 "재학기간 중 1년에 약 삼분의 일에 해당하는 기간"(「학도전시체제 확립요망」, 쇼와 18년 6월)까지 연장되어 실질적으로 학교 수업은 정지되었다. 동원에서 제외되어야 할 국민학교 초등과 소년소녀들에게도 노동력 부족으로 인해 일을 하게 하였다. 학교 운동장은 아동들의 손으로 개간되어 논밭으로 바뀌고 쌀, 보리, 고구마가 심어졌다. 아이들의 손까지 빌려서 싸우는 일본에게 승리가 있을 리 없었다.

이윽고 도쿄는 B29의 폭격을 받게 된다.[17] 마을은 시체로 넘쳐났다. 쇼와 초기에 새로운 공동체 창조를 위한 명목으로 만들어진 도쥰카이同潤会 아파트의 안마당조차 수많은 신원 불명의 시체 처리로 인해 급조된 묘지로 변했다.[18] 쇼와 19년(1944) 6월 「학동소개学童疎開 촉진 요망」이 발령되어 연고소개縁故疎開를 원칙으로 하면서도 도쿄, 오사카, 나고야名古屋를 시작으로 하는 열두 개 도시의 국민학교 초등과 삼학년 이상 육학년까지 연고가 없는 아동 40만 명은 주변의 여관, 절 등 7,000군데

---

17 도쿄가 B29폭격기에 의해서 첫 번째 대공습을 받았던 것은 쇼와 19년(1944) 11월 24일이다. 12월에 들어와서 10일은 죠토城東 11일은 시나가와品川, 오모리大森, 12일은 도시마豊島, 27일에는 전역, 30일, 31일은 혼조本所, 시타야下谷로 공습은 일상화되고 다음 해 쇼와 20년(1945) 1월 27일 대낮에는 약 75기의 B29가 도심을 폭격한다.

18 쇼와 20년(1945) 3월 9일 고토지구江東地区는 대공습을 받는다. 9만 3천 명의 사상자와 116만 명의 이재민이 나왔다. 사망자 9만 명을 매장하기 위해서 각지의 공원이 임시묘지화되었다.

에 집단 대피되었다. 소년소녀들은 불응할 수도 없이 유괴되어 격리된 것이다.

란포는 무참히 타죽어 간 그리운 도쿄를 마지막까지 지켜보고자 한다. 쇼와 20년(1945) 4월을 시작으로 가족을 후쿠시마福島에 피난시킨 후에도 그는 혼자 이케부쿠로池袋에 남는다. 4월 13일 밤의 대공습으로 주변은 전소되었지만 그의 집 한 채만은 멀쩡했다. 그가 피난지로 이동한 것은 6월이 되면서 영양실조로 인한 병이 발병했기 때문이었다. 8월 15일 란포는 종전終戰 선언을 피난지 병상에서 들었다. 도쿄는 폭격으로 인해 폐허로 변했다. 란포가 사랑했던 도쿄의 변두리는 폭격으로 인해 전멸했다. 사람들은 굶주림과 싸워야만 했다. 암시장 그리고 도매상에서 상품을 싣고 온 열차에 식량을 구하러 몰려들었다. 하지만 사람들이 굶주리고 있던 것은 식량만이 아니었다. 전시 중, 억압되었던 문학에도 굶주려 있었다. 쇼와 21년(1946)에 재간된 란포의 구작들은 이십 권을 넘겼다.

어른들이 살기 위해서 필사적이었던 전후 부흥기는 아이들에게 있어서 가장 개방된 시기였을지도 모른다. 어른이 만들어낸 제2차세계대전에서도, 수험전쟁에서도 해방되었기 때문이다. 도쿄는 가는 곳마다 빈 터뿐으로 그 속에서 아이들은 해질녘까지 노는 걸 즐겼다.

전후, 란포는 「청동마인」을 쇼와 24년(1949) 1월부터 『소년』에 연재하고 소년물을 재개한다. 사건은 소년탐정단 시노자키篠崎의 친구 데즈카 쇼이치手塚昌一 집에서 일어난다. 데즈카의 집에 있는 '황제의 야광시계'를 청동 마인이 훔치려고 하는 이야기이다. 데즈카의 집은 전전 시기에는 대부호였지만 전후에는 재산을 처분하고 남아 있는 것은 넓

은 저택과 미술품 시계라는 설정이다. 몰락했다고 하지만 저택 안은 넓었고 '데즈카 부자 세 명에 집안일을 도와주며 기숙하는 학생과 하녀, 그리고 동거하고 있는 피난민 가족이 여섯 명 있지만 그래도 집이 너무 넓어 쓸쓸할 정도'였다. 피난민이 동거하고 있는 것은 당시를 떠올리게 한다. 더욱 흥미를 끄는 것은 고바야시小林 단장이 소년탐정단 외에 우에노上野 공원에 자리잡은 부랑아를 모아, '불량배 별동대チンピラ別働隊'를 만든 것이다. 고바야시 소년은 부랑아를 앞에 두고 '불량배 별동대'의 이유를 설명한다.

> 제군들은 모르겠지만 영국에 사립 탐정의 대스승님이 있지. 이름은 셜록 홈즈 선생이야. 이 대단한 홈즈 선생이 역시 너희들 같은 불량배나 어른 낭비자를 조수로 이용해서 악당들을 잡으신 적이 있거든. 그 영국 탐정단 이름은 '베이커 가 불량배'라고 해. 이 불량배들이 공로를 세웠기 때문에 널리 알려져서 모두에게 칭찬을 받고 있다구. 그러니 말이야 불량배 별동대는 조금도 나쁜 이름이 아니야.

란포는 20면상을 르블랑Leblanc의 루팡으로, 소년탐정단을 코넌 도일Conan Doyle의 '베이커가 불량배'로 그 모범을 삼고 있지만 소년탐정단과 '베이커가 불량배'가 결정적으로 다른 점은 주택가의 좋은 집안 자제들과 거리의 불량배 간의 상이함이다.

전후의 혼란이 겨우 본래의 모습으로 돌아오자, 소년탐정단이 돌아오고 이 「청동마인」이란 작품에서는 소년탐정단은 옆으로 밀려난 채 불량배 별동대가 종횡무진 활약한다. 그들은 20면상을 놀래켜 비웃고,

도둑처럼 자물쇠를 풀어 고바야시 단장을 구하는 등 행동에 전혀 스스럼이 없다. '그 20면상도 이런 남을 깔보는 불량배들의 행동에는 어이가 없어 신변의 위협도 잊은 채 멍하니 서 있을 뿐'일 정도였다. 하지만, 이 불량배 별동대는 전후시기 첫 번째 작품인 「청동마인」 이외에 별다른 활약이 없다. 「괴기 40면상怪奇四十面相」(『소년』, 쇼와 27년(1952) 1월~12월)에도 등장하지만 이미 그 활약상은 적다. 시대가 안정되기 시작하면서 부랑아는 사라져야만 하는 존재가 되었다. 이 불량배들이 활약한 시대야말로 소년들이 해방되었던 극히 짧은 시기였다. 소년들의 세계도 또 다시 어른들이 정해놓은 틀 안으로 되돌아간다.

쇼와 25년(1950)에 6·25전쟁이 일어나고 특수경기特需景気는 일본을 부흥시켰다. 경제 부흥은 다시 진학 전쟁을 가열시켰다. 전후시기의 교육은 군국주의 및 극단적인 국가주의를 배제하고 교육칙서 대신 '교육기본법'이 쇼와 22년(1947) 공포되고 개혁되었다. 이러한 변화 속에서 아이들 주변을 둘러싸고 있던 전쟁의 분위기는 지워졌지만 진학 전쟁은 완전히 사그라지지는 않았다. 오히려 이 전쟁은 대학에서 초등학교까지 모든 아이들에게 평등하게 장기적으로 일상의 전투를 강요하고 있었다. 전전시기의 내신 성적 중시 제도는 전후에 들어와 더욱 강화되었다. 쇼와 30년(1955) 6월, 문부성은 학습 생활기록부 개정을 통달하고 생활 기록에 불과했던 생활기록부를 "외부에 대한 증명 등을 위해 만든 간단명료한 장부"로 만들었다. 다음 해 교육법 실행 규칙을 개정하고 공립고교 입시에 앞서 "조사서 그 외 필요한 서류 및 선택을 위한 학력 검사 성적을 자료로 해야만 한다"고 규정하고 학습 생활기록부와 내신 성적을 일체화하였다.

"이제 전후는 지났다"고 하여 소득 증대가 이뤄지고 식량난이 해소되어 화려한 가전제품이 화제가 되었다. 전자제품이 각 가정을 충족시키는 동시에 고교진학률도 급증해갔다. 고교진학률이 쇼와 35년(1960)에 59.8%, 쇼와 39년(1964)에는 70.4%를 넘고 쇼와 44년(1969)에는 80.3%에 달했다. 전기세탁기, 텔레비전, 전기냉장고가 가정 내 '세 가지 신기神器'로 일컬어지며 전기난로, 전기밥솥, 토스터, 믹서기, 선풍기가 친숙한 것이 되고 사람들은 소비열에 휩싸였다. 전후시기의 가정상이 구체적으로 그려지게 되자 고교진학도 전후시기 가정의 빼놓을 수 없는 구체적인 투자 대상이 되어갔다. 더 이상 전전시기의 소년탐정단원의 대저택 같은 집은 바랄 수는 없게 되었지만, '세 가지 신기'와 아이들의 고교진학을 손에 넣었을 때 전후시기의 각 가정은 명확하게 중산층 의식을 가지게 되었다. 총리부[19] 조사에 의하면 쇼와 39년(1964) 자신의 생활수준을 '중산층'이라 생각하는 사람은 87%에 달하고 그 중에서도 '평균'이라 생각한 사람은 50%에 달했다. 고교진학률까지가 80%에 달했다는 것은 중산층 의식이 아이들 세계까지 침투해버렸다는 것을 말해주고 있다.

란포의 오리지널 소년물의 마지막 작품은 쇼와 37년(1962) 1월부터 잡지 『소년』에 연재한 「초인 니콜라超人ニコラ」(이후 「황금 괴수黄金の怪獣」로 개명)이다. 란포 소년물의 재미도 쇼와 30년대(1950년대 후반)에 들어서자 그 힘을 잃고 전작들을 반복할 뿐이었다.

돌이켜 생각해보면, 란포 소년물의 매력은 어디에 있었던 걸까. 그

19 총리부總理部는 일본 내각총리대신이 분담하면서 관리하는 사무를 담당하는 일본 행정기관을 일컫는다.(역주, 위키백과 참조)

것은 소년들의 두려움과 공명했던 쓸쓸한 주택가에 있었고, 그 주택가 한구석에서 날뛰었던 괴인 20면상들에게 있었던 것은 아니었을까. 20면상은 변장의 명인이어서 운전사, 노인, 문학박사, 요리사, 장인, 아케치 고고로로도 변했었지만 그 자유자재의 변장은 직업이나 신분이 외양과 일치하던 시대였기 때문에 가능했던 것이다. 하지만 전후시기는 중산층 의식을 지닌 가정이 90%에 이르렀다. 이 중산층 의식이란 텔레비전이나 냉장고, 세탁기라는 물건에 의해 뒷받침된다. 그것은 열 명 중 아홉 명까지가 직업과는 관계없이 동일한 생활을 하고 있다는 것이다. 이 중화화中和化 된 사회에서 20면상은 다양한 모습으로 변장할 수가 없다.

전후시기 란포 소년물의 제목을 열거해보면 20면상의 특징을 잘 알 수 있을 것이다. 「투명인간透明人間」(쇼와 26년－1951), 「우주괴인宇宙怪人」(쇼와 28년－1953), 「천공의 마인天空の魔人」(쇼와 30년－1955), 「황금표범黄金豹」(쇼와 31년－1956), 「요괴인간 공妖人ゴング」(쇼와 32년－1957), 「야광인간夜光人間」(쇼와 33년－1958), 「철인Q鉄人Q」(쇼와 33년－1958), 「전기인간M電人M」(쇼와 35년－1960), 「유성인간R妖星人R」[20](쇼와 36년－1961), 「초인 니콜라」(쇼와 37－1962)처럼[21] 인간으로 변장하기 보다는 우주인이나 초인으로 변하기 시작한다. 중산층 의식이 명확한 형태를 취하고 장인이나 상인조차 넥타이를 선호하게 된다. 이렇게 각자가 지니고 있던 얼굴을 잃어버리고 누구나 똑같이 한 가지 얼굴만을 갖게 되었을 때 20면상도 본래의 모습

---

20 유성인간R의 원제는 「요성인간R」이다. 요성妖星은 흉사의 전조로 보이는 불길한 별을 뜻한다. 독자들의 쉬운 이해를 돕기 위해서 '유성'으로 의역하였음을 알린다.(역주)

21 모든 제목은 『소년』, 『소년클럽少年クラブ』 등 잡지 연재중의 원고 표기로 하였다.

을 잃어버리게 된 것이다.

중산층 의식을 지닌 사람이 90% 가깝게 이르렀던 쇼와 39년(1964)에 도쿄 올림픽이 개최되었다. 올림픽을 목표로 도쿄는 대대적인 개조가 이루어졌다. 란포가 쓸쓸한 마을로 묘사한 아자부, 세타가야, 시부야 등의 주택가에는 고속도로가 놓이고 빈 터는 사라져 빌딩이 세워졌다. 빈 터가 사라져 여름 해질녘까지 시간을 잊고 놀던 아이들의 모습은 줄어들었다. 텔레비전은 그림 연극과 호객꾼을 몰아냈다. 그림 연극의 무시무시한 그림은 교육상 좋지 않은 것으로 취급되고 불량식품은 비위생적인 것이 되었고 호객꾼의 모습은 이상한 것으로 간주되어 마을에서 쫓겨났다. 게다가 텔레비전에는 모든 아이들이 같은 것을 보고 있다는 강제력이 있었다. 아이들은 그것에 뒤처질까봐 걱정하기 시작했다. 이전의 소년탐정단원은 어른들이 만들어 놓은 틀을 두려워하고, 그 틀에서 탈출하기 위해서 인적없는 거리에서 만난 괴인의 뒤를 쫓았었다. 중산층 의식이 아이들의 생활까지 침투했을 때 아이들은 그곳에서 탈락되는 것을 두려워하기 시작했다. 20면상들도 아케치 고고로들도 소년들도 마음대로 놀 수 있었던 황혼시기 속으로 사라져갔다.

올림픽이 열린 다음해 7월 28일, 71세의 나이로 란포가 사망했다. 거대한 태양이 지고 황혼은 밤으로 바뀌었다.

번역 : 한태준

덴엔초후(田園調布)역 정면(다이쇼 13년(1924) 준공)

비엔나 제체시온풍의 설계. 다이쇼 12년(1923) 덴엔초후의 마을은 새로운 주택가로서 개발되었다.

고마자와(駒沢) 급수탑

다이쇼 12년(1923) 시부야(渋谷)는 인공 급증으로 인해 급수탑이 필요하게 되었고 높이 22m, 직경 14m나 되는 거대 급수탑을 설치, 마을에도 급수하였다.

나카노(中野) **형무소 십자형 건물**(**다이쇼 4년**(1915) **준공**)

패전 이전에는 도요다마(豊多摩) 감옥으로 불려, 고바야시 다키지(小林多喜二), 하니야 유타카(埴谷雄高), 미키 기요시(三木清), 가와카미 하지메(河上肇)와 같은 자유주의자나 반전 활공가가 다수 투옥되었다. 수용인원은 1,200명이었다.

나카노(中野) **형무소 십자형 건물 내부**

중앙에서 감시하기 쉽도록 동서남북 각 방향에 이층 개인 방이 있었다.

나카노(中野) 형무소 내부

독방은 폭 1m 반, 길이는 3m 반으로 되어 있었고 창가에 변기와 싱크대가 있었다. 당시로서는 최신식 정화조로 이루어진 수세식 변기였다. 1983년(쇼와 58년) 3월 철거되었다.

참고문헌

仲新監修, 日本近代教育史刊行会編,『日本近代教育史』, 講談社刊, 昭和四十六年.

伊津野朋弘,『大正デモクラシー―下の教育』, 明治図書刊, 昭和五十一年.

加太こうじ,『紙芝居昭和史』立風書房刊, 昭和四十六年.

厚生省医務局編,『医制八十年史』, 印刷局朝陽会刊, 昭和三十年.

奥平康弘,『治安維持法小史』, 筑摩書房刊, 昭和五十二年.

東京百年史編集委員会 編,『東京百年史』第五巻・第六巻, 東京都刊, 昭和四十七年.

江戸川乱歩,『江戸川乱歩全集』, 講談社刊, 昭和五十三年.

小沢信夫,『犯罪紳士録』, 筑摩書房刊, 昭和五十五年.

重松一義,『日本刑罰史年表』, 雄山閣出版刊, 昭和四十七年.

野村拓,『国民"フ医ーデ史』, 三省堂刊, 昭和五十二年.

「江戸川乱歩の世界」,『幻影城』絃映社刊, 昭和五十年七月増刊.

|연보| 1915~1945

<table>
<tr><th>연호</th><th>정치 · 경제 · 사회 · 교육</th><th>풍속 · 사건</th></tr>
<tr><td rowspan="2">1915
(다이쇼 4년)</td><td>조선업으로 벼락부자 속출, 벼락부자시대 도래
도쿄 주식시장 폭등 → 제1차세계대전으로 인한 경기 침체
공립학교 직원 기본법규 공포</td><td>가정용 작업복 '갓포기割烹着' 보급
앞머리 웨이브 유행
'긴자 산책銀ブラ' 유행
문화주택 출현
『세이토青鞜』 발행 금지 처분</td></tr>
<tr><td colspan="2">란포 21세. 외국 탐정소설을 탐독하고 암호사등을 공부한다. 미스터리 소설 메모라 할 수 있는 「기담奇譚」을 쓰고 제본함. 처음으로 탐정소설 「화승총火縄銃」을 집필, 코난 도일 작품 번역등을 시도해 봄.</td></tr>
<tr><td rowspan="2">1916
(다이쇼 5년)</td><td>공장법 시행
간이 생명보험법簡易生命保険시행
대일본의사회 창립
콜레라 대유행</td><td>아사쿠사淺草의 도키와자トキワ座, 긴류칸金龍館, 도쿄 클럽東京クラブ 세 영화관 공동영업
채플린 영화 상영</td></tr>
<tr><td colspan="2">22세. 와세다早稲田 대학 졸업. 졸업 논문은 「경쟁진화론競争進化論」. 오사카大阪시의 무역상에 근무.</td></tr>
<tr><td rowspan="2">1917
(다이쇼 6년)</td><td>러시아 혁명
금본위제 정지
주가 폭락
이시이石井 · 랜싱ランシング 협정
도카이도東海道 본선 화물지선 쓰루미鶴見~다카시마高島(요코하마横浜) 개통
보건위생 조사회, 정신병 조사</td><td>마쓰자카야松坂屋 포목점, 우에노上野에 준공
인단仁丹, 전기를 이용한 광고 실시
여성의 운전면허 첫 취득</td></tr>
<tr><td colspan="2">23세. 방랑의 여행을 떠남. 「화성의 운하」 집필. 실업 후 얼마 안 있어 미에현三重縣 도바鳥羽조선소 사원으로 근무.</td></tr>
<tr><td rowspan="2">1918
(다이쇼 7년)</td><td>하라다카시原敬 내각 성립 대학령大學令 공표
쌀소동 전국으로 파급
제1차세계대전종결
일본 판유리 회사 창립
스페인 감기 대유행</td><td>아사쿠사淺草 오페라 성황
『붉은 새赤い鳥』 창간
무샤노코지 사네아쓰武者小路實篤 '아타라시키 무라新しき村' 창설
도쿄해상 빌딩 완성 (첫 '빌딩' 명칭 사용)</td></tr>
<tr><td colspan="2">24세. 도바鳥羽 담화회를 조직, 조선소 잡지 『히요리日和』 편집 담당을 맡음.</td></tr>
</table>

연호	정치 · 경제 · 사회 · 교육	풍속 · 사건
1919 (다이쇼 8년)	조선 3 · 1운동 (만세사건) 민법 개정 요항 심의 토지 투기 붐 일어남 전화 수요 급증 문부성文部省, 생활개선전시회 중앙선 도쿄東京~나카노中野 직통화	파란버스(도쿄승합자동운행) 긴자銀座에 148개의 가로등 설치 오와리쵸尾張町, 니혼바시日本橋, 우에노 히로코지上野廣小路교차점에 첫 신호등 설치 전기로 가동하는 화장터 출현
	25세. 퇴직 후 상경, 혼고 고마고메 바야시쵸에 헌책방 삼인책방三人書房을 시작함. 그와 동시에 아사쿠사 오페라 후원회를 조직. 『도쿄퍽, 東京パック』을 편집하고 잡담과 만화를 게재. 또한 라면집도 개업. 무라야마 다카코村山隆子와 결혼.	
1920 (다이쇼 9년)	전후 공황 대학령에 의한 사립대학 인가 일본 첫 노동절 실생활 개선 동맹 설립 도쿄 지하철도(주) 설립	일본여행 구락부俱樂部 발족 오미교다이近江兄弟사 멘소래담 발매 『신청년新青年』 하쿠분칸博文館 창간 히라쓰카 라이초平塚明子, 이치카와 후사에市川房枝, 오쿠 무메오奥むめお 등이 신新부인협회 발족
	26세. 헌책방 폐업, 오사카大阪 시사 신문 기자로 근무. 「2전짜리 동전二錢銅貨」의 줄거리를 만들고 후에 「영수증 한장一枚の切符」 과 같은 줄거리인 「돌멩이의 비밀石塊の秘密」을 집필.	
1921 (다이쇼 10년)	워싱턴 군축 회의 여덟 시간 노동 · 정년 제도화 보너스 제도화 불황 심각화 하라다카시原敬 수상 암살 다카하시 고레쿄高橋是清 내각 성립	긴자銀座의 가로수를 버드나무에서 은행나무로, 보도는 붉은 벽돌에서 나무토막으로 바꿈 자살자, 낭비자, 부랑아동 급증 콤팩트 유행 글리코グリコ 영양과자 발매 대본교大本教 탄압
	27세. 장남 류타로隆太郎 태어남. 상경하여 일본 세공인 구락부 서기장이 됨.	
1922 (다이쇼 11년)	공산당 결성 일본 첫 사립학교 무사시武藏 고교설립 제국 호텔 신관 준공 상대성 이론 붐 타마 묘지, 하치오지 공동 묘지 개설 수평사水平社 결성	미용실에서 투구형 드라이어 출현 아이 새도우 유행 사교 댄스 대유행 올백 헤어 유행 마거릿 생어 부인 방일
	28세. 퇴직하여 오사카에 있는 부모님 집으로 일가를 옮김. 「2전짜리 동전」「영수증 한장」 탈고. 원고를 바바 고쵸馬場孤蝶에서 보내지만 답변이 없어 회수하고 다시 『신청년』주간인 모리시타 우손森下雨村에게 보내 채용 통보를 받음. 오오하시大橋변호사 사무소에 근무.	

연호	정치 · 경제 · 사회 · 교육	풍속 · 사건
1923 (다이쇼 12년)	관동대지진, 계엄령 발령 마루노우치丸ノ内 빌딩 준공	야마노 치에코山野千枝子, 마루노우치 빌딩丸ビル 안에 미용실 개설 안미쓰あんみつ, 야키토리やきとり, 가마메시釜めし 출현 아리시마 다케오有島武郎 동반 자살 사건
	29세. 『신청년』 4월호에 처음으로 창작소설 「2전짜리 동전」을 발표. 부모님 집을 나와서, 오사카 마이니치毎日 신문사 광고부에 입사.	
1924 (다이쇼 13년)	제2차 호헌護憲 운동 발족 부인 직업 소개소 개설 내무성內務省(재) 도쥰카이同潤會 설립	일간지 『여행旅』 창간 '문화생활' 유행 전국 중등학교 야구대회, 고시엔甲子園에서 개최 쓰키지築地 소극장 창립
	30세. 아버지의 병환으로 다시 부모님 집으로 들어감. 오사카 마이니치 신문사를 퇴사, 집필에만 전념하는 생활을 결심함.	
1925 (다이쇼 14년)	군사 교육 반대 운동 학생 데모 금지령 보통 선거 법안 · 치안 유지 법안 수정 가결 활동사진 검열 규칙 공표 라디오 방송 개시 전차 순환선 운전 개시 오차노미즈お茶の水 문화 아파트 완성	1일 긴자 교통량 — 보행자 9만 7,227명, 자동차 4만 4,624대 잡지 『킹キング』, 「고단샤講談社」 창간호 77만 부 판매 도쿄 6대학 야구 리그 개최
	31세. 요코미조 세이시横溝正史 등과 오사카에 탐정 취미 동호회를 만듦. 슌요도春陽堂에서 첫 단편집 「심리시험心理試驗」 간행. 신흥 대중 문예 작가의 21일회가 결성되어 동인으로 참가함. 「D언덕의 살인사건D坂の殺人事件」, 「심리시험」, 「붉은 방赤い部屋」, 「지붕 밑의 산책자屋根裏の散歩者」, 「인간의자人間椅子」 등을 발표.	
1926 (다이쇼 15년 · 쇼와 1년)	제1차 와카쓰키若槻 내각 발족 치안유지법 적용사건 노동농민당 결성 소학교령 개정 공표 도쥰카이同潤會, 무코지마向島 나카노고中之鄕 아파트 완성	도쿄 · 우에노 양 역에 독일제 입장권 자동판매기 등장 긴자 마쓰야松屋 백화점에서 투신자살 단발 유행, 모던걸 모던보이 출현 개조사改造社 엔본 전집円本 간행 개시 네온 사인 등장
	32세. 「어둠속에서 꿈틀거리다闇に蠢く」, 「호반정사건湖畔亭事件」, 「화성의 운하火星の運河」 「거울지옥鏡地獄」, 「파노라마섬 기담パノラマ島奇譚」을 발표하고, 『아사히朝日신문』에 최초 신문소설 「잇슨보시一寸法師」 연재 개시함.	

연호	정치 · 경제 · 사회 · 교육	풍속 · 사건
1927 (쇼와 2년)	징병령 폐지 금융 공황 모라토리엄 실시 불량 주택지구 개량법 공표 우에노上野~아사쿠사淺草 지하철 개통	카페 구로네코クロネコ 개점 낙태한 모던 걸 검거 5엔짜리 위조지폐 돌다. 미쓰코시三越 포목점에서 패션쇼 개최 오기노荻野식 피임법 『주부의 벗主婦之友』에 게재
	33세. 「잇슨보시一寸法師」 휴재를 결심함. 방랑의 여행을 떠남. 구니에다 시로國枝史郞, 하세가와신長谷川伸 등과 대중문예 합작조합이라 할 수 있는 단키사耽綺社 를 설립.	
1928 (쇼와 3년)	제16회 총선거 치안유지법 개정 장작림張作霖 폭사 고탄다五反田~가마타蒲田 이케카미선池上線 개통 도쿄~오사카 여객비행 개시 쓰루미鶴見 매립 완성	니혼바시 시로키야白木屋 개점 스모방송개시 쇼난湘南 · 우치보內房해안에서 임대별장 성황 댄스홀 단속령 실시
	34세. 「음울한 짐승陰獸」 발표.	
1929 (쇼와 4년)	도호쿠東北 지방 대흉작 실업자 증가 하마구치浜口 내각 성립 계공황 시작 도쿄 · 오사카 · 후쿠오카福岡 정기 항공 개시	극단 카지노 폴리カジノ · フォリー 결성 클래식 카페名曲喫茶, 경음악 카페輕音樂喫茶 출현 부인 간이 여름 원피스アッパッパ 유행
	35세. 첫 수필집 『악인지망생惡人志願』을 간행. 「애벌레芋虫」, 「외딴섬 악마孤島の鬼」, 「오시에와 여행하는 남자押繪と旅する男」, 「벌레虫」를 발표하고 처음으로 고단샤 잡지에 「거미남蜘蛛男」 를 연재. 안팎으로 동성애 문헌을 수집.	
1930 (쇼와 5년)	금 해금 단행 런던 조약 체결 하마구치 오사치浜口雄幸 수상, 도쿄역에서 저격당함 천황의 통사권統師權침범 문제 발생 공산주의자, 미키 기요시三木清, 나카노 시게하루中野重治검거 실업자 증가, 파업	우에노上野 역 지하도에 상점가 개업 '에로 그로 넌센스' 유행 그림 연극紙芝居 〈황금 박쥐黃金バット〉 인기 전기 세탁기, 냉장고 등장
	36세. 「엽기의 끝獵奇の果」, 「마술사魔術師」, 「황금가면黃金仮面」, 「흡혈귀吸血鬼」를 연재.	

연호	정치 · 경제 · 사회 · 교육	풍속 · 사건
1931 (쇼와 6년)	만주사변 발발 노동자 재해 부조법 제정 도호쿠, 홋카이도北海道의 냉해 심각화, 농가의 딸 인신매매, 이산가족 속출 제2차 와카쓰키若槻 내각 성립	긴자 오와리쵸와 교바시京橋 교차점에 삼색 자동 신호등 설치 아사쿠사 오페라관, 신주쿠新宿 물랑 루즈 개관 만화 『노라쿠로のらくろ』 등장 친돈야チンドン屋 출현
	37세. 헤이본사平凡社 판 「에도가와 란포 전집江戸川亂歩全集」 전 13권을 간행 개시. 「눈먼 짐승盲獸」, 「백발귀신百髮鬼」, 「공포왕恐怖王」, 「귀신鬼」를 연재.	
1932 (쇼와 7년)	만주국 건립 이누카이犬養수상 암살(5 · 15사건) 쌀 투쟁 격화 오차노미즈~료고쿠兩國 신고가선新高架線 운전 개시	니혼바시 시로키야 화재 소동 요시하라吉原 유곽 공창에서 사창제로 변화 '토막살인사건' 사카다坂田산 동반자살 사건 승용차 다트선ダットサン 탄생
	38세. 고대 그리스에 흥미를 갖게 됨. 한 해 전부터 해왔던 연재를 마치고, 당분간 집필 활동를 쉬기로 함.	
1933 (쇼와 8년)	국제 연맹 탈퇴 독일 수상으로 히틀러 취임	교토대 다키가와瀧川 사건 미하라三原산 분화구에서 투신자살 급증 도쿄 춤곡東京音頭 유행 요요 대유행
	39세. 오쓰키 겐지大槻賢二의 정신분석연구회에 가입하여 기관지 『정신분석』에도 집필. 「악령惡靈」을 『신청년』에 연재하지만 중단. 「요염한 벌레妖虫」을 연재.	
1934 (쇼와 9년)	문부성 사상부서 설치 공산당 린치 사건 데이진 사건帝人事件 도쥰카이 에도가와江戸川 아파트 완성	도큐東急백화점 도요코東横점 개점(첫 터미널 백화점) 야하시라 묘원八柱靈園 개설 유곽 이름 사라짐 충견 하치공ハチ公 동상 완성
	40세. 「검은 도마뱀黑蜥蜴」, 「인간표범魔術師」, 「석류石榴」를 발표.	
1935 (쇼와 10년)	천황 기관설 문제 제기 내무성 검열행정 강화 평균 수명 남자 44.8세, 여자 46.5세 도쿄 중앙 청과 도매시장 개설	카페 성황. 도쿄에서 1만5천 점 카페 개설 경輕오토바이 유행 오쿠 무메오등 우시고메牛込에 '일하는 부인의 집働く婦人の家' 창설
	41세. 『일본 탐정소설 걸작집』을 편찬 , 장문의 평론을 실어서 간행.	

연호	정치 · 경제 · 사회 · 교육	풍속 · 사건
1936 (쇼와 11년)	런던 군축회의 탈퇴 2·26사건 사상범 보호관찰법 공표 대륙 남방 진출과 군비확충 일독日獨방공 협정 자동차 제조 사업법 공표	아베 사다阿部定사건 투신자살, 청산가리 독살, 자살 유행 니치게키日劇 댄싱팀 첫 공연 여성용 머플러 대유행
	42세. 첫 소년장르「괴인 20면상怪人二十面相」연재 개시.「녹색옷의 악마綠衣の鬼」,「대암실大暗室」을 연재.	
1937 (쇼와 12년)	노구교蘆溝橋 사건 문부성, 중학, 사범, 여고, 고교의 교수 주요 항목 대폭 개정 일본군 남경 점령, 대학살 사건 도쿄~고베神戶 특급 열차 운전 개시 도시학회 창립	'니치렌카이日蓮會 순교 청년당死のう団' 사건 정기요금 택시円タク 심야 영업 금지 도시버스에 첫 목탄차 출현 천인침千人針, 위문대慰問袋운동 고라쿠엔後樂園 야구장 개장 후타바야마双葉山 요코즈나橫綱가 되다
	43세.「유령탑幽靈塔」,「악마의 문장惡魔の紋章」을 연재.	
1938 (쇼와 13년)	국가총동원법 공표 등화 관제 규칙 실시 국민건강보험법 공표 모자 보호법 실시 소학교의 10점법, 우양가 표기 통일	오카다 요시코岡田嘉子, 스기모토 료키치杉本良吉 소련 망명 번화가에서 무단결석 학생 다수 검거 핫도그 노점, 긴자에 출현
	44세. 신초사新潮社 출판『에도가와 란포 선집江戶川亂步選集』전10권 간행 개시.	
1939 (쇼와 14년)	노몬한ノモンハン사건 독일, 폴란드 침공 제2차세계대전 발발 신바시新橋~시부야澁谷 지하철 개통 전국 중등학교 입시 시험 폐지 상공성商工省 철제 불급품不急品 회수 개시	유흥영업 시간 단축, 네온등 전량 폐지, 장발, 파마 머리 금지 고철업자, 부자 순위 1위 첫 취직 열차 아키타秋田에서 우에노 도착 전력 사용 제한, 광고등 금지
	45세.「애벌레」전편 삭제를 명받음. 표면상의 금서는 한 편뿐이었지만, 사실상 금서는 1941년도에 이르러서 거의 대부분 모든 작품이었다. 은둔생활을 결의함.「암흑성暗黑星」,「지옥의 삐에로地獄の道化師」,「망령의 탑幽鬼の塔」을 연재	

연호	정치 · 경제 · 사회 · 교육	풍속 · 사건
1940 (쇼와 15년)	독 · 일 · 이 삼국 동맹 내무성 출판 통제 강화 추진 도쿄 가치도키바시勝鬨橋 개통 기원 2,600년 축하 행사	댄스홀 폐쇄 '사치품은 적' 입간판 배치 빨간 망토 소문 확산
	46세. 이 해에 대정익찬회大政翼賛會 설립, 각계에 대동단결 운동이 일어나고 유희문학遊戯文學은 일소되었다.	
1941 (쇼와 16년)	도죠 히데키東條英機 내각 성립 하와이 진주만 공격, 영미 양국에 선전 포고 공영주택법住宅營団法 공표 국민학교령 공표 승용차 가솔린 사용 전면 금지 조르게Sorge 사건	거리의 스냅 사진사 유행 뉴스 영화 강제 상영 리샹란李香蘭 니치게키日劇 공연, 관객 쇄도
	47세. 출생부터 46세 동안의 조감도를 제작하고, 스크랩북을 정리했다.	
1942 (쇼와 17년)	미드웨이 해전 21회 총선거 노동자 연금법 실시 도쿄, 첫 공습경보 발령 내핍생활耐乏生活 심각화 금속 회수령	유행어 "많이 낳아 잘 기르자生めよふやせよ", "아껴야 이긴다欲しがりません、勝つまでは"
	48세. 고마쓰 류노스케小松龍之介라는 필명으로 소년과학소설 「지혜의 이치타로知恵の一太郎」를 연재 개시	
1943 (쇼와 18년)	전시 형사특별법 개정 공표 학도병 전시동원체제 확립 문부성, 학교제도 개혁 중학교 교과서 국정화 전시 경제통제 강화 도쿄도東京都 탄생	"격추하고 말리라撃うちてし止やまむ" 포스터 배포 영어 잡지명 금지령 우에노 동물원, 맹수 독약 살처분 식용 야생초 장려 각 골프장의 농장화
	49세. 과학 스파이 소설 「위대한 꿈偉大なる夢」을 연재 개시.	
1944 (쇼와 19년)	대학, 고교의 군사교육 강화 학동소개學童疎開, 소개疎開 열차 운행 석간 신문 폐지 대형폭격기B29 공습	고급요리점, 카페 일제히 휴업 조스이雜炊식당 개설
	50세. 행정사찰 수행보좌관 활동을 함. 마을 자치회 내에 군수작업장을 설치하고 가죽 제품을 가공함.	

연호	정치 · 경제 · 사회 · 교육	풍속 · 사건
1945 (쇼와 20년)	히로시마廣島에 원자폭탄 투하 포츠담 선언 수락 태평양 전쟁 종결 군수생산 전면 정지 GHQ설치	암시장 노점 출현
	51세. 가족을 후쿠시마福島로 보내고 홀로 도쿄에 남아 마을 자치회 관리인으로서 잠시 동안 일하지만, 병 치료 요양 때문에 후쿠시마로 이동함. 천황의 항복선언을 병상에서 라디오 방송으로 들음. 도쿄의 집으로 돌아옴.	

『란포와 도쿄』 초판 후기

란포 작품에 이끌려 도쿄의 거리를 걸었다. 걷다 보니 도쿄에는 의외로 20년대의 모습이 남아있는 길목이 있다는 사실을 알게 되었다. 하지만 걷는다는 것은 반세기가 지난 지금, 20년대 거리의 분위기가 잇달아 사라져가는 것을 동시에 생생히 보는 것이기도 하다. 내가 메모 대신에 찍은 색인 사진이 염치없게도 인쇄되었다. 그중에는 도준카이의 히라누마초 아파트, 나카노中野 교도소, 사토佐藤 이발소와 같이 이미 헐려, 모습을 볼 수 없는 건물을 찍은 것도 있다. 아사쿠사 6구 도키와좌와 같이 폐관되어 철거를 기다리는 건물도 있다. 최근 2년 내로 도쿄 올림픽 전후와도 비슷한 어수선함이 도쿄의 변천에서 느껴진다.

내가 놀란 것은 소년탐정단이 활약했던 아자부 다니마치麻布谷町를 걸었을 때였다. 좁고 구불구불한 언덕길을 걸으면 각국 대사관 등 커다란 서양식 건물과 마주쳤다. 괴인 20면상이 출몰하기에 어울리는 마을이었다. 무엇보다 다쓰노 긴고辰野金吾가 설계한, 다이쇼 6년에 준공된 레난자카霊南坂 교회의 붉은 벽돌이 인상에 남는 마을이다. 그런데 다시 방문했을 때 마을 전부가 파손되어 있었다. 아자부에서부터 아카사카에 걸쳐서 재개발 계획이 진행되어, 마을 전체가 거대한 빌딩으로 변하고 있었다. 레난자카 교회도 이전공사를 위한 울타리 때문에 보이지 않게 되었다.

머지않아 세워질 거대한 건물의 내부는 낮과 밤의 구별도 없이, 항시 일정한 온도, 습도, 밝기가 유지될 것이다. 마을이 하나의 거대한 빌딩으로 변하는 것을 보면서 소년들이 무서워했던 쓸쓸한 길모퉁이도, 그리운 황혼도 점점 스러져가는 것을 나는 실감하지 않을 수 없었다.

최후의 장을 쓰고 있을 무렵에 일어난 글리코 사건은 더욱 놀라웠다. 사장유괴에서 시작하여, 가게 앞에서 판매하는 과자에 독을 넣어서 협박한다는 수법은 범죄사상 전례가 없던 것이다. 괴인 21면상은 교묘하게 대중매체를 이용하고 있다. 20면상이 황혼의 길모퉁이에 출몰하는 것에 비해서, 21면상은 시치미를 떼고 빛나는 전파 안에서 날뛰고 있다. 20면상을 하고 투명인간이나 로봇으로 변장한 란포가 만약 살아있었다면 이 사건에 어떤 감상을 남겼을까? 쇼와 7년의 '다마노이玉の井 토막 사체사건'에서 란포를 범인으로 취급한 투서가 신문사에 날아들었다. 그는 불쾌한 표정을 숨기지 않았다. 이번 사건에 대해서도 시시한 시대가 되었다고 한탄할지도 모른다.

마찬가지로 만약 란포가 이 책을 읽는다면 "불필요한 것을 썼다"고 말하지 않을까? 란포는 자주 "소설과 현실은 다르다"고 말했다. 그 자신은 현실과 작품을 겹쳐서 읽는 것을 바라지 않았을 것이다. 내 문장은 약간 이론적인 경향이 강해서 풍부한 생명력을 지닌 란포의 작품에서 약동하는 피의 생생함을 빼버렸다는 자책을 느끼고 있다. 나의 변변찮은 문장 사이로 인용된 란포의 문장이 더 두드러지게 된 것이 그나마 다행이다.

란포 작품의 인용에 대해서는 자제분, 히라이 류타로平井隆太郎 선생이 흔쾌히 승낙해 주셨다. 그뿐인가. 몰랐던 란포의 일화를 들려주시고, 또 내 일을 격려해 주셔서 감사했다. 이 책이 완성되기까지 단노 기요카즈丹野清和 씨를 시작으로 친구들에게 걱정을 끼쳤다. 용케 여기까지 와서 안심하고 있다.

집필 기회를 주신, 주식회사 파루코 대표이사 마쓰다 쓰지增田通二 씨, 사진을 사용하게 해준 사진가 미야모토 류지宮本隆司 씨, 편집의 히가시 유키미東幸見 씨에게는 감사를 드리고 싶다. 그리고 무엇보다 파루코 출판의 나카무라 후키中村富貴 씨에게는 큰 폐를 끼쳤다. 일 년 반 가까운 공동작업은 재미있었다. 새삼 감사한다.

"현실은 꿈, 밤의 꿈이야말로 진실"이라고 란포가 자주 종이에 쓰곤 했다. 이 뻔한 시대에 지금부터 얼마나 '밤의 꿈'을 꿀 수 있을까 나는 물끄러미 생각한다.

문고판 후기(筑摩書房, 재간행판의 후기)

이 책은 공저를 제외하면 내 첫 단행본이라 추억이 많다. 10년 전 출판했을 때 뜻밖으로 많은 서평과 소개문을 받았다. 전부 호의 넘치는 문장이어서 지금까지도 나는 고무되어 있다.

이 10년이라는 시간 동안 도쿄는 크게 변모했다. 직접 사진을 찍었던 1920년대, 30년대의 건축도 대부분이 해체되어, 현재는 그 모습을 볼 수 없게 되었다. 나 자신도 그만큼 나이를 먹어서 새삼 파루코 판의 『란포와 도쿄』를 읽고 논지는 어찌 됐든 문장의 어색함이 마음에 걸렸다. 거기에 내용이 손상되지 않도록 문장에 약간의 가필과 정정을 했다. 가능하면 많은 분이 읽을 수 있도록 궁리할 작정이다.

단행본 간행 즈음 마침 만나기 시작해서 책을 증정했던 것이 다네무라 스에히로種村季弘 씨였다. 그 인연에 기대어 다네무라 씨에게 해설 집필을 부탁했다. 10년 전 그대로인 두터운 정에 감사한다. 파루코 출판국 여러분의 호의와 문고판을 위해 수고해주신 치쿠마 쇼보筑摩書房 관계자분들의 배려에도 감사드린다.

란포가 출생한 지 백 년이 되는 해에, 새롭게 치장한 『란포와 도쿄』가 나온 행복을 나는 미소 지으며 기뻐하고 있다.

흑과 백의 노스탤지어

다네무라 스에히로種村季弘

란포의 초기작품인 「D언덕의 살인사건」에는 미닫이의 격자무늬와 잠옷의 세로줄무늬가 겹쳐지면서, 어떤 이에게는 이것이 검은 옷으로 보이고 또 어떤 이에게는 하얀 옷으로 보이게 하는 착시를 이용한 트릭이 사용되고 있다. 세로줄무늬 옷을 입고 있었던 사람은 바로 아케치 고고로. 그는 이로 인해 잠시 살인혐의를 받기도 한다.

동일한 대상을 해독 격자의 설정에 따라 흑으로도 백으로도 읽을 수 있다. 또는 읽히게끔 할 수도 있다. 이 말은 「D언덕의 살인사건」에 한정되지 않는다. 란포의 추리소설에서 열쇠가 되는 수수께끼의 대부분이 이렇게도 저렇게도 읽힐 수 있는 인식이나 지각의 착각에서 빚어지는 트릭으로 구성되어있는 것이다. 예를 들면 「2전짜리 동전」에 나오는 암호를 5만 엔이라는 비자금을 모처로부터 받아내라는 지시라고 읽을 수도 있고, 또는 이렇게 해독한 행위 자체를 '농담'이라고 웃어넘기는 조크로도 읽을 수 있는 것이다. 「지붕 밑의 산책자」에서 주인공은 외면과 내면의 분열이 사람을 전혀 다른 성향을 지닌 자로 만들어 버리는 정신분석 증상의 사례 분석 작업에 중독되어 버린다. 결국 예외적으로 내면과 외면이 분열되지 않은, 요상하게 납작한 얼굴을 한 치과의사의 조수를 알게 되자, 분석자의 전능성을 망각한 나머지 그를 살해해 버리고 마는 것이다.

여기까지는 란포 독자라면 누구라도 알고 있는 내용이다. 란포는 착시나 분신이라고 하는 이중시각 = 지각의 트릭에 매번 집착했다. 그뿐 아니라 그로 인하여 동시대 독자들에게 호평을 받으면서 소설가로서 미증유의 성공을 거두게 된다. 바로 이러한 측면에서 란포와 란포적 주제를 수용할 수 있을 만큼 성장한 도쿄라는 도시와의 공범관계를 엿볼 수 있는 것은 아닐까? 무엇보다도 『란포와 도쿄』의 작가가 주목한 것이 바로 이점이다.

간단히 말하자면 란포가 창작한 도쿄를 통하여 20년대 도쿄를 해독하는 작업을 위해서는 우선 란포 자신이 20년대 도쿄를 어떻게 읽어내고 있있는지를 알아야만 한다. 그 후에 란포저인 주제를 확대하고 때로는 과장해서 란포 자신마저도 알아차리지 못했던 란포적인 주제를 추출하여 확립해야 한다.

『란포와 도쿄』가 쓰였던 80년대 중반과 20년대 란포 사이의 반세기를 넘나들던 시간은, 이러한 고고학적 발굴이 가능할 만큼의 거리를 만들어놓았다. 고고학적 발굴 작업은 필연적으로 도시의 현재를 분석하고 비교하게 한다. 즉 여기에서는 20년대 도쿄가 안고 있던 다양성의 한 부분만을 선택해 과장했을지도 모르지만, 그럼에도 도쿄(또는 도시)의 현재를 읽고 해결할 수 있는 실마리가 보인다.

그러고 보면 기이하게도 지금 이 글을 적고 있는 시기와 맞물려 글리코사건クリコ事件[22]의 시효가 마침내 끝나간다. 글리코사건의 발단은 1984년 3월 18일, 지금으로부터 10년 전의 일이다. 1984년 집필한『란포와 도쿄』 후기에는 이 책의 성립이 글리코 사건과 겹치게 된 내력이 적혀있다.

> 더욱이 놀라운 것은 마지막 장을 쓰고 있던 시기에 일어난 글리코 사건이었다. 괴인 21면상은 영리하게도 매스미디어를 이용하고 있다. '20면상'이 황혼의 길목에서 날뛰던 것에 비하면 21면상은 환한 전파 속을 빛처럼 날아다니고 있다.

초기의(원래의) 20면상은 '황혼의 길목에서 출몰'했다. 검지도 희지도 않은, 낮인지 밤인지도 가늠할 수조차 없는 황혼의 시간, 그때야말로 흑백의 바둑판 무늬가 빚어내는 착시를 이용한 트릭이 되살아나 길목을 뒤덮어버리는 괴이한 시간이다. 20년대는 황혼의 시대였다. 그러했기에 20년대의 종언과 함께 20면상이 등장하던 황혼의 길목도 이것을 끝으로 사라져갔다.

한편 전후戰後의 란포는 SF풍의 취향을 발전시켜 20면상을 투명인간이나 전기인간電人으로 변장시켰다. 이러한 변화로 인해 '괴인 21면상(글리코사건의 범인)'이 20년대 란포의 독자가 아니라, 후기 란포의 청소

22 글리코 모리나가 사건은 1984년부터 1985년까지 일본에서 교토와 한신 지역을 중심으로, 메이저 제과기업들을 시작으로 식품 기업들에게 행해진 연쇄 협박 사건. 결국 범인이 잡히지 않아 2016년 현재까지도 미해결 사건으로 남아있다. 범인이 스스로 '괴인 21면상'이라고 자칭해 괴인 21면상 사건이라고도 불린다.(역주)

년문고판 독자였을 것이라는 추리로 이어지게 되는 것이다.

여기서 잠시 '괴인 21면상'의 범인 찾기를 따라 해보자. 쇼와 26년 작품인 「투명인간透明人間」과 쇼와 35년 작품인 「전기인간M電人M」을 그 시기에 읽었던 청소년 독자라고 하면, 태어난 시기는 쇼와 20년부터 25년경이다. 즉 그들은 글리코사건이 발생했던 80년대 중반에 거의 40세에 달한다. 흉악지능범죄의 범인이 이러한 연령대로 좁혀지는 것이다. 그러고 보면 마쓰야마 이와오松山巖 씨도 쇼와 20년생이므로 순간 이상야릇한 기분이 든다. 이렇게 말하는 것은 물론 농담이다. 그것은 관서지방의 사건이고, 무엇보다도 사건 당시에 『란포와 도쿄』의 마지막 장을 투고하고 있었다고 하니, 마쓰야마 씨의 알리바이는 추호도 의심의 여지가 없는 것이다.

란포도 쇼와 7년 '다마노이 토막사체사건玉の井バラバラ死體事件'에서 살인 혐의를 받은 적이 있다. 작가의 상상력은 범죄자를 한 수 앞지른다. 그러나 이 경우에는 작가의 상상력도 범죄도 쇼와 7년(1932) 도쿄라고 하는 도시구조에 의해서 생겨났다. 도시라고 하는 동일한 장소가 작가적 상상력으로부터 더 나아가 범죄마저 만들어낸 것이다. 1840년대 파리는 발자크를 낳았으나 보들랭도 세상에 내놓았다. 1890년대 런던은 코난 도일과 모리아티를 동시에 출현시켰다. 그것이 말 그대로 계획범죄라면 계획에 앞서는 범죄(실행)는 있을 수 없으므로 작가의 상상력이 범죄를 앞지른 것으로 보일 정도였다.

그 이야기는 잠시 내려놓고 마쓰야마 씨의 이어지는 후기를 보면 "20면상을 씌우고 투명인간이나 전기인간으로 변장시켰던 란포가 혹시 살아 있었다면 어떤 생각을 했을까?"라고 적고 있다. 의미심장한 물음이다. 란포의 최전성기는 본서에도 적혀있듯이 1920년대였다. 란포는 이러한 시대 속에서 음영의 미묘한, 더 정확히 말해 고약한 악취를 풍기며 퇴락해가는 과거와 근대화로 인해 흑백의 바둑판 무늬처럼 교차하는 도쿄를 그렸다. 과연 이러한 란포는 전후 50년대에 손수 창작한 청소년 문고판을 읽고 자란 독자가 범인이 아닐까 추정되는 80년대적인 전자도시공간의 범죄를 어떻게 생각할까?

가상의 설문이지만 『란포와 도쿄』 작가의 이에 대한 답변은 명쾌하다. 20면상은 '인간으로 변장하기보다는 우주인이나 초인으로 둔갑하기 시작한다. 전후의 중산층이 명확한 의식을 갖게 되고 기술자나 상인마저도 넥타이 차림을 선호하게 되면서, 각자 지녔던 얼굴을 망각해버리고 누구나 비슷한 모습이 되어버렸을 때, 20면상도 본래의 모습을 잃어버리게 된 것이다'.

이와 같이 '20면상은 직업이나 신분이 용모와 일치했던 시대였기에' 비로소 가능했다. 특정한 직업과 신분을 가진 인간인지 그렇지 않은 인간인지를 따지는, 그러한 흑백의 선택 사이에서 20면상의 변장은 이루어졌다. 그러나 어느덧 세월이 흐르고 더 이상 흑백을 선택할 수 없는 시대가 다가온다. 머지않아 세워질 거대한 빌딩 내부는 밤과 낮의 구별도 없이, 언제나 일정한 온도, 습도, 밝기를 유지하고, 마을이 하나의 거대한 빌딩이 될 것이다. 그 곳에는 더 이상 괴인 20면상이 서식할 공간은 없다. 그 대신에 괴인 21면상이 누비고 다닐 미디어 공간이 생기게 되어, 20면상은 물론 그 작가조차도 설 자리가 없어져버렸으며, 90년대인 이 시점에서, 글리코 사건은 미궁에 빠져버리고 말았다는 것이 현실적인 견해이다.

그러므로 위와 같이 도시공간의 변모가 격심했던 80년대에 들어서자 마쓰야마 씨는 황혼의 길목에서 20면상이 날뛰던 20년대 도쿄의 도시론적인 구조를 새로운 시각으로 바라보고 분석하는 작업에 착수하게 되었던 것이다. 그곳에서의 20년대 란포 = 도쿄를 돌아보는 마쓰야마 씨의 시선은 무엇보다도 회고적이다. 그러나 회고적임에도 불구하고 감상적이지는 않다. 원래 건축가인 마쓰야마 씨는 도시계획, 건축은 말할 것도 없이 지각의 근대화, 사진, 교육, 성, 가족(민법)의 대중사회화에 꾸준한 관심을 갖고 주도면밀하게 확실한 자료를 제시함으로써, 20년대 도쿄를 견고한 구축물과 같이 눈앞에 보여준다.

20년대 도쿄는 다양한 의미에서 현재 도쿄의 모던한 도시와 하이테크 도시화의 초석이 되었던 도쿄였다. 동시에 에도, 메이지 이후의 과거가 한층 더 두드러져 보이는 형태로 청산되어가는 도쿄였다. 도쿄는 근대화인 백이, 폐기 되어가는 과거인 흑과 함께 바둑판 무늬 위에서 선명하게 교차하고 때로는 흑백의 트릭인 착시유희마저도 가능한 도시공간이었다. 그럼에도 불구하고 20년대 도쿄는 그와 같은 흑백의 병존이 서서히 불가능한 시대로 접어드는 도시공간이기도 하다.

정확하게 말하자면 『란포와 도쿄』에 쓰여 있는 것은 20년대의 과거 도쿄인 동시에 단다라 문양[23]을 한 20년대의 도쿄가 이후 백색 일색인 괴인 21면상과 같은 전자매체의 도시에 침식되어가는 20년대 리틀 도쿄의 붕괴 과정이다. 한편으로 20년대 도쿄는 테크놀로지를 통해서 그

23 단다라 문양은 일단 한 단계에서 색이 다른 줄무늬 문양을 이르는 말로 여기에서는 도쿄가 흑과 백, 즉 전통과 현대가 뒤섞인 20년대에서 백색 일색이 된 도시로 변모하고 있다는 점을 강조하기 위한 비유로 사용되었다.(역주)

때까지는 볼 수 없었던 다양한 것들을 출현시켰다. 핵가족, 철근콘크리트주택, 고독한 실업자 등. 그러나 그 뒤안길에서 테크놀로지에 밀려 사라져간 것들이 있다. 그것은 바로 저습지대低濕地帶의 목조연립주택이나 골목길 그리고 거리의 예인들이다. 예를 들어 관헌에게 쫓겨 골목 안으로 도망 다니던 끝에 목욕탕 굴뚝에서 줄타기에 실패해 죽어간 잇슨보시에 대해서 마쓰야마 씨는 이렇게 적고 있다.

> 란포의 『잇슨보시一村法師』가 거리 모퉁이에서 예인芸人으로 활동하며 필사의 줄타기를 연기하다 결국에는 실패한 것처럼, 다이도게大道芸도, 다이도게닌大道芸人이 살았던 거리도 사라져갈 수밖에 없었다. 이 시기, 다이도게닌들은 길거리와 예능 두 가지 모두를 박탈당하고, 푸른 하늘이 아닌 극장이라는 시설에 머무르게 되면서, 안전하고 청결한 예인에 가까워졌던 것이다.

여기에서 유추할 수 있는 사실이 있다. 또 한 차례 이와 닮은 커다란 과거의 폐기과정이 60년대 중반 도쿄올림픽 전후에 반복되었던 것이다. 마쓰야마 씨 세대가 소년이었던 시절, 들판이 사라지자 여름 황혼 무렵까지 시간 가는 모르고 놀러 다녔던 아이들은 차츰 드물어졌고 텔레비전은 인형극紙芝居과 친돈야チンドンヤ[24]를 틀어댔다.

황혼은 또 한 번 20년대보다도 엄청난 규모로 청산되었다. 아마도 그러한 트라우마가 마쓰야마 씨로 하여금 『란포와 도쿄』를 쓰게 했을 것이

24 친돈이라는 큰 북을 울리며, 헤세이平成에는 드문 복장으로 눈길을 모아 그 지역의 상품이나 점포 등의 광고 룰 하는 일본의 하청 광고업을 하는 사람.(역주, 위키피디아 참조)

다. 그래서일까 본서에는 회한의 씁쓸함이 감돈다. 이러한 기억과 더불어 이 책은 들판에서의 황혼녘을 떠올리는, 우리 모두에게 들려주는 잃어버린 소년시절에 대한 만가이기도 한 것이다.

『란포와 도쿄』 한국어판 번역 후기

한태준

『란포와 도쿄』를 처음 접했던 것은 논문을 준비하던 2011년 즈음이었다. 우선, 이렇게 중요한 서적이 아직까지도 번역이 되어있지 않았다는 것에서 놀랐고, 이 책의 내용이 현재 우리에게도 유효하다는 사실에서 다시 한번 놀랐다. 다행히도 일본어를 읽을 수 있었기 때문에 이 책을 찾아 인용할 수 있었지만 이후 에도가와 란포와 관련해서 논문을 준비하는 사람들을 위해 번역 작업이 꼭 필요하다는 생각을 하고 있었다. 그러던 차에 일본어 세미나를 통해 『란포와 도쿄』를 함께 읽을 기회가 생겼고, 함께 공역을 해보자는 제안을 하게 되었다. 이것이 『란포와 도쿄』의 한국어판 번역이 나오게 된 최초 경위이다.

이 책이 지닌 가장 중요한 의의는 도시의 근대화를 에도가와 란포라는 소설가의 작품을 통해 그려내었다는 점도 있지만, 무엇보다 그런 근대화 과정이 현재 우리가 살고 있는 시대와 그다지 무관하지 않다는 점일 것이다. 도시의 근대화를 통해 바라본 대중사회의 다양한 변화와 그 궤적을 추적하는 이 책의 내용은 일본의 근대화가 현대사회, 특히 한국의 근현대사에 어떠한 영향을 끼쳤는지 알 수 있는 좋은 사료로서 큰 가치가 있다. 그리고 그러한 근대화가 낳은 폐해를 진단하고 우리가 앞으로 나아갈 방향을 제시하고 있다. 도시의 근대화에 대한 저자 마쓰야마 씨의 냉철한 비평과 판단력이 책을 읽어갈수록 근대화의 허상과 진실을 알게 해준다.

이 책이 특이한 점은 근대화에 대한 비평을 단순히 사회적인 현상만으로 설명한 것이 아니라 에도가와 란포라는 소설가와 그의 작품을 통해서 바라보았다는 점이다. 에도가와 란포는 일본의 대표적인 탐정물 작가로 유명하지만 그의 초기 작품들을 접해보면 그가 지닌 독특하고 그로테스크한 세계관에 공포소설처럼 읽히기도 한다.

란포의 작품이 지닌 그로테스크한 분위기는 사실 근대화와 밀접한 관계가 있다. 그동안 지켜오던 기존의 전통적인 가치관을 지양하고 서구의 기계식 문명을 적극적으로 받아들인 일본은 전통과 서구적 근대가 동시에 양립해야 하는 묘한 상황에 이르게 된다. 전통과 근대라는 공존은 융합이나 화합의 방식이 아닌 일방적인 억압과 배제를 통해 이뤄졌다. 전통은 낡은 것이 되었고, 서구의 기계식 문명은 새로운 것이 되었다. 단시간에 주입식으로 이루어진 근대화로 인한 폐해는 대중들이 고스란히 짊어지게 되었다.

'근대화로 인한 폐해란 것이 있나?'라고 생각하는 분이 있을지도 모르겠다. 물론 서구식 기계문명은 편리성과 효율성 면에서는 다양한 혜택을 제공했다. 그러나 그런 혜택을 얻은 현대인들은 많은 것을 포기하고 희생해야만 했다. 우선, 개인의 사적 공간에 대해 생각해보자. 전통사회는 본인이 살고 있는 주거지를 중심으로 마을 구성원과의 협동적인 사회구조가 우선인 사회였다. 그러기 위해서는 개인의 자유보다는 마을 구성원과의 조화가 제일 중요한 요소로 자리 잡아야 했다. 그러던 것이 근대화가 되면서 개인의 사적 공간이 매우 중요해졌고 자신의 사적인 생활이 타인에게 노출될까봐 전전긍긍하게 된다. 그러면서도 타인의 사적인 공간에 호기심을 갖게 되는 기묘한 도시인이 탄생한다.

이러한 사적 공간의 탄생은 도시의 탄생과 밀접한 관계가 있다. 기존의 전통사회는 자신이 대대로 터를 잡고 살고 있는 마을이 전부였고, 타인의 침범이 비교적 적은 공간이었다. 하지만 도시는 기존부터 터를 잡고 살고 있는 공간이 아니라, 타 지역에서 이주해온 사람들이 주를 이루는 공간이다. 즉, 사적 공간이 보장된다는 말은 익명성이 보장된다는 말이다. 이 말은 달리 말하자면 내 이웃이 살인범이어도 알 길이 없다는 의미가 된다. 에도가와 란포는 바로 그 점을 포착하여 탐정소설을 써낸 탁월한 작가다.

근대시기를 살던 도시인들이 타인의 익명성에 대한 공포와 자신의 사적 공간을 지키려고 애썼다면 현재를 살고 있는 도시인들도 그들과 다르지 않게 타인의 익명성이 지닌 공포에 떨고 자신의 사적 공간이 무너질까봐 전전긍긍하고 있다. 그런 면에서 다양한 문화적 풍요로움 속에 살고 있는 현대인들이 2~30년대를 살던 근대의 도시인들과 많이 다르다고 과연 말할 수 있을까.

에도가와 란포는 그런 사회의 변화를 민감하게 반응했던 작가다. 그는 자신이 살고 있는 공간인 도시의 부조리함과 이면성을 그로테스크하게 그려내려고 했다. 아니, 우리가 사는 도시 자체가 그로테스크했기 때문에 란포 자신도 그로테스크한 작품을 쓸 수밖에 없었는지도 모른다.

『란포와 도쿄』는 그런 점에서 단순히 근대화에 대한 단상이라든지, 그 당시의 분위기를 전달하는 데 그치는 것이 아니라 현재를 사는 우리들이 느끼고 있는 도시의 부조리함과 이면성을 다시금 바라보게 하고 우리가 나아갈 방향에 대해 생각하게 만드는 책이다. 그런 의미에서 『란포와 도쿄』의 공역을 맡은 한 사람으로서 많은 사람들에게 이 책이 현대라는 시간과 도시라는 공간이 지닌 의미에 대해 새롭게 생각해 볼 수 있는 계기가 될 것이라 믿는다.

이 책이 나올 수 있게 다방면으로 힘써주시고 전반적인 교정을 맡아주신 김지선 선생님, 공역을 제의했을 때 흔쾌히 허락해주신 김경옥, 김은실 선생님, 그리고 저자의 연락처를 알 수 없어 『란포와 도쿄』 한국어판에 대한 출판이 불투명할 때, 직접 손 편지까지 써서 저자인 마쓰야마 씨의 허락을 받은 케포이북스 관계자분들이 없었더라면 이 책은 나오지 못했을 것이다. 출판은 집단 지성의 협동에 의해 이루어지는 작업이라 더욱 의의가 있다고 생각한다. 그런 많은 분들의 수고가 들어간 만큼 귀중한 결과물로 나오길 바란다.

역자 소개

김지선 金志宣, Kim Jisun

문학을 읽고, 문학을 통해 인간을 이해하는 게 좋아서 시작했던 일이 생업이 되어버린 지 어느덧 20년을 훌쩍 지나쳐버렸다. 그동안 한양대학교에서 학부를 졸업하고, 석사(「김춘수의 〈처용단장〉 연구」, 1998)・박사학위(「한국 모더니즘 시의 서술기법과 주체인식연구」, 2009)를 받았으며, 시 평론집 『즐거운 반란』(케포이북스, 2012)을 썼다. 연구 초기에는 모더니즘과 포스트모더니즘에 관심을 갖고 오규원과 김춘수 시 연구에 몰두하기도 했다. 언어적 실험을 통하여 감각을 해체하고, 꽉 막힌 세계의 체계를 교란시키는 시의 자유로운 기질에 매료되었으며, 현재 문학을 강의하며 인간의 상처(trauma)를 치유하는 서사의 가능성에 관심을 갖게 되었다. 대표 연구 논문으로는 「창조에 나타난 주요한 시 연구」(『동아시아문화연구』 49, 2011), 「박인환・오장환의 시선의 미학고찰)(『비평문학』 43, 2012), 「오장환의 윤리의식 연구」(『인문논총』 32, 2013), 「한국근대시에 나타난 벌거벗은 생명과 주체인식」(『어문연구』 89, 2016) 등이 있다.

한태준 韓泰俊, Han Taejoon

에도가와 란포와 에드가 앨런 포를 좋아했고, 그 소설 안에 나타나 있는 그로테스크한 표상에 대해 관심을 가져왔다. 역자는 에도가와 란포라는 작가가 에드가 앨런 포의 유산을 자신 소설 안으로 가져와 근대화의 병폐에 대해서 그로테스크하게 묘사해 왔다고 믿어왔다. 그런 믿음 때문이었을까. 동국대학교 영상대학원 영화영상학과에서 「일본 영화의 그로테스크성을 통한 근대 속 전근대성의 의미－에도가와 란포 소설의 각색 영화를 중심으로」라는 논문으로 석사학위를 취득할 수 있었다. 역자는 『대학경제』 잡지에서 영화 리뷰를 기고했었고 서울 아트 시네마에서 '인협영화특별전', '마쓰무라 야스조 특별전', '요시다 기주 특별전' 관련 아티클을 기고했다. 영화, 특히 일본영화에 대한 애증관계를 갖고 번민하는 현대 속 모던보이이다. 번역서로는 『후쿠시마에서 부는 바람』(공역)과 구라카즈 시게루의 『나 자신이고자 하는 충동』, 이노우에 미노루의 『남편도감－어쩌다 아내란 걸 하고 있을까?』, 야무차의 『사상 최강의 철학입문』 등이 있다. 웹툰 제작과 영화 비평을 업으로 삼고 있다. 일본문화 속 근대 표상과 현재 우리들이 살고 있는 현대사회의 연결고리를 찾고 근대화 미명 속에 일어났던 문명과 야만이라는 이분법 속에서 왜곡되었던 동양 문화를 가지고 사유 중이다.

김은실 金恩實, Kim Eunsil

1960년대 어느 가을날 서울에서 딸부자집의 둘째로 태어났다. 마쓰야마의 란포처럼, 한국의 60년대에서 80년대로 이어진 커다란 과거의 폐기 과정들을 거쳐, 부산대학교 사범대학 음악교육과에서 피아노를 전공하였으며 동 대학원에서 석사학위를 받았다. 그 후 부산의 여자중학교에서 음악교사를 하다가 남편과 함께 일본에서 약 7년을 살았으며, 돌아와 고양시에서 지금까지 살고 있다. 한국과 일본의 문화・예술에 관심이 많으며, slow-life, slow-food 및 친환경과 관련된 활동들과 지식 쌓기를 적당히 하며, 지역의 몇몇 모임에 얼굴을 내밀어 세상과 소통하는, 평범한 아줌마다. 이번 일을 계기로 기회가 된다면, 관심을 기울이고 있는 일본책 몇 권을 적극적으로 소개하는 일을 해볼까 심각하게 고민 중이다.

김경옥 金京玉, Kim Kyungok

일상에서 벌어지는 소소한 사건에 대한 의문을 가지고, 여러 방면에 대한 호기심은 많은데 스스로 풀어나갈 능력은 부족해서 명탐정이 등장하는 추리소설을 즐겨 읽게 되었다. 혼자 훌쩍 떠나는 것을 좋아해서 일본을 자주 여행하게 되었고, 더 넓고 깊게 알고 싶어져서 일본학을 공부하게 되었다. 일본을 공부하다 보니 우리에 대해서도 새삼 되돌아보게 되어, 지금은 한일관계사에 흥미를 느끼고 있다.